U0649351

中 国 客 车 行 业 发 展 论 坛

中国客车学术论文集
（2024）

中国公路学会客车分会　主编

人民交通出版社
北 京

内 容 提 要

本论文集收录了中国客车行业发展论坛2024年中国客车学术年会所发表的论文,可供客车行业广大技术人员和管理人员,从事汽车工程研究、设计、生产和管理方面的科技人员,高等院校车辆工程、载运工具运用工程、汽车服务工程和交通运输等专业师生,以及客运部门、维修企业的有关技术和管理人员参考。

图书在版编目(CIP)数据

中国客车学术论文集 . 2024 / 中国公路学会客车分

会主编 . — 北京 : 人民交通出版社股份有限公司,

2025.6. — ISBN 978-7-114-20554-5

Ⅰ. U469.1-12

中国国家版本馆 CIP 数据核字第 202560GZ88 号

书　　　名:**中国客车学术论文集(2024)**
著 作 者:中国公路学会客车分会
责任编辑:李　佳
责任校对:赵媛媛　武　琳
责任印制:张　凯
出版发行:人民交通出版社
地　　　址:(100011)北京市朝阳区安定门外外馆斜街3号
网　　　址:http:// www.ccpcl.com.cn
销售电话:(010)85285857
总 经 销:人民交通出版社发行部
经　　　销:各地新华书店
印　　　刷:北京科印技术咨询服务有限公司数码印刷分部
开　　　本:889×1194　1/16
印　　　张:10.75
字　　　数:275千
版　　　次:2025年6月　第1版
印　　　次:2025年6月　第1次印刷
书　　　号:ISBN 978-7-114-20554-5
定　　　价:80.00元
(有印刷、装订质量问题的图书,由本社负责调换)

编 委 会

主　任：宋金刚

副主任：赵东旭　马琦媛

委　员：赵　轩　彭　旺　何国华　李　春　李　晨
　　　　刘继红　杨　超　张建臣　耿亚涛　张小庭

目　录

产品开发与技术发展

智能化技术在客车上的应用研究 ·········· 杨军峰,凌　帆(3)

无人驾驶制动响应时间检测平台的构建与应用 ·········· 高博宇,毕森宇(9)

ECAS线束检测平台:创新与应用 ·········· 高博宇,杨亚辉(17)

客车移动信息系统(MOIS)测试与评价技术研究 ·········· 张国勇,牛成勇,周祥祥,汪　杰(24)

浅析商用车OTA软件升级系统开发 ·········· 王俊红,谭福伦,黄苏杭,李青川,张石扬(34)

新能源客车与节能减排

电动重型货车换电模式现状与发展趋势 ·········· 徐　萌(41)

电动客车续驶里程提升策略研究 ·········· 王佳琪(45)

氢燃料电池商用车燃料电池系统控制策略改进 ·········· 周　强,魏继雄,何国华(50)

新能源重型货车快速换电锁止系统的研究与设计 ·········· 徐　萌(55)

新能源汽车高压检测控制系统及方法 ·········· 魏继雄,周　强,何国华(60)

客车节能环保与新能源应用研究 ·········· 凌　帆,程文茜(64)

车身结构与安全技术

海外客车骨架结构研究 ·········· 弓跃光,房继伟,李春梅,蒋志东,张　蕾,李智博(73)

基于2024 EC-PAC的纯电动公交车性能评价结果分析 ·········· 曾祥振,杨　超,张　超(81)

自动驾驶客车信号灯识别及响应虚拟测试方法研究 ·········· 房熙博,宁剑一(88)

一种行车安全态势的智慧节能策略优化研究 ·········· 贾永强,曹广辉,钱亚男,刘　豹,张　健(96)

客车前碰撞试验假人伤害值研究 ·········· 马丕军(110)

客车底盘与总成开发

钢板弹簧悬架客车的轴荷计算系统及方法 ·········· 刘凤旺,邹月英(117)

客车电气与车身附件

基于传热机理的客车保温隔热涂料应用研究

………………………………郭　瑞,李　鑫,林志鹏,朱荣健,欧阳超群,陈　向(123)

以北京通学车为例浅论客车后视镜的研究设计及视野校核

………………………………姚　晗,周红运,李素华,祃　力,冯　健,全　振(132)

新能源客车高压线束设计与布置研究浅析 ………………………………………程丹华(141)

制造工艺与质量管理

客车车身基材打磨工艺优化及油漆外观提升研究

………………………………刘　丹,欧阳超群,朱荣健,李　鑫,林志鹏(147)

胶黏亚克力板油漆层露白机理分析 ………………………李　鑫,许军军,柳宁宁,朱　广,宋海泉(158)

产品开发
与技术发展

智能化技术在客车上的应用研究

杨军峰,凌　帆

(中国公路车辆机械有限公司,北京　100013)

摘　要:随着智能化技术的飞速发展,智能化客车在提升公共交通效率、优化出行体验、降低交通事故率等方面展现出巨大的潜力。本论文通过对智能化技术在客车上的应用进行深入研究,探讨了其在技术、市场、安全性与隐私、法规等多个层面的挑战与解决方案。智能化技术在客车上的应用虽然具有极大的发展前景,但在实际推广过程中仍面临诸多挑战。未来需要在技术创新、政策引导、法规完善等多方面努力,推动智能化客车的健康发展,实现技术与市场的良性循环。

关键词:智能化技术;客车;自动驾驶;安全性

0　引言

随着科学技术的迅速发展,智能化技术已成为提升各个领域工作效率和安全性的重要支撑,特别是交通运输领域。交通运输智能化运用了大数据、人工智能、物联网、云计算等现代科技元素并正在对现有交通运输产业模式产生巨大影响。近年来,智能化技术逐渐应用在公共汽电车上,并在公共汽电车实践中取得了许多成就。

现今客车行业面临着越来越严峻的形势。一方面,客车安全问题一直是人们较为担忧的地方。由于客车行驶过程中,交通事故发生概率会变大,主要原因是驾驶员未能集中注意力进行驾驶或因为长时间行车引起疲劳等。另一方面,客车舒适性指标也是客车企业着重解决的问题。现如今,乘客的出行需求不仅限于舒适的座位,客车内部空间还需要具有良好的人机舒适性、智能化控制以及人车通信等,故而客车设计不能只注重座椅环境的优化。同时,现今人们对于环保问题的重视程度逐渐升高,因此将节约能源,减少废气等融入客车设计,成为下一步发展方向。

鉴于智能化客车具有广阔的发展前景,它将成为客车发展的趋势,已有的所有方面均要与之协调,从而使客车工业具有全新面貌。智能客车是通过当下先进的传感技术、自动控制技术,及相应的人工智能算法来实现对功能的整合,以达到保障行车安全、提升乘坐舒适性、缓解环境污染的目标。智能化不仅为客车功能和性能带来了质的变化,而且对客车的生产制造也带来了剧烈变革。

本文在探讨智能化技术的发展现状和未来趋势的基础上,重点分析了智能化技术对汽车客运行业的影响,探究智能化技术如何满足客车的安全、舒适、节能环保性能要求。通过对智能化技术应用效果进行综合评价,分析智能化客车运行中的优势和存在的问题、挑战,为今后智能化客车的研制提供理论和实践借鉴。本研究的主要目的包括:

(1)梳理客车类智能技术的当前应用现状,对于已经普遍应用或正在研究开发的自动驾驶、车载通信、智能安全系统等技术应用效果和问题进行总结分析。

（2）探讨智能化技术对提升客车性能的作用,特别是在安全性、舒适性、环保等方面的作用。

（3）分析智能化技术在客车领域面临的技术挑战和市场障碍,提出相应的解决方案和发展路径。

（4）展望智能化技术的未来发展趋势,讨论如何通过政策支持和技术创新,推动智能化客车的广泛应用。

本文通过分析智能化技术的现状,总结其对客车性能的影响,进而对客车制造企业提出发展智能客车技术的建议,为交通运输系统整体智能化设计提供了依据。这些建议有助于提高客车的安全性和环保性,进而为智慧交通、绿色交通的发展赋能。同时,可以为政府有关部门制定智慧交通相关政策、标准提供依据,为行业发展规范化提供理论支持。

1 智能化技术概述

1.1 智能化技术的定义与发展

智能化技术是通过多种先进技术手段(人工智能、自动化、传感器、计算机等),令设备具备自测、自判断、自作决定的智能性,使其在整个运行过程中实现高度自动化、自发化。智能化技术的核心理念是利用学习、优化算法,来让设备更具有人情味,更适应在复杂环境完成复杂任务,且能够自我学习、优化。

智能化技术最初用于产业智能制造,随着计算机性能,大数据处理能力和存储技术的不断提高和发展,使得更多应用场景涌现。自动化设备和机器人等可通过智能化技术改善和提升生产的性能和质量;医疗卫生单位可通过神经网络等技术提高医疗服务的水平,结合手术机器人提高手术的精度和降低手术成本;农业单位可使用植保无人机、智能传感器等改善和提升对种植过程的监控和管理。

在智能交通应用领域,智能化的开始是智能交通系统(ITS)的建设,最初智能化更多应用在交通监控和信息管理系统中,然后逐步延伸到客车领域。汽车自动驾驶技术的不断进步,也为实现客车智能化应用奠定了坚实的基础,客车智能化应用不断拓展,成为当前客车制造行业的一个新风潮。

智能交通管理系统(1980—2000年):最初的智能交通技术主要针对车辆检测、交通信号灯控制和实时交通信息发布。

智能辅助驾驶系统(2000—2010年):随着计算机硬件和软件技术的发展,车载电子系统开始具备辅助驾驶功能,如车道偏离警示、自动制动、泊车辅助等。

自动驾驶技术的出现与应用(2010年至今):随着人工智能技术的突破,自动驾驶系统逐渐从理论走向实践,并进入到市场应用阶段,为客车领域引发巨大变革。

1.2 智能化技术的核心组成

1.2.1 智能算法

智能化技术的本质是依托数据分析与人工智能技术,通过传感器采集到大量信息并进行分析加工,借助强大的计算能力与算法提升汽车的智能决策能力;尤其是深度学习等算法,能够从大数据中挖掘出规律与模式。

人工智能:通过算法模型模拟人类的决策过程,提升车辆的自动驾驶能力。

机器学习:输入大量的历史数据让算法进行训练,即便是无人机在飞行中遇到未知的障碍也能自主进行路径规划,不断地提高自己的准确性和反应速度。

1.2.2 自动驾驶系统与辅助驾驶技术(ADAS)

自动驾驶系统:指车辆通过自身内部传感器及判断算法,无需人为操作,可以自主决策并控制自身车辆起动、制动、转向等功能,进而保证汽车行车安全。

辅助驾驶技术(Advanced driver-assistance system,ADAS):包括自适应巡航控制、车道保持系统、自动紧急制动系统、自动泊车系统等,可以提高驾驶的安全性和舒适性,为自动驾驶设计提供基础。

1.2.3 车联网(V2X)与云计算

车联网:车联网用于解决交通问题。通过车与车(V2V)、车与设施(V2I)、车与行人(V2P)的通信,车辆可以更清晰地表示出自身位置,方便交通系统进行分配。例如,实时的车联网交通信号灯,可以更合理地分配红绿灯的持续时间,减缓交通拥堵。

云计算:智能客车利用云计算为其提供强大的数据计算能力与存储能力,让车辆获得更广阔的交通数据及信息支持,从而能够做出更精准的决策。

2 智能化技术在客车中的应用

2.1 智能驾驶与自动驾驶技术

智能驾驶、无人驾驶出行是近年来交通出行革新的重要成果。在客运领域,智能驾驶正领跑着传统客车的发展,对现有客车运营的理念发出新的挑战,为传统客车打开了新的大门。

自动驾驶装置是一种安装在车辆上的装置,借助车辆上的传感器,依托算法、人工智能等技术,使车辆具备自适应巡航、车道保持、盲区提示等功能,以此来提高驾驶员的驾驶安全性,减轻驾驶员的疲劳。

自动驾驶技术则是完全通过自动化系统来控制客车的驾驶行为。车辆能够根据传感器和算法在没有人工干预的情况下,进行导航、加速、转向及制动等操作。根据国际自动机工程师学会(Society of Automotive Engineers,SAE)标准,自动驾驶系统通常分为从L1(最低级别,基础的驾驶辅助功能)到L5(完全自动化,车辆无需人为干预的驾驶)五个级别。在客车领域,自动驾驶技术的应用正在逐渐成为现实,尤其在特定区域和场景下(如机场、旅游景区等)已经开展了一些试点项目。

例如,百度阿波龙(Apolong)自动驾驶巴士在多地上路,它搭载高性能激光雷达、高清摄像头以及高效的算法,实现L4级驾驶能力。目前一些景区、园区等区域还能实现载人。乘客输入目的地后,阿波龙巴士能够自主规划行驶路线,避开行人和障碍物。

2.2 碰撞预警与自动紧急制动系统(AEB)

沃尔沃XC90是一款配备被动型预警自动紧急制动(AEB)的豪华SUV,系统可预测前方障碍物(包括车辆、行人和大物体等),前向雷达和前摄像头可监测障碍物与车辆之间的实时碰撞危险度。若判断可能发生碰撞而又无法避免,则提前进行紧急制动,预防或减小碰撞危害。

该功能大多应用在中高档大型客车及大型公共汽电车上,目前北京部分新能源公交车具有此系统,此系统可以帮助车辆在堵车弯道处自动减速并停车,避免碰撞事故发生。系统主要由激光雷达、毫米波雷达、前摄像头组成,能够对前方的道路情况进行实时监测,如行人、前车加塞变道或突然停车时可以通过制动系统的间隙控制功能自动减速避险。

前向碰撞预警系统主要利用前向雷达和前向激光雷达对前向障碍物进行检测,通过障碍物分析算法判断是否会与障碍物发生碰撞,不可避免时由自身向制动系统发送紧急制动信号。

城市公共汽电车在行驶过程中,由于行车道路条件变化和某些突发因素,如临时制动和乘客因素等,使得 AEB 系统能够对乘客的交通出行安全发挥重大作用。在长途客运和大型客车高速行驶全程中,AEB 系统可以防止前方车辆突发制动、拥堵引起的追尾事故。

2.3　车联网技术应用

通过车载通信和智能调度,能直观了解北京市交通高峰时段、大雪天气时的每一条公共汽电车线投放公共汽电车集中度变化走向,以及公交系统为何能快速高效为市民服务。基于车载通信技术,车辆可采集相应信息,如 GPS 定位数据、车载终端信息、实时传感器数据等,并通过车载通信技术与城市交通管理中心实时传输数据。

实时监测调度:运用车载终端、车辆动态和车辆行为等车辆信息,交通管理指挥中心可以实时掌握公共汽电车的位置、速度和行驶能力等信息。通过实时的道路交通信息,在交通拥堵、困难的地段、部位可以及时调整线路、发车间隔等。比如交通拥堵时,可以提高其他线路公共汽电车行驶速度,增发临客公共汽电车等。

乘客通过 App 可提前了解公共汽电车的到站时间和空余座位情况,节省等车时间,提高出行效率。车联网还可综合调控公共汽电车和信号灯,当公共汽电车驶入信号灯路口时,可通过此控制系统提前让信号灯变色,避免公交车前方的私家车被迫变道慢行,引起拥堵。

车联网技术与城市公共汽电车以及调度平台整合后,将有效提高城市公共汽电车运行效率和通勤及出行的准点性,减少交通拥堵、地区资源消耗,甚至能在地铁内发生危险或交通事故的情况下,马上调整公交线路,这样的城市公交系统能及时响应当下,快速上线满足市民乘车需求。

3　智能化技术在客车中的实施挑战与问题

随着智能化技术在客车上的应用日益广泛,其带来的优势不容忽视,但在实际推广与实施过程中也面临着多方面的挑战。本章从技术、安全性与隐私、市场与经济可行性以及法规与标准等方面,对智能化技术在客车上的实施难题进行分析。

3.1　技术挑战

3.1.1　自动驾驶技术的复杂性与法规问题

自动驾驶技术是智能公交的重要技术之一,其本身是一套综合技术体系,如感知技术、路径规划及车辆控制技术等能够使公共汽电车在各种复杂环境中保持较高的稳定性及可靠性。不同国家、地区对自动驾驶技术的政策法规标准不一样,使自动驾驶最终的使用落地面临很多困难。比如,有一些国家、地区对于自动驾驶的试验甚至是上路行驶都有要求,而某些国家、地区对于自动驾驶相关技术的研发、应用也制定了一定的规范性要求。

3.1.2　高精度传感器的研发与成本控制

智能公交车在环境的感知上需要激光雷达、毫米波雷达、高清摄像头等较为高端的传感器的支持,而高端传感器研发、制作和所用材料等都是较高成本,另外在公共汽电车的运行过程中,如何做好对传感器的维护工作和面对突发恶劣天气的运营也是需要解决的问题。

3.1.3　大数据处理与实时决策的技术难题

客车智能化过程中需要采集大量的实时数据并进行处理,如交通状况、道路状态、客流量。如何有效地处理数据并在极短时间内做出安全可靠决策,是客车智能化的关键,但大数据处理、实时决策需要升级算法、计算性能和通信性能,尤其在5G等新技术研发应用之前,这个矛盾就将更加突出。

3.2　安全性与隐私问题

3.2.1　智能化技术对乘客安全的保障

智能客车应用的同时,也出现了新的客车客流安全问题,比如自动驾驶漏洞、故障、软硬件故障,自动驾驶算法被入侵,恶意修改,或对客车实施网络攻击和蓝牙干扰导致交通事故。客车遇到突发事件(道路上有了拦路障碍、恶劣天气)时能不能做出有利于乘客安全的决策,以及如何提升客车性能和在这基础上让客车更"聪明",保障乘客更安全等是未来需解决的关键问题。

3.2.2　数据隐私问题,如何保护乘客的个人信息

人工智能技术的应用,使得智能客车将记录消费者的消费信息、支付信息和当前乘车实时信息等,一旦相关个人信息丢失将严重危害消费者的个人信息安全。因此,在保障消费者数据存储传输安全和可控的技术层面,包括数据加密技术、网络防火墙技术、用户访问权限技术等,为防止数据受恶意组织所有者滥用,有必要加强对技术的研究。但由于各地区的相关数据隐私保护法律法规的差异,更大的困难则来自相关数据的多地跨境运营。

3.3　市场与经济可行性

3.3.1　智能化客车的成本与市场需求

当下,智能化技术的应用显著提高了客车总体成本(生产运营成本),特别是在先进硬件、软件设备及系统的开发建设方面投入较大。但从市场角度来看,乘客对智能化客车服务的认可和支付能力较低,其成本太高不便于"大批量"生产,尤其在中小收入领域和中小客运企业中更不易普及。

3.3.2　政府政策支持与市场推广的关系

智能化客车产业的实际推动离不开国家发展政策的支持,包括资金补贴、技术研究、试验田建设等方面,有些国家在智能化客车细分产业领域的支撑支持可能是在税收、药品批准和术语表述等方面。可以说,政策支持范围和力度影响着智能客车市场化的速度和广度。所以,真正执行好政策,与企业建立适当的合作模式,达到双赢局面,需要相关领导们的正确指引和督促。

3.4　法规与标准问题

3.4.1　智能化技术的法律框架

智能化客车中涉及的大量新技术尚未被现有法律框架完全覆盖。例如,自动驾驶过程中若发生事故,责任应该由谁承担? 这些问题在法律层面尚未明确。此外,车联网技术所需的无线通信频谱分配、数据共享的法律合规性等,也需要进一步完善。在这些法规缺位或模糊的情况下,智能化客车的推广面临很大不确定性。

3.4.2　各国或地区的标准化进展与差异

智能化技术的发展需要统一的技术和应用标准。然而,目前各国或地区在智能化客车的技术标准方面尚未完全统一。例如,关于车载设备的通信协议、传感器的技术要求以及自动驾驶功能的分级标准等方面,各地的规范存在显著差异。这种差异不仅增加了企业跨区域运营的成本,也影响了智能化客车的全球化发展。因此,如何推动国际标准化进程,减少技术壁垒,是行业需要关注的重要议题。

4　结语

智能化技术的快速发展促进了客车行业的发展,但目前发展智能化客车面临一系列困难、问题和挑战,如技术难题、安全隐患、市场瓶颈、法律法规、标准规范等,只有攻克了上述困难、问题与挑战,通过多方的政策支持、技术创新和行业合作,才能更好地发展与应用智能化客车。

参考文献

[1] 张宝杰.城市公交车辆技术发展分析[J].汽车知识,2024,24(11):254-256.

[2] 王政.汽车产业向高端化、智能化、绿色化升级[N].人民日报,2024-05-08(018).DOI:10.28655/n.cnki.nrmrb.2024.004638.

[3] 刘智超,周炜,李文亮.道路运输车辆智能化技术运用研究[J].综合运输,2024,46(4):112-116.DOI:10.20164/j.cnki.cn11-1197/u.2024.04.011.

[4] 甘文渊.铁路客车智能化轴箱组装机研究[J].科技与创新,2023,(19):128-130+134.DOI:10.15913/j.cnki.kjycx.2023.19.039.

[5] 洪贵阳.A客车公司大中型客车研发战略研究[D].泉州:华侨大学,2023.DOI:10.27155/d.cnki.ghqiu.2023.000424.

[6] 曹茂波.基于市场分析的我国客车行业发展趋势预测[J].全国流通经济,2022,(13):125-128.DOI:10.16834/j.cnki.issn1009-5292.2022.13.015.

[7] 高吉峰.纯电动客车传动系统的技术研究[J].时代汽车,2021,(8):97-98.

[8] 李增伟.基于新能源客车装备智能化应用研究[J].今日制造与升级,2021,(3):45-46+58.

[9] 路华,高庆虎.电动客车智能化设计方案[J].时代汽车,2020,(23):121-122.

[10] 蔡鹏飞,周刚.我国营运客车智能化技术应用政策现状分析[J].汽车工艺师,2020,(11):30-31.DOI:10.16173/j.cnki.ame.2020.11.009.

无人驾驶制动响应时间检测平台的构建与应用

高博宇,毕森宇

(中国公路车辆机械有限公司,北京　100013)

摘　要:在无人驾驶技术蓬勃发展的背景下,制动响应时间的精确检测对于保障无人驾驶汽车的安全至关重要。本研究针对中国公路车辆机械有限公司轮边总成出厂检测中发现的制动响应时间不合格问题,深入剖析其成因,进而搭建了一套专门用于无人驾驶制动响应时间检测的平台。文中详细阐述了研究的整体概况与思路,从硬件和软件层面设计平台架构,深入探讨制动管路内空气对制动响应时间的复杂影响机制,全面描述包括设备连接、数据曲线分析和制动响应时间测试在内的测试过程,最终展示该平台在实际应用中的显著成效及其所创造的巨大价值。通过该平台的应用,不仅有效解决了因制动管路内空气未排净等因素导致的检测误差问题,极大提高了检测的准确性和可靠性,还为无人驾驶汽车制动系统性能的精准评估提供了全面而有力的支持。

关键词:无人驾驶;制动响应时间;检测平台;制动系统;安全保障

0　引言

　　无人驾驶汽车凭借先进的传感器、精密的算法和精细的控制系统,能够对车辆行驶状态进行实时且精准地感知与掌控。然而,在众多影响无人驾驶汽车安全性能的关键要素中,制动响应时间占据着举足轻重的地位。它直接决定了车辆在面临紧急状况时能否迅速且准确地实现停车操作,从而有效避免碰撞事故的发生。例如,在实际行驶场景中,当无人驾驶汽车以36km/h的速度正常行驶时,制动响应时间的微小差异会导致制动距离产生显著变化。正常情况下制动响应时间应小于500ms,此时制动距离为5m;而一旦制动响应时间延长至700ms,制动距离将增加至7m,这额外增加的2m距离无疑极大地提高了发生危险的可能性。

　　鉴于制动响应时间对无人驾驶汽车安全性能的关键影响,以及中国公路车辆机械有限公司在轮边总成出厂流程中暴露出的制动响应时间检测环节缺失,进而导致主机厂检测发现制动响应时间不合格的实际问题,本研究致力于开发一种高效、精确的无人驾驶制动响应时间检测平台。通过该平台,旨在深入探究并解决因制动管路内空气未排净等因素所引发的制动响应时间异常问题,从而全面确保无人驾驶汽车制动系统的安全性能,为无人驾驶汽车的广泛应用奠定坚实的安全基础[1]。

1　研究概况与思路

1.1　研究概况

　　本研究聚焦无人驾驶汽车制动响应时间检测领域,旨在构建一个专门针对此关键指标的检测平台。通过对制动系统的全面分析,确定以制动管路内空气未排净等关键因素为主要检测对象,同时综合考虑其他相关参数对制动系统性能的影响,力求通过该平台实现对制动系统性能的全面、精准评估。

1.2 研究思路

1.2.1 问题剖析与目标确定

为实现精确检测无人驾驶汽车制动响应时间的目标,深入分析制动过程所涉及的各类复杂参数与条件。本文不仅关注制动信号传递、制动系统各部件动作以及制动力建立等基本环节,还着重研究不同制动强度等特殊情形对制动响应时间的具体作用机制。同时,充分认识到转向节平行度、制动钳垫块厚度、制动钳滑动顺畅性等参数与制动响应时间密切相关。将这些参数的检测或辅助检测需求纳入平台设计考量范围,以确保能够全面、深入地评估制动系统性能,准确判断制动响应时间是否符合安全标准。

1.2.2 平台架构设计

硬件层:精心设计模拟制动系统(图1,图2),力求最大程度还原真实的制动场景。该系统集成了电子液压制动系统(EHB)、电子稳定控制系统(ESC)、制动盘、制动片、制动钳、转向节、制动垫块和制动管路等关键部件[2]。每个部件都经过精心选型和布置,确保其能够准确模拟实际制动过程中的工作状态,为精确检测制动响应时间提供可靠的硬件基础。

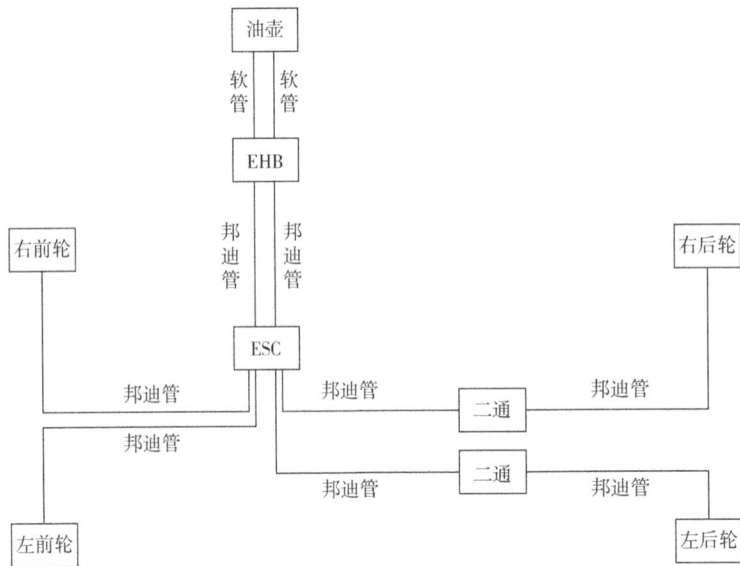

图1 机械部分连接图

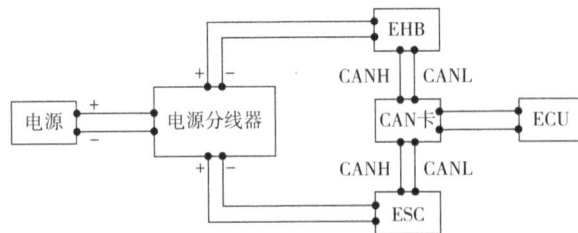

图2 电气部分连接图

软件层:开发了功能强大的控制软件和数据分析与诊断软件(图3~图5)。控制软件具备高度灵活的参数设定和控制功能,能够精准调控模拟制动系统的各项运行参数,如制动压力等,以模拟不同工况下的制动操作。数据分析与诊断软件则运用先进的数据处理算法,对传感器采集到的海量数据进行实时处理、深入分析。通过与预设的标准数据进行对比,准确判断制动响应时间是否合格,并能够快速诊断出可能存在的问题,为后续的改进和优化提供有力依据。

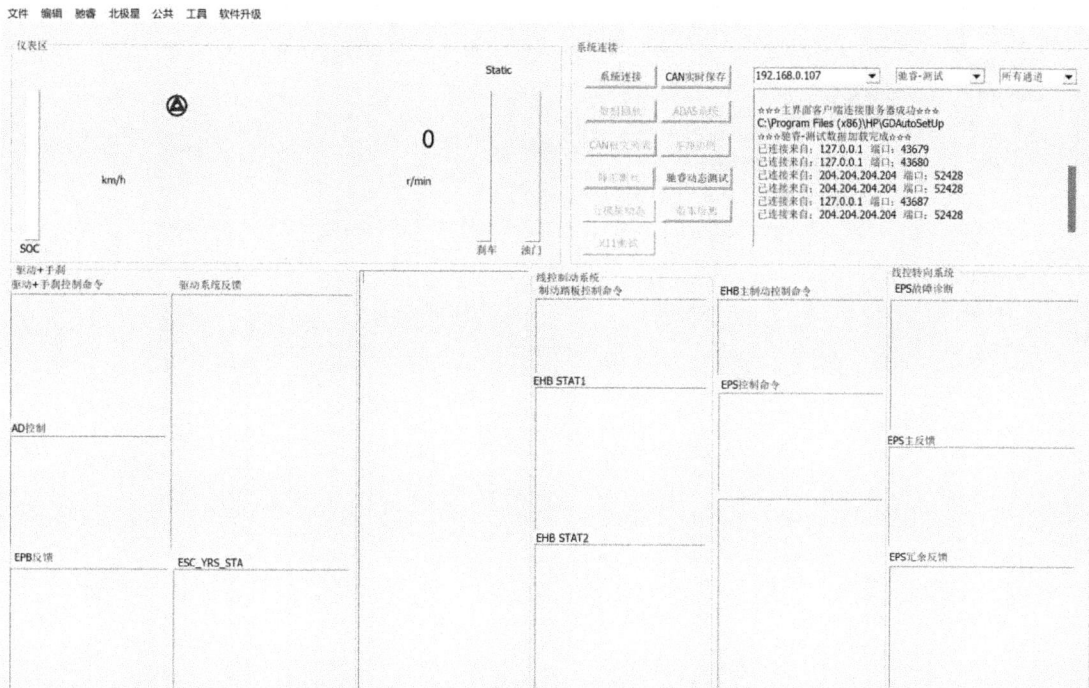

图3 响应时间检测软件

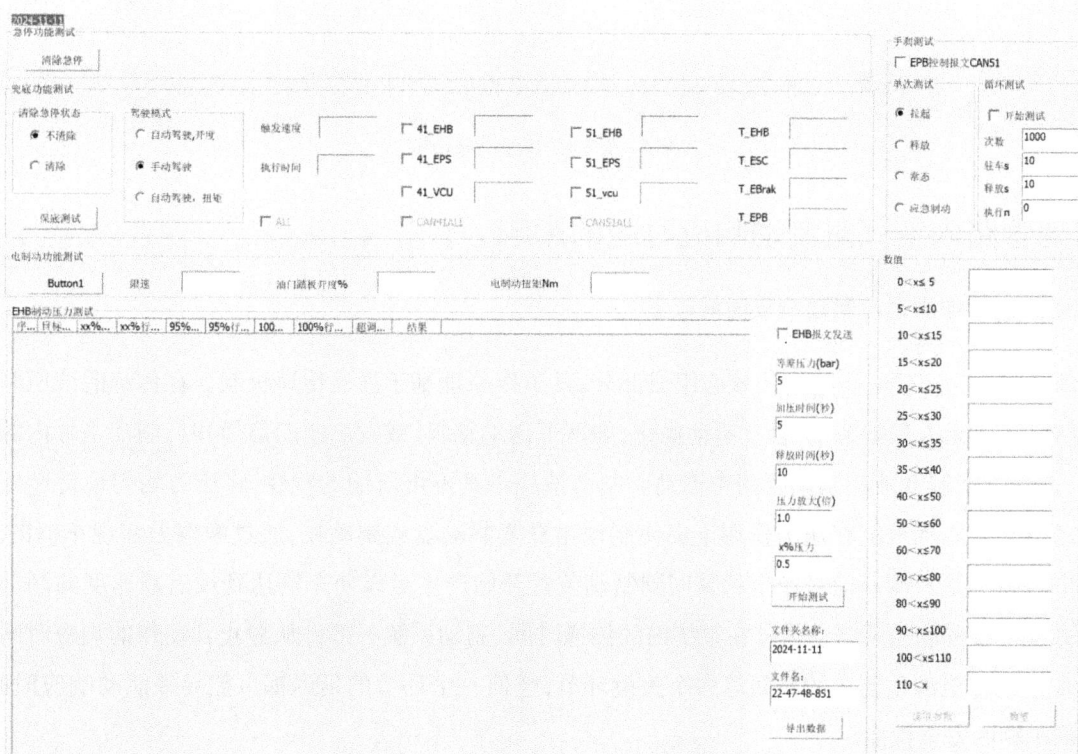

图4 响应时间检测界面

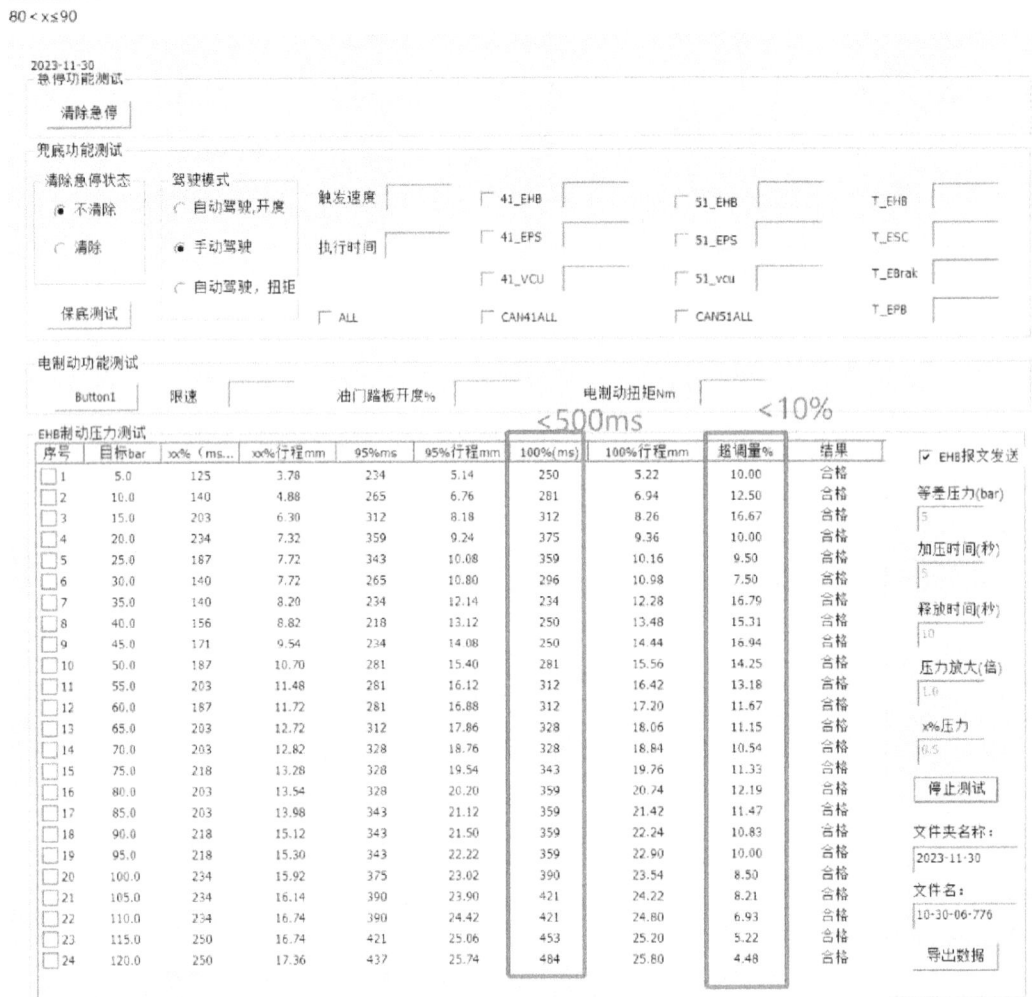

图5 响应时间检测合格结果

2 制动管路内空气对制动响应时间的影响

2.1 制动系统工作原理与制动响应时间概念

制动系统作为车辆安全运行的核心组成部分,其工作原理基于液压传递机制。在传统的液压制动系统中,当驾驶员(或无人驾驶系统)触发制动操作,如踩下制动踏板(或发出制动信号)时,制动主缸内的活塞受到驱动,进而推动制动液在制动管路中流动。制动液凭借其不可压缩的特性,将压力均匀地传递到各个车轮的制动分缸。制动分缸在压力作用下促使制动钳夹紧制动盘或制动鼓,通过摩擦力实现车辆的减速[3]。制动响应时间则是从制动信号产生的瞬间到制动装置开始产生足以使车辆达到规定减速度的制动力的时间间隔。这一过程涵盖了制动信号在系统内的传递时间、制动系统各部件从静止到动作的响应时间以及制动力逐步建立直至满足要求的时间等多个关键环节,任何一个环节的延迟都可能导致制动响应时间延长,从而影响车辆的安全性能。

2.2 空气的可压缩性

制动管路中的空气具有显著的可压缩性,这与制动液几乎不可压缩的特性形成鲜明对比。当制动系统启动工作,压力在制动管路中传播时,空气的存在会引发一系列复杂的现象。例如,在制动主缸施加一定压力时,制动液试图将压力均匀传递到制动分缸,但由于空气的可压缩性,空气会在压力作用下被压缩。这一压缩过程会吸收部分能量,导致制动液的压力传递速度明显减慢。与纯制动液系统相比,含有空气的制动管路在压力传递初期,压力升高速度显著滞后。这种压力传递的延迟会直接影响制动轮缸的响应速度,进而延长制动响应时间,对车辆的制动性能产生不利影响。

2.3 压力传递的不均匀性

由于空气在制动管路中的分布不均匀,当制动操作发生时,不同位置的空气被压缩程度会存在差异,从而导致压力传递呈现不均匀状态。例如,在制动管路的某些局部区域,如果空气含量较高,当压力波传播至此区域时,会产生较大的压力损失。这是因为空气在被压缩过程中会消耗更多的能量,使得该区域的压力无法及时、有效地传递到制动轮缸。与此同时,其他空气含量较低的区域可能已经达到足够使制动装置工作的压力。这种压力传递的不均匀性会导致各车轮的制动片与制动盘接触时间不一致。部分车轮可能率先开始制动,而其他车轮则出现延迟制动的情况,这不仅会影响车辆的制动稳定性,导致车辆在制动过程中出现跑偏、甩尾等危险状况,还会延长整体的制动响应时间,增加发生碰撞事故的风险[4]。

3 测试过程

3.1 测试硬件设备连接

测试前,需按照特定顺序开启 EHB 和 ESC 电源(图 6)。首先进行上电操作,确保设备通电正常后,再进行点火操作,使设备进入工作准备状态。在断电时,则需先执行点火关闭操作,随后再切断电源,以避免设备损坏。

图6 测试台架电源开关

选用周立功 USBCAN-2E-U(图 7)作为指令发送和数据采集的关键设备,该设备具备高精度的数据采集能力和稳定的指令发送功能,能够准确获取制动系统的工作状态信息。同时,采用创新科技 USBCAN-Ⅱ

(图8)(基于周立功 USB-2E-U 固件库)作为数据保存设备,确保采集到的数据能够安全、完整地存储。在设备连接方面,从 EHB 和 ESC 线中分别任选一组,将其并联到周立功 USBCAN-2E-U 的两路 CAN 通道(其中黄色线为 CAN-H,绿色线为 CAN-L),并引出两根线接到创新科技 USBCAN-Ⅱ 的第一路通道(按照黄高绿低的接线规则),从而构建起稳定、可靠的数据传输链路。

图7　周立功 USBCAN-2E-U

图8　创新科技 USBCAN-Ⅱ

3.2　测试数据曲线分析

测试过程中,如图9所示通过专业软件调取线控压力数据(以实线表示)与 EHB 系统反馈压力(以虚线表示)。在数据处理时,以第一帧线控指令值作为起始计算时间点,以此为基准准确测量制动响应时间。判断响应时间是否合格的依据为:当第一帧 EHB 系统反馈压力值等于线控目标压力指令值时,此时测量得到的时间即为制动响应时间,若该时间小于0.5s(500ms),则视为制动响应时间合格。然而,在实际测试中,可能存在 EHB 系统反馈压力值小于线控目标压力指令值,但在稳态误差范围内的情况。此时,取第一个最大值作为响应时间测试的终止时间,以此确保测量结果的准确性和可靠性,可以全面、客观地评估制动系统的性能。

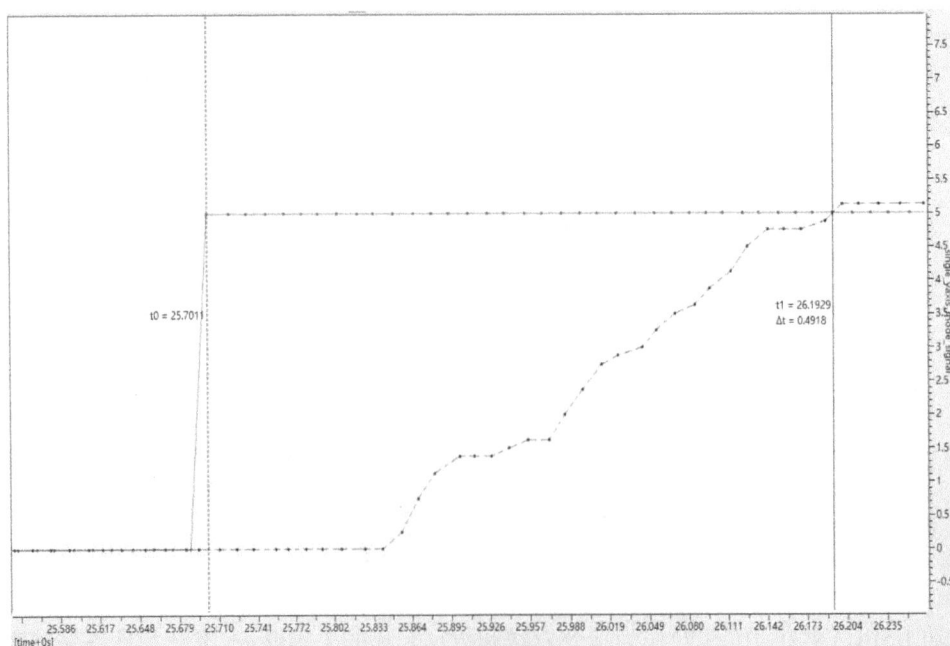

图9　线控压力数据

3.3　测试制动响应时间

在台架搭建完毕且电路连接完成后,立即启动对制动响应时间的全面检测。检测过程涵盖了从低到高多个不同制动压力值下的制动系统响应情况,具体包括制动压力分别为 5bar❶;10bar,15bar,20bar,…,115bar,120bar 时的制动响应时间测量。首次检测结果(表 1)显示,不合格的点主要集中在压力值为 15~35bar 的区间,该区间属于低压力范围。这一结果表明在低压力工况下,制动系统更容易受到制动管路内空气等因素的影响,从而导致制动响应时间延长,无法满足安全标准要求。

首次检测结果　　　　表1

序号	目标压力	时间(ms)	序号	目标压力	时间(ms)
1	5	429	13	65	368
2	10	484	14	70	394
3	15	473	15	75	365
4	20	655	16	80	352
5	25	690	17	85	369
6	30	643	18	90	379
7	35	605	19	95	397
8	40	284	20	100	418
9	45	290	21	105	450
10	50	333	22	110	488
11	55	339	23	115	475
12	60	330	24	120	466

针对首次检测发现的问题,对转向节平行度、制动钳垫块的厚度以及制动钳的滑动顺畅性进行详细检测。在发现问题部件后,及时更换符合标准的转向节和制动钳,并对制动管路进行重新排气操作,以消除可能存在的影响因素。完成改进措施后,再次对制动响应时间进行测量,测量结果见表 2。

最终检测结果　　　　表2

序号	目标压力	时间(ms)	序号	目标压力	时间(ms)
1	5	250	13	65	328
2	10	281	14	70	328
3	15	312	15	75	342
4	20	375	16	80	359
5	25	359	17	85	359
6	30	296	18	90	359
7	35	234	19	95	359
8	40	250	20	100	390
9	45	250	21	105	421
10	50	281	22	110	421
11	55	312	23	115	453
12	60	312	24	120	484

从再次测量的结果中可以清晰看出,制动响应时间全部小于 500ms,完全符合安全标准要求。这充分证明了通过对相关部件的检测与改进,以及对制动管路内空气的有效排除,能够显著提高制动系统的性能,确保制动响应时间在安全范围内,为无人驾驶汽车的安全行驶提供有力保障。

---

❶　压强单位,1bar=10^5Pa。

4 结语

4.1 平台应用情况及创造价值

本研究所搭建的检测平台在无人驾驶汽车制动响应时间检测领域展现出卓越的性能。通过精确模拟制动系统工作状态,全面采集和深入分析相关数据,成功解决了长期以来因制动管路内空气未排净这一关键因素所引发的检测误差问题。这一突破使得检测结果的准确性和可靠性得到了极大提升,为准确评估制动系统性能提供了坚实的数据支持。

该平台的独特优势在于其能够全面考量多种关键参数对制动系统的综合影响。这些参数不仅包括制动管路内空气含量这一核心因素,还涵盖了不同制动强度、转向节平行度、制动钳垫块厚度以及制动钳滑动顺畅性等多个方面。通过对这些参数的全面监测和深入分析,平台能够精准把握制动系统的整体性能状态,及时发现潜在的安全隐患。这种全面综合的评估方式有效避免了因片面评估而可能导致的安全漏洞,为无人驾驶汽车的安全行驶构筑了一道坚实的防线。

在实际生产应用中,中国公路车辆机械有限公司已将该检测平台全面应用于无人驾驶汽车轮边总成的出厂检测环节。中国公路车辆机械有限公司目前的年出厂量约在150~200套,在检测平台的有力保障下,每一套轮边总成的制动安全性都得到了严格的保障。这不仅显著提升了产品质量,降低了因制动问题导致的潜在风险,还进一步增强了企业在市场上的声誉和竞争力。随着无人驾驶技术的不断发展和市场需求的持续增长,该检测平台将继续发挥其关键作用,为无人驾驶汽车产业的健康发展提供不可或缺的技术支持。

4.2 结论

通过本研究成功搭建的无人驾驶制动响应时间检测平台,深入剖析了制动管路内空气对制动响应时间的影响机制,精心设计并完善了测试过程,实现了对制动响应时间的高精度检测。该平台为无人驾驶汽车制动系统性能评估提供了一种高效、可靠的手段,对保障无人驾驶汽车的安全行驶具有深远意义。在未来的研究和应用中,可进一步探索优化平台的方法,不断提高检测效率和精度,以更好地适应无人驾驶技术持续演进的需求,为无人驾驶汽车的广泛普及和安全运行贡献更大的力量。同时,本研究成果也为相关领域的技术研发和质量控制提供了有益的参考和借鉴,有望推动整个无人驾驶汽车产业朝着更加安全、可靠的方向发展。

参考文献

[1] 刘翔宇.商用车行车制动响应时间和释放时间的测试研究[J].汽车零部件,2022,(10):83-86.

[2] 黄灵辉.电控制动系统响应时间测试系统设计与应用[J].专用汽车,2021,(5):63-65+70.

[3] 熊金峰.电控液压制动系统制动响应时间的影响因素分析[J].交通世界,2016,(1):124-128.

[4] 黎同辉.新能源汽车再生制动技术浅析[J].汽车实用技术,2016,(12):21-26+34.

ECAS线束检测平台：创新与应用

高博宇，杨亚辉

（中国公路车辆机械有限公司，北京 100013）

摘 要：本文分析了当前ECAS线束检测平台的研究现状及需求，包括现有检测平台存在的问题；分析了现有不同检测平台的特点和检测方法与流程，如拉力检测办法和插接检验流程；构建了创新型ECAS线束检测平台，确定了平台设计理念和性能指标，采用虚拟仪器、数据库等技术实现平台功能。最后总结了研究结论，并对未来研究方向进行了展望，包括智能化检测技术、无线检测技术、多传感器融合技术、与工业互联网的融合以及检测标准的不断完善。

关键词：ECAS线束；检测平台；虚拟仪器；数据库

0 引言

在现代汽车工程领域，电子控制空气悬架系统(ECAS)线束作为关键的信号传输组件，其质量和可靠性直接关系到车辆的整体性能和安全性。根据相关报告显示，2019—2025年，全球汽车线束测试市场规模持续扩大，预测2025—2030年市场规模将继续保持增长态势。在产品类型方面，主要包括高度测试、宽度测试、压力区测试等。同时，针对复杂环境的线束应用，如汽车制造等领域，对线束产品品质的可靠性和性能一致性要求越来越高。为了确保线束的质量，最好的判定方式之一就是针对压接成品进行切片分析。通过这种方法，可以精确地观察和评估端子的品质状态，检查端子材料的质量、刀片开模匹配性以及工艺调节参数的好坏，从而判断压接工艺的优劣。综上所述，当前对于高效、准确的ECAS线束检测平台的需求日益迫切。

构建高效、准确的ECAS线束检测平台，可以更好地提升汽车的安全性与可靠性。ECAS线束作为其中的重要组成部分，对其进行准确检测至关重要。准确的检测平台能提升汽车的可靠性。例如，在汽车行驶过程中，ECAS线束的稳定性直接影响着汽车电子控制系统的正常运行。如果线束出现问题，可能会导致汽车的某些功能失效，甚至引发安全事故。高效的检测平台可以快速、准确地对线束进行检测，缩短生产周期，提高生产效率。

1 ECAS线束检测技术基础

1.1 线束故障类型及原理

1.1.1 故障类型分析

ECAS线束在生产加工和使用过程中，可能出现多种故障类型。如图1所示，包括线束短路、断路、接触不良、错接等故障以及几种故障同时出现的复杂情况[1]。

断路：所在线路中的用电设备停止工作，试灯搭铁或供电时灯不亮。数据表现为故障线路两端电压值为 0,电阻值为无穷大,蜂鸣挡无响声。

短路:电源短路时,短时间内线束发烫,严重时导线烧蚀,损坏电源;非电源短路时,短路位置前各部件可工作(非正常工作状态,可能会出现工作一段时间后被烧坏而无法工作的情况),短路位置后各部件失效。数据表现为短路位置处与电源正极间的电压为电源电压,与电源负极间电压为 0。

虚接:用电设备工作不良,在晃动线束时伴有断断续续的情况发生,严重时出现部件接触处烧蚀情况。数据表现为在虚接点前后部位测量时电压存在较大的降低。

错位:通常都成对出现,虽然在输出端会有输入端信号的响应,但是成对出现的输入输出端连接并不正确。

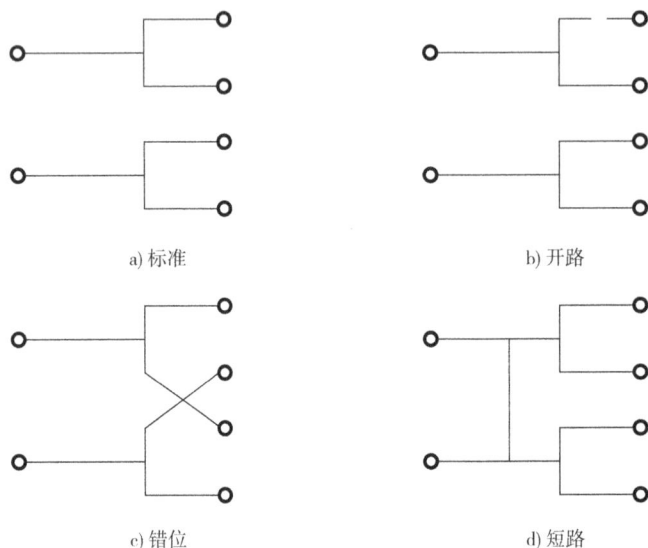

a) 标准　　　　　　　　　　　　　　　　b) 开路

c) 错位　　　　　　　　　　　　　　　　d) 短路

图 1　线束故障类型

1.1.2　检测原理探讨

为了准确检测这些故障,本研究采用基于虚拟仪器的检测原理。利用数据采集卡采集线束两端的电压、电流等信号,通过对这些信号的分析和处理来判断线束的连接状态。例如,在检测开路故障时,若某条线路两端的电压差异常增大,超出正常范围,则可判断该线路存在开路情况;对于短路故障,当检测到某两条或多条线路之间的电阻值过小,趋近于 0,则表明可能存在短路;而在判断错位故障时,通过对比标准线束的信号传输逻辑与实际检测到的信号关系,若出现不匹配的情况,则可确定存在错位。

1.2　检测技术发展历程

1.2.1　国外先进技术

国外在 ECAS 线束检测技术方面起步较早,发展较为成熟。例如,Komax Holding AG (TSK Prüfsysteme)、TE Connectivity、Bosch 等企业生产的检测设备。这些设备采用先进的传感器技术和数据分析算法,能够快速准确地检测出线束中的故障点,并提供详细的故障分析报告。然而,这些国外检测仪器价格昂贵,维护成本高,对于一些中小企业来说,可能难以承受。据统计,一套国外先进的 ECAS 线束检测设备价格通常在几十万美元甚至更高。

1.2.2　国内发展现状

国内的检测系统功能相对单一,主要是一些基本的测试功能,如导通性测试、绝缘电阻测试等。而且检测效率较低,难以满足大规模生产需求。不过,随着国内汽车行业的快速发展和技术的不断进步,国内的ECAS线束检测技术也在逐步提高。一些企业开始加大研发投入,引进国外先进技术,努力提高检测设备的性能和智能化程度。同时,国内检测设备的价格相对较低,维护成本也较为合理,对国内中小企业具有一定的吸引力。市场调研显示,国内一套ECAS线束检测设备的价格通常在几十万元人民币左右,相比国外设备具有明显的价格优势[2]。

2 现有ECAS线束检测平台分析

2.1 不同检测平台特点

2.1.1 自制设备优势

一些企业自行研发的检测设备,如青岛公交自制的ECAS检测设备,具有成本低、针对性强的特点。这些设备通常是根据企业自身的车型和线束特点进行定制开发,能够较好地满足企业内部的维修和检测需求。在实际应用中,自制设备能够有效降低企业的检测成本,提高维修效率,为企业的生产运营提供有力支持。

2.1.2 商业检测平台局限

市场上的商业检测平台,如某些国外品牌的检测仪器,虽然具有较高的检测精度和广泛的适用性,但价格昂贵,且定制化程度较低。对于一些小型企业或特定车型的检测需求,这些商业平台可能无法提供最优的解决方案。此外,部分商业检测平台的操作复杂,需要专业技术人员进行操作和维护,增加了企业的人力成本和培训难度。

2.2 检测方法与流程

插接检验主要检查线束插头与插座之间的连接是否正确。一般先由人工进行初步检查,确保插头与插座的物理连接紧密、无松动。然后,借助专业的检测仪器对插接的电气性能进行检测,包括导通性、绝缘电阻等参数的测量。通过与标准值进行比较,判断插接是否存在接触不良、短路等问题[3]。

3 创新型ECAS线束检测平台构建

3.1 线束检测

3.1.1 线束检测操作

(1)首先需要转接出待测线束对应的插座,将插座每个引脚用接线引出,线的另一头接到检测平台引出的转接板上,如图2所示。

(2)连接好测试仪与转接板,开启电源。

(3)第一次测试一种线束,需要学习一次线束连接方法(图3),否则可以直接跳转到下一个步骤。在转接板上连接好样品线材,点击左键学习样品线材,再点击右键确认,然后可以点击上下键查看样品具体的线路连接情况或是点击右键开始测试。

(4)在转接板上插入待测试线材,测试仪自动开始测试,线材正确时,绿灯亮,蜂鸣器响两声,屏幕显示"PASS";线材错误时,红灯亮,蜂鸣器不响,屏幕显示具体的开短路信号。

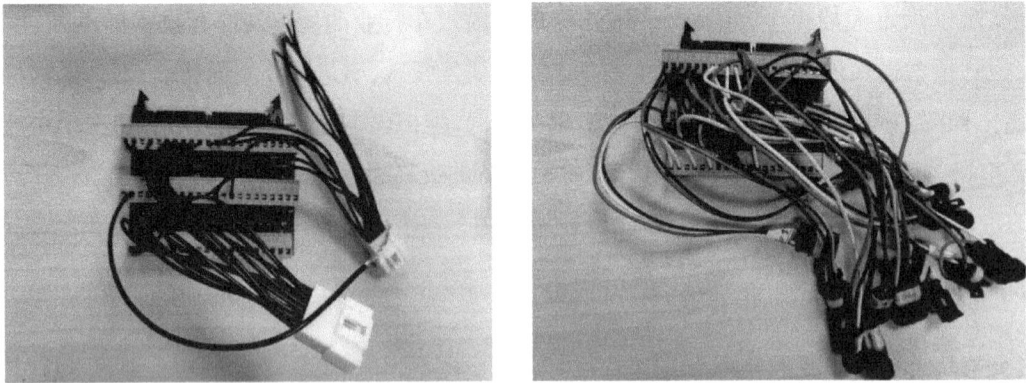

图2　线束连接插座

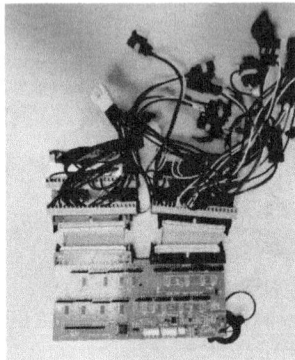

a) 开机后,将样品线束接好,这时
不要管屏幕显示什么

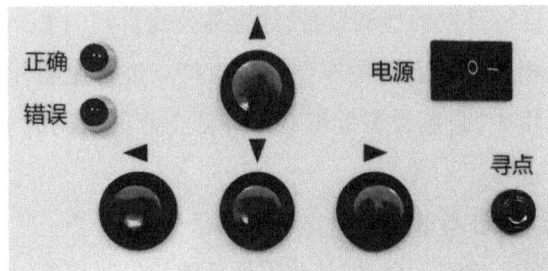

b) 按一下左键,屏幕会提示是否要学习样品,按一下右键确定
学习样品

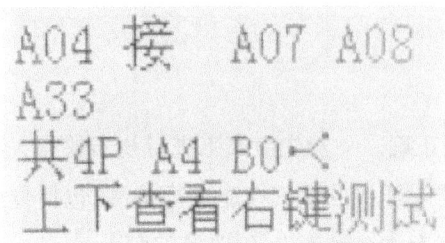

c) 这时屏幕会显示线路的连接情况,按上键或下键
可以查看每条线路的连接情况

d) 再按一下右键,开始测试,这时可以拔下样品
插入待测线束进行测试,正确显示"PASS",
错误显示具体出错线路

图3　线束检测平台样品学习方法

3.1.2　学习样品

在待机界面按上键进入选择样品组界面(图4),界面第二行显示的是样品 A 端与 B 端使用的 P 数以及总 P 数,点击上下键选择好需要存入的组号(长按上键或下键可以快速滚动组号)。将样品线材插入插座,点击左键学习样品,然后点击右键确定。学习结束后,屏幕显示样品连接情况界面(图5),此时按上键或下键即可查看各条线路的连接情况(长按上键或下键会快速翻页)。样品学习一次后会保存数据,断电重开无需重新学习。

样品学习完成后的样品连接情况界面上,第三行末尾的符号表示线束类型,两条平行线的符号表示样品中的线路都是单对单的线路,一个分叉线的符号表示线束中存在分叉的线路。如果样品是单对单的线路,学习完成后显示的却是分叉线路符号,说明样品线路或者转接板存在短路,需进行检查。样品选择界面的第一行末尾也有这个提示符号。

在测试机不插线时,在待机界面点击下键也可以查看当前样品的连接情况。

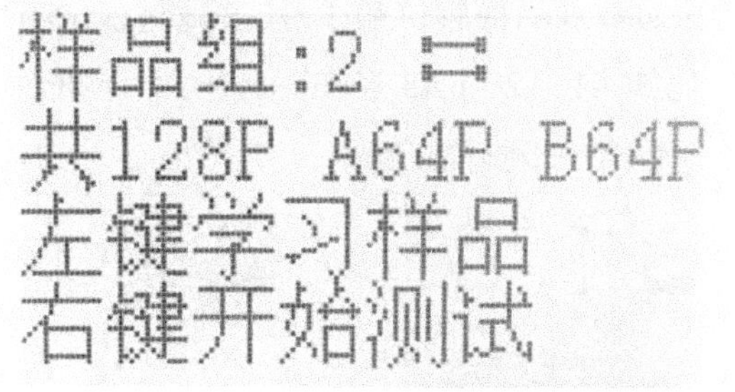

图4 选择样品组界面

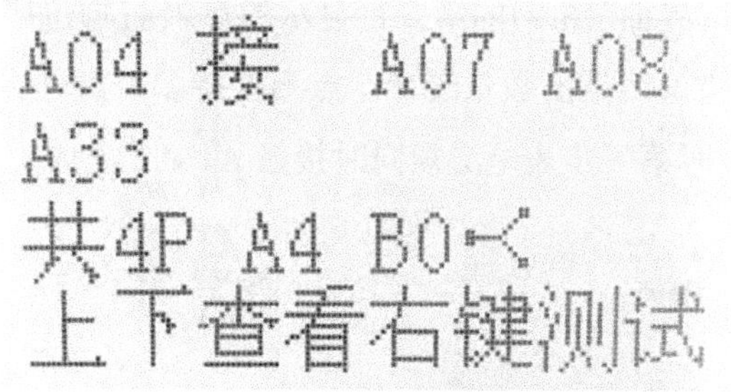

图5 样品连接情况界面

3.1.3 检测线材

测试仪开机后进入待机界面,可以直接插线进行测试,如果在选样品组界面或者样品连接界面则点击右键回到待机界面。插线后会马上得到测试结果,测试结果正确,蜂鸣器会发出"滴滴"两声,屏幕显示"PASS",指示灯亮绿灯(图6);测试结果错误,蜂鸣器会持续发出"滴"声,屏幕会显示具体的出错线路,指示灯亮红灯(图7)。屏幕底部显示的是正确线材跟错误线材的数量统计,计数清零方法见设置菜单。

在线材进行测试时,点击下键可以查看当前测试线材的连接情况,点击上键或下键查看不同线路的连接情况(长按上键或下键可以快速翻页)。

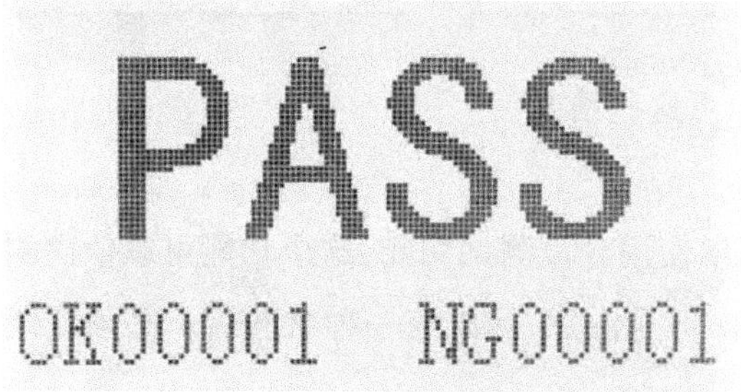

图6 测试通过界面

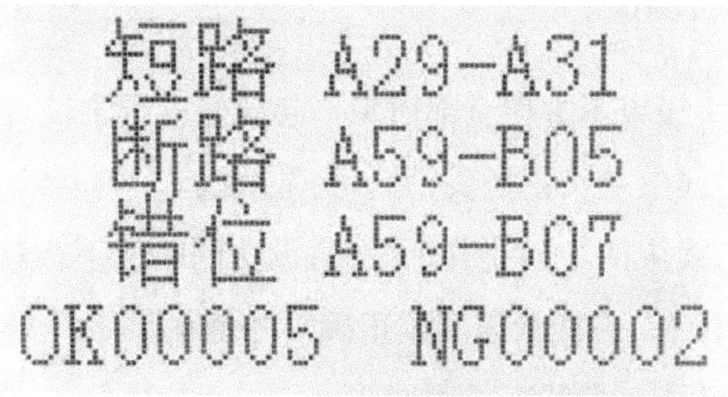

图7 测试错误界面

3.2 点测模式

3.2.1 点测模式简介

点测模式用于检测一头有插头,另一头是散线的线束。将线束有插头一端通过连接板接至测试仪线束端口,使用寻点表笔按设定的顺序依次接触另一端的脚位,所有脚位顺序正确为"PASS",任一脚位顺序错误为"NG"。

开机后,屏幕显示待机界面,此时长按上键可以进入点测模式。

3.2.2 学习样品

点测模式需要学习点测的顺序,检测平台最多可保存20组样品,在点测模式界面,点击上下键切换样品组,点击左键学习样品。在学习样品的界面(图8),使用寻点表笔依次点击脚位,完成脚位顺序的学习,然后点击右键保存样品,点击左键则取消保存样品。

3.2.3 测试方法

按照样品脚位顺序用表笔依次点击各脚位,每次点击时顺序正确则蜂鸣器发出"滴滴"两声,指示灯亮绿灯,顺序错误时,指示灯亮红灯。点击顺序错误时,可以继续尝试点击正确的脚位,点击右键会回到第一脚位,可以继续进行下一条线的检测,同时这条线记录为错误线。

测试界面(图9)的第二行显示的是当前脚位序号,脚位总数和当前脚位端子号。第四行显示的是正确线束与错误线束的数量统计。点测支持多个点连在一起,比如A1、A2与A3连在一起作为点测的第一步脚位,检测时第一步表笔必须同时接触A1、A2与A3三点才判为第一步脚位正确。

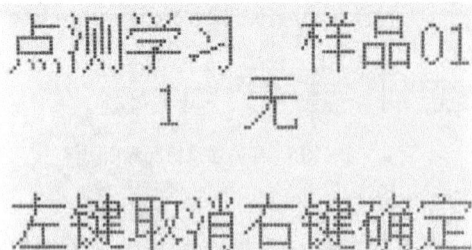

图8　点测模式学习样品界面　　　　　　　图9　点测模式测试界面

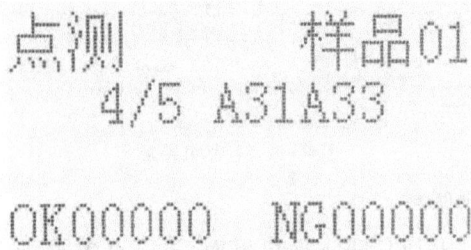

3.3　寻点功能

将待测线插头插入A端或B端插座,在待机界面长按左键进入寻点功能,用寻点表笔接触待测线另一端的零散线,屏幕显示当前所接触线路的序号。

3.4　分段测试

某些线束不方便全部插头一起插好进行测试,比如以下这些情况:

(1)线束一头是插头,另一头是散线。

(2)线束的中间是几个按钮,没法同时按下。这时可以使用分段测试功能,这个功能可以依次测试线束的几种状态,一种状态测试正确后才能测试下一种状态。但是注意,测试完一种状态后。必须让线路断开才能进行下一种状态的测试。

以线束中间是按钮的线束举例说明使用方法。假设一条线束中间是三个按钮,先将线束两头插头分别接到测试机的AB两个测试座,点击上键选择样品组,样品组选到1,只按住线束的第一个按钮,学习样品,将这个状态保存到样品组1。然后选择样品组2。只按住第二个按钮,学习保存到样品组2。然后选择样品组3,只按住第三个按钮,学习保存到样品组3。样品状态全部学习完成后,长按下键进行设置,点击上下键选择第15项Segement Test,点击右键把后面的值调成3(前面学习了几组就调成几)。之后长按下键退出设置,屏幕显示"分段测试1/3",这时可以进行测试,先按下样品线束的第一个按钮,测试通过后会发出短蜂鸣声,然后再依次测试后面两个按钮,全部测试通过后,会响起长蜂鸣声。

测试线束时,如果中间的测试状态测到错误,可以设置成自动跳转或者按键跳转到第一个测试状态,由设置里的第11项NG LOCK控制。NG LOCk设置成ON时,如果一条线束第二个按钮测试没通过,想重新开始测试另一条线束,需要按一下右键,这时可以测试第一个按钮;NG LOCK设置成OFF时,如果一条线束第二个按钮测试没通过,会自动重新开始测试另一条线束,即跳回到测试第一个按钮。

4 结语

本文构建的创新型ECAS线束检测平台具有重要的成果及意义,具体如下。

(1)极大提高了准确率。原有方法由于完全靠人工检测,无法保证准确率。改进的ECAS线束检测平台只需将线束两端准确接到平台上,准确率可达100%。

(2)节约了时间成本。原有的万用表验收检测方法,需要一边检测一边记录,平均每条线束的检测时间为30min。改进的ECAS线束检测平台,只需把对应的线束插到检测平台上,即可检测出所有的故障线路,并打印在屏幕上,所需时间在3min之内,时间缩短了10倍。

(3)节约了人力成本。批量验收检测时,需要耗费大量的人力和物力,改进的ECAS线束验收检测平台,只需一人操作即可完成工作。

(4)推广应用情况。现已投入使用,且可根据平台检测原理,将其应用到任何需要检测线束开路、短路和错位的位置。

参考文献

[1] 邹南南.基于观测器的车辆ECAS传感器故障诊断研究[D].镇江:江苏大学,2016.

[2] 王檠.一种汽车线束检测系统的研究与设计[D].武汉:武汉理工大学,2010.

[3] 薛萌.智能化汽车故障诊断平台的研究与设计[D].唐山:华北理工大学,2019.

客车移动信息系统(MOIS)测试与评价技术研究

张国勇,牛成勇,周祥祥,汪 杰

(招商局检测车辆技术研究院有限公司,重庆 400052)

摘 要:客车移动信息系统(Moving Off Information System,MOIS)能有效提升客车行驶安全,保护易受伤害的道路使用者。本文通过对客车移动信息系统工作原理、测试设备及测试评价方法的分析梳理,以某厂家2台移动信息系统感知识别方案相同、尺寸不同的客车为测试样车,以不同目标物、不同位置盲区及不同偏置率为测试项目,以移动信息系统对不同位置、不同目标物的报警触发及结束时机、报警持续距离等作为评价指标进行移动信息系统的测试场景搭建及测试结果分析与研究,测试方法及结果分析可为主机厂及系统供应商提供设计研发参考。同时,对客车移动信息系统提供一种更系统、全面的测试评价方案。

关键词:客车;移动信息系统;测试评价

0 引言

据统计,约 35% 的客车事故与视觉盲区有关。客车移动信息系统(Moving Off Information System,MOIS)是客车盲区监测系统之一,合格的 MOIS 能够及时检测到车辆前方近距离盲区范围内的行人和骑自行车者,并在检测到潜在的碰撞风险时向驾驶员提供视觉和(或)听觉警告,帮助减少或避免交通事故发生,提高道路安全。

目前在客车移动信息系统的研发与测评方面,已有部分相关的理论研究和实践案例。在标准法规解读方面,刘名洋、孙泊权等对 UN R151 法规中关于机动车的自行车盲区监测系统认证作了解读,分析了客车侧向盲区的相关规定和认证要求,但客车的前向盲区在盲区监测系统中同样重要;孙圣瑾等介绍了目前客车盲区监测系统主流标准及法规,并将 UN R159 与 GB/T 39265—2020、UN R151 标准进行了对比研究,为客车盲区监测相关标准体系的建立提供了理论参考,但在实际测试评价方面未作说明。在系统研发设计方面,黄练伟、王书剑、朱勉宽等分别从客车盲区监测系统的设计开发、监测实现以及行人检测等方面开展了研究,在盲区信息分析、毫米波雷达测距和行人目标物识别的特定场景中,具有一定的参考价值,但对于客车盲区系统的覆盖率较小,监测设备和技术还有待更新,目标物及场景也不够全面。王潮、许圣洁、任菊香等对客车盲区监测系统的技术算法和预警感知模式进行了较为系统的分析研究,在企业产品更新升级方面提供了技术实现手段的理论参考。在测试评价方面,苏占领、牛成勇等在车辆行人 AEB 系统性能测试与评价方面提供了具体的测试方法及指标评价分析,并在不同光照、不同偏置率碰撞场景下对车辆 AEB 系统进行了测试和评价,但是 MOIS 是监测和预警类系统,区别于 AEB 系统的预警及制动,测试方法上仍有较大区别。

综上,目前对于客车移动信息系统的研究尚未形成系统,尤其是在具体的测试方案和评价体系方面。本文从客车移动信息系统的介绍、必要性分析、工作原理、测评方法及测评案例结果分析等方面,对客车移动信息系统测评体系进行补充和完善。

1 MOIS工作原理及测试评价方法

1.1 MOIS工作原理

MOIS的功能特点包括实时监测、多重警告、集成性、适应性及可靠性等。其主要依靠毫米波雷达、超声波雷达或摄像头等传感器来探测车辆前方的环境,当传感器检测到车辆盲区内有行人或自行车骑行者时,系统会通过声学、光学或触觉等多种方式提醒驾驶员,以防止碰撞事故的发生,可以有效提升客车行驶安全,保护易受伤害的道路使用者。

为了满足上述要求,制造商需要采用先进的传感技术和算法来实现MOIS的功能,包括摄像头、雷达和超声波等技术。

(1)摄像头:通过在车辆上加装摄像头,特别是在两侧后视镜和车尾,以影像方式监控车辆后方的来车情况。这种技术的优点是可以直观显示后方景象,但缺点是在恶劣天气条件下表现不佳,可能会产生误判。

(2)雷达:主要使用24 GHz和77 GHz的短波雷达,安装在车侧或后保险杠处。雷达通过发出微波侦测车辆两侧及车尾的来车,实时向左右3m和后方8m范围发出微波探测信号。系统对反射回的微波信号进行分析处理,可以知道后面车辆的距离、速度和运动方向等信息。通过系统算法,排除固定物体和远离的物体,当探测到盲区内有车辆靠近时,指示灯闪烁,提醒驾驶员注意。

(3)超声波:通过发射超声波脉冲并接收其回波来测量距离,以确定障碍物的方位。传感器将距离信息传输给控制系统,控制系统根据这些信息判断盲区内是否存在障碍物,并在必要时向驾驶员发出警告。该技术优点在于它在任何照明环境中都可以使用,不受光照、灰尘等影响,且结构简单,制造方便,成本相对较低,但超声波传感器的测距速度不如雷达;同时由于发射信号和余振信号会对回波信号造成覆盖或干扰,导致在低于某一距离后会丧失探测功能,即存在探测盲区,影响探测效果。

综上,这三种技术路线各有优劣,摄像头技术直观,但受天气影响较大,而雷达技术不受天气影响,能够提供更远距离和更准确的探测信息。雷达技术尤其适用于恶劣天气条件下的移动信息,因为它不受雾、雨、雪等恶劣气候条件的影响,也不依赖于光线明暗,具有穿透遮挡物的能力,与超声技术相比,雷达感知的距离更远。因此,在设计MOIS时,可能需要将各种传感器技术进行融合以提高整体性能和可靠性。

1.2 MOIS测试评价方法

1.2.1 测试条件

常规测试条件应该满足路面平整且干燥,环境温度需控制在0~45℃,风速应不影响设备性能,光照强度至少1000 lx。同时,车辆载荷应根据制造商数据设定为固定值,且在测试期间不得更改。MOIS系统的灵敏度应设置为最低。此外,制造商需提供文件证明MOIS系统在任何载荷条件下均能稳定运行并完成故障和信号验证试验。

UN R159规范定义了MOIS的认证测试场景,包括静态穿行测试、车辆静止自行车纵向移动测试以及纵向同时移动测试3种场景,并定义了明确的测试方法,包括对区域范围的要求,以及对移动速度的要求等。MOIS功能必须满足测试的要求。

1.2.2 静态穿行测试

测试车辆静止挂前进挡，VRU垂直于测试车纵向中心平面行驶，在距离测试车辆分割面15m之前达到目标速度3~5km/h，然后匀速穿行到对侧5m外。

测试通过要求为VRU在到达最后信息点(d_{LPI})之前启动信息信号，并且在最大和最小前向分离平面以及近侧和远侧分离平面所包围的区域内，该信息信号一直保持，不启动碰撞警告信号，参数设置如图1所示。

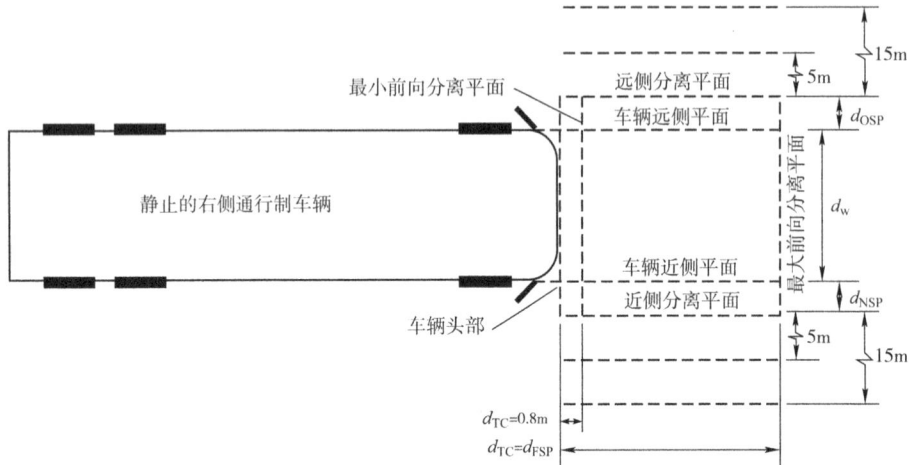

图1 静态穿行场景参数设置

1.2.3 车辆静止自行车纵向移动测试

车辆进入停车通道前加速到指定速度，然后减速使车头处于p_{stop}处，此时车辆不再处于前进挡位。VRU起初静止在p_{cyc}的位置，当测试车辆就位后，VRU开始在5m内从0直线加速到10(+0-0.5)km/h，然后减速，横向运动公差不应超过±0.05m。

通过要求为车辆达到与最后信息点(d_{LPI})相对应的停车平面距离(p_{stop})之前被激活，并且MOIS信息信号一直保持到VRU至少越过与最大前向分离距离(d_{FSP})有关的车辆前部距离，碰撞警告信号可根据情况启动，参数设置如图2所示。

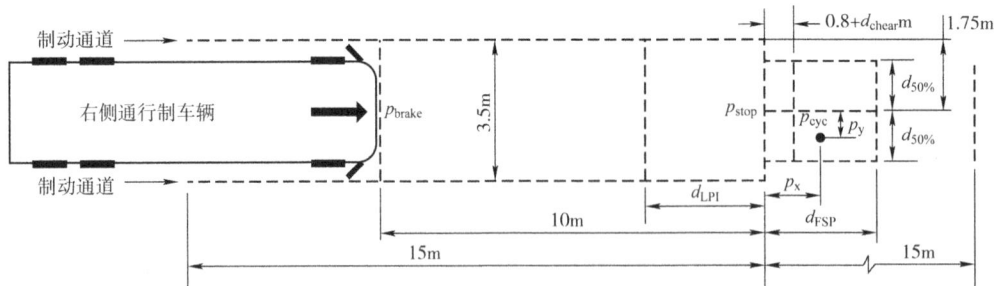

图2 纵向移动测试场景参数设置

1.2.4 纵向同时移动测试

测试车辆加速到10(+0/-0.5)km/h，匀速运动5m，并在10m内制动到0，车头停在P_{stop}处，挂P挡；VRU静止在p_{cyc}处，测试车辆前部和VRU最尾部之间的距离为100(+10/-0)mm。待测试车辆停车后，经过不少于10s的延迟；在5m内，测试车辆和VRU同时开始从0加速到10(+0/-0.5)km/h，然后保持匀速行驶，直到大车从P_{stop}处开始的行驶距离不少于15m，测试车辆和VRU的横向运动公差均不应超过±0.05m。

　　测试通过要求为测试车辆在d_{LPI}线之前激活 MOIS 信息信号,信息信号需要在蓝色区域内一直保持。如果过程中满足碰撞预警信号发出的阈值,则可发出碰撞预警信号。

1.3　测试车辆参数及系统信息

　　本文选取 2 款来自同一生产厂家的城市客车,分别为样车 A1(长宽高为 6970mm×2110mm×2890mm)、样车 A2(长宽高为 11970mm×2550mm×3635mm)。2 款样车所装备的 MOIS 感知技术方案相同,均采用摄像头和毫米波雷达信息融合方案;系统感知传感器安装位置(基于自车)相同,均安装于前风窗玻璃中间顶部位置(摄像头)及前进气格栅中部(毫米波雷达)位置。

1.4　测试关键设备

1.4.1　测试场景

　　本文选取标准成人自行车、成人假人及儿童假人 3 种目标物(图3),纵向及前向 2 个移动盲区,静止及移动等多个场景,对如图 4 所示 2 款同类型客车(系统供应商一致,尺寸不同)的移动信息系统进行综合性能测试。

图 3　测试目标物　　　　　　图 4　某厂家 2 款客车

　　目前客车在城市公共道路通行时,多数情况下与之混行的弱势道路参与者是骑自行车或者电动车的成人,而步行的成人或者小孩与客车交汇的场景多为城市斑马线上的横向穿行。因此,本研究在布局测试场景时,当目标物为成人自行车时,测试场景有 3 种:前向静态横穿测试,车辆静止自行车纵向移动测试,纵向同时移动测试;当目标物为成人假人及小孩假人时,测试场景为前向静态横穿测试。详细测试场景及测试矩阵见表 1。

移动信息系统测试矩阵

表1

测试场景	盲区方向	盲区位置	横向偏置	目标物	测试速度 (km/h)	目标物速度 (km/h)
静态穿行	横向	左侧、右侧	—	儿童、成人、自行车	0	3、3、5
车辆静止自行车纵向移动	纵向	近区、远区	$+d50\%$、0、$-d50\%$	自行车	0	10
纵向同时移动	纵向	近区、远区	$+d50\%$、0、$-d50\%$	自行车	10	10

1.4.2　关键测试设备

　　在移动信息系统关键测试设备中,负责控制车辆进行线控转向、线控加速踏板及线控制动的设备为转向控制机器人与制动加速组合控制机器人。转向控制机器人能实现测试车辆行驶路径的精准控制,保证测试车辆按设定的偏置率进行试验;制动加速组合控制机器人能保证测试车辆速度的稳定,避免传统人工驾驶带来的随机性、重复性差的影响,保证测试结果的一致性。此外,测试过程中 IMC 声光数采系统负责采集声光信号并处理成数字信号。将上述设备通过集成控制箱(ECU)统一作数据采集、分析并发送指令等处理,形成闭环测试,最后将测试过程呈现到显示器。盲区信息监测测试设备如图 5 所示。

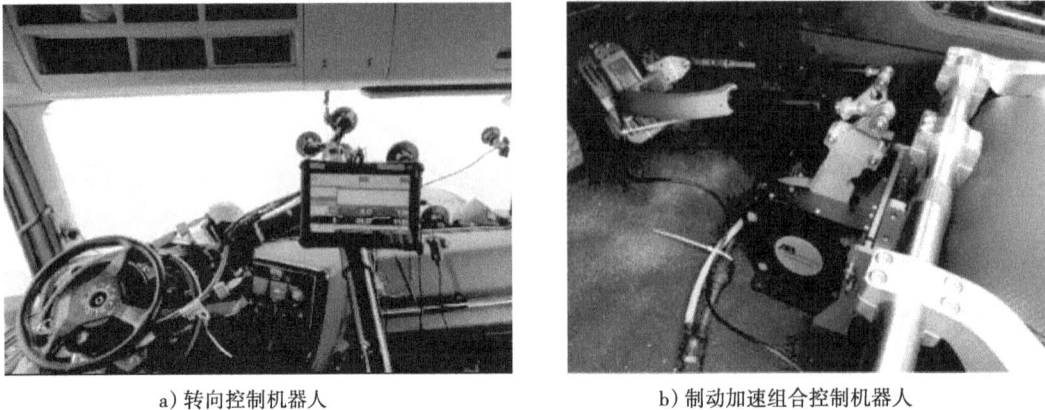

a) 转向控制机器人   b) 制动加速组合控制机器人

图5 盲区信息监测测试设备

2 测试评价结果与分析

2.1 静态穿行测试

根据表 1 所述的测试矩阵要求,在白天天气状态良好、满足照度、温度及湿度等试验要求的环境下,基于 3 种不同的目标物(儿童、成人、自行车),依次进行 2 个不同方向(远端、近端)的对比测试,测试实景如图 6 所示。

图6 静态穿行场景测试实景

根据测试评价方法可知,测试结果数据由双车通信系统采集的相对横向距离(Relative Lateral Distance)及 IMC 声光数据系统采集的报警光信号(Light)组成,当报警光信号由 0 跳变至 1 时,其与相对横向距离交汇的数据点即为报警触发距离。以远端自行车穿行测试结果为例,Robot Controller(RC)显示测试车辆 A1 交汇点数据为 0.93m,A2 为 0.81m,如图 7 所示。两款测试车移动信息系统均能在 VRU 到达最后信息点(d_{LPI} 为 0.5m)前发出报警信号,且报警能够持续到车辆穿过对向分离面,符合法规要求。各测试用例 3 次结果平均值汇总如图 8 所示。

a) 车辆 A1

b) 车辆 A2

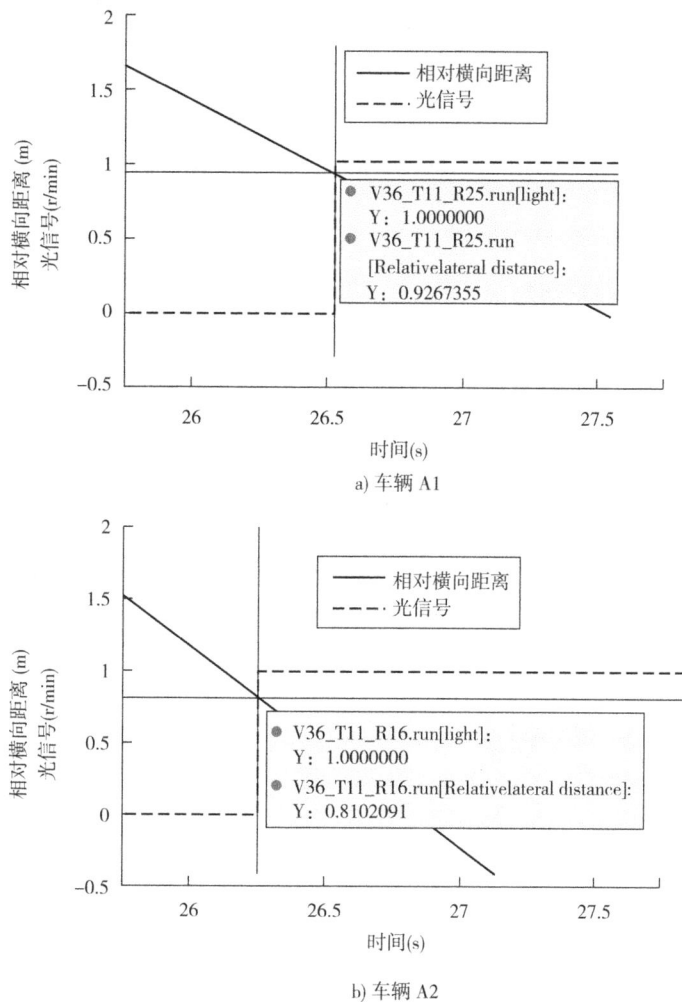

图 7　信号触发时相对横向距离

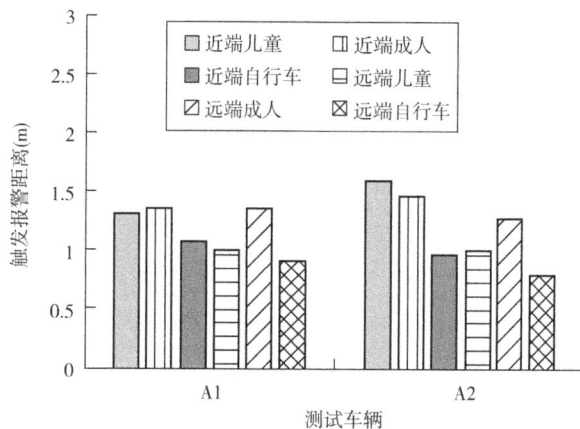

图 8　触发报警距离比对情况

（1）不同目标物对报警触发距离的影响。由图可知,对于两款客车前向盲区而言,儿童和成人穿行时触发移动信息系统报警的距离差距不相上下,但自行车穿行时触发报警距离均明显小于前者,表明此系统对自行车的监测效果不如成人及儿童。

通常而言,自行车相较于成人,尤其是儿童,具有目标体积高大的优势,易于识别;然而,为了更贴近实际交通场景,测试场景中自行车的穿行速度明显高于行人,在相同系统感知识别算法策略和响应时间条件下,速度高的自行车会穿行更长的距离。因此,自行车穿行时报警触发距离更晚。

(2)不同位置盲区对报警触发距离的影响。根据测试矩阵,在静态横向穿行测试时,目标分别从 2 个不同位置盲区(近端、远端)穿行,其中近端为乘客侧,远端驾驶员侧。由图可知,以目标物儿童为例,车辆近端盲区反馈明显优于远端,表明系统在开发过程中,充分考虑到乘客侧的盲区更大,监测逻辑和策略优先满足和保障乘客侧(近端)的盲区。

2.2 测试车辆静止自行车纵向移动测试

根据表 1 所述的测试矩阵要求,基于 3 个不同的盲区位置(左侧、中间、右侧),依次进行 2 个不同分离面(近、远)的对比测试。

测试结果数据由相对纵向距离(Relative Longitudinal Distance)及报警光信号(Light)组成,光信号开始及结束时其与相对纵向距离交汇的数据点即为报警触发距离与报警结束距离,两者差值为报警持续距离,具体结果如图 9 所示。两款测试车移动信息系统均能在车辆到达最后信息点对应的停车平面前激活信号,且能持续到自行车至少越过车辆前向最远分离面(d_{FSP}),符合法规要求。各测试用 3 次结果平均值汇总如图 10 和图 11 所示。

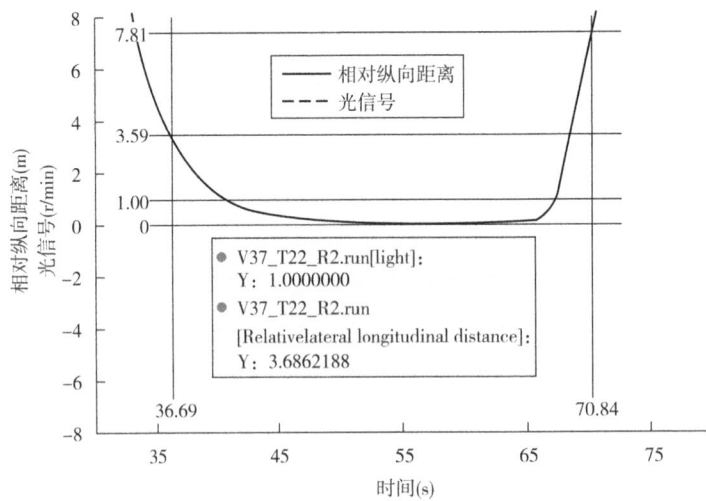

a) 车辆 A1

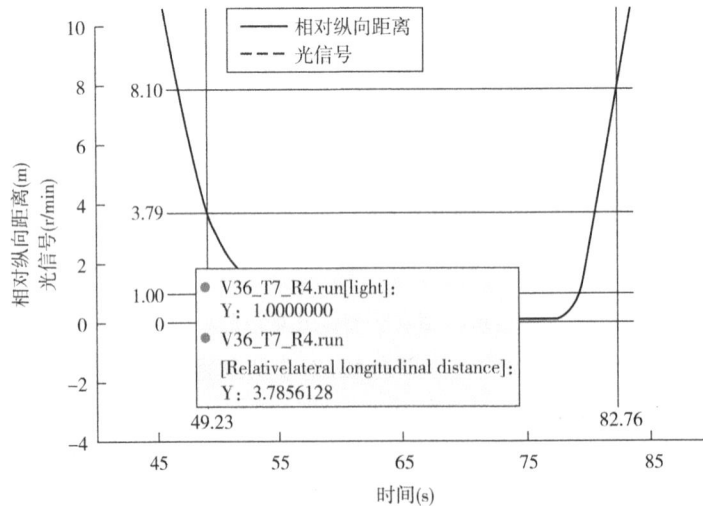

b) 车辆 A2

图9 信号触发和结束时相对纵向距离

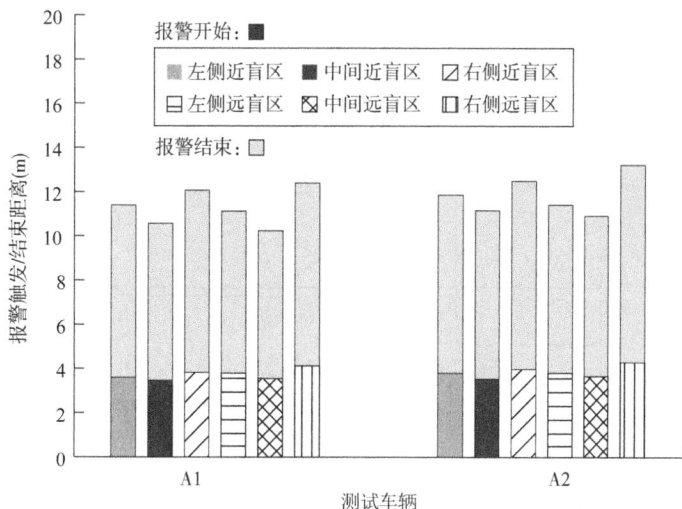

图10　报警触发及结束时机比对情况

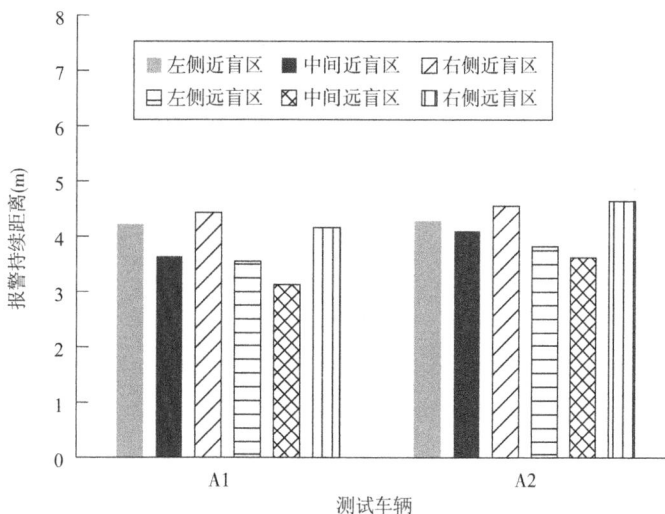

图11　报警持续距离比对情况

对于测试车辆静止自行车纵向移动测试结果表明,相较于中间盲区,左右两侧盲区的报警触发时机更早,报警持续距离也更长,感知识别及达到的监测效果也更好。

同时,由图10和图11可知,测试车辆静止自行车纵向移动测试结果表明相同的客车移动信息系统,车辆静止时,对于前向纵向移动的目标物,即使车辆尺寸相差较大,盲区识别与监测效果也基本不受影响。

2.3　纵向同时移动测试

与2.2节类似,纵向同时移动测试各测试用例3次结果平均值汇总如图12所示。

结果表明,两款测试车移动信息系统均能在车辆到达最后信息点对应的停车平面前激活信号,且该信息一直存在,直到车辆通过停车平面(P_{stop})15m的距离,符合法规要求。

由图13可知,对于客车前向盲区纵向动态测试,左右两侧盲区的系统监测反馈效果优于中间盲区,且右侧盲区优于左侧,整体呈现"右侧＞左侧＞中间"的趋势。结果表明与实际驾驶过程中驾驶员视野范围大小(中间＞左侧＞右侧)正好呈现关联性,也与系统监测算法和控制策略优先满足和保障盲区范围最大的右侧、其次左侧、最后中间的逻辑相吻合。

a) 车辆A1

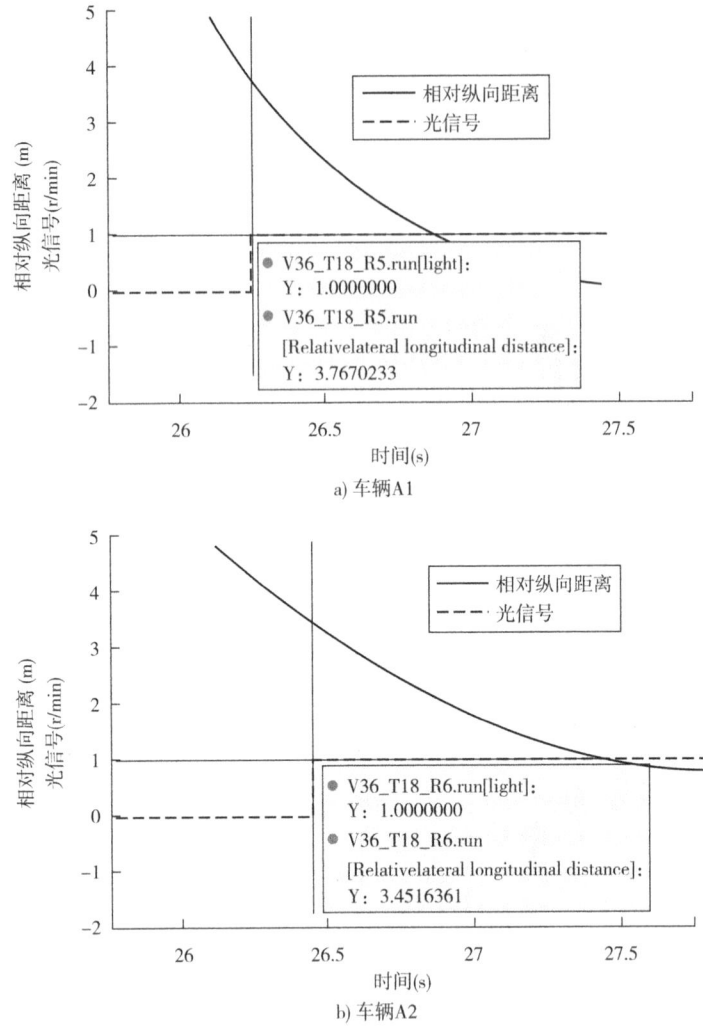

b) 车辆A2

图12 信号触发时相对纵向距离

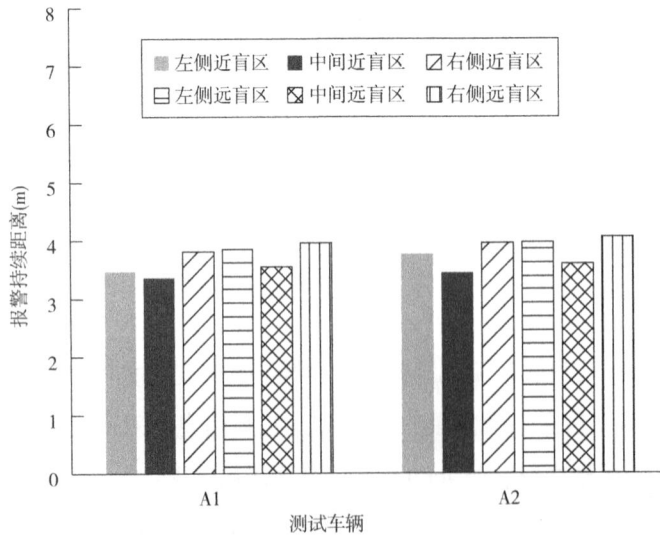

图13 报警持续距离比对情况

同时,由图可知车辆 A2 的报警触发距离均略优于车辆 A1,表明相同的客车移动信息系统,当车辆与前方纵向目标物一起移动时,尺寸较大的车辆因其雷达与摄像头位置更高、探测范围更广等原因,盲区识别与监测效果会更好。

3 结语

本文通过对客车移动信息系统工作原理、测试设备及测试评价方法的梳理,根据某厂家 2 台测试样车移动信息系统的测试场景搭建及测试结果分析,对其相同的移动信息系统感知识别方案、不同尺寸的样车进行对比,通过其对不同目标物,不同位置盲区的监测及识别结果分析与研究,得出以下结论。

在移动信息系统硬件、感知识别策略算法、现场试验条件均相同的条件下,即使将其搭载在尺寸相差较大的两款客车上,也同样能够通过相关法规的测试;对于客车前向盲区纵向动态测试结果分析可知,系统监测反馈效果整体呈现"右侧＞左侧＞中间"的优劣趋势,而且当车辆与前方纵向目标物一起移动时,尺寸较大的车辆因其雷达与摄像头位置更高、探测范围更广等原因,盲区识别与监测效果会更好,此结果可为主机厂及系统供应商提供设计研发参考。

同时,本研究通过对客车前向静态横穿、纵向静态及移动测试,并将其移动信息系统对不同位置、不同目标物的报警触发及结束时机、报警持续距离等评价指标进行对比分析,可对客车移动信息系统提供一种更系统、全面的测试评价方案。

参考文献

[1] 张杨,黄嘉靖,丁培林,等.商用车事故调查与仿真研究[J].重型汽车,2023,(1):14-16.

[2] 刘名洋,邹志亮,周建华,等.UN R151法规《关于机动车的自行车盲区监测系统认证的统一规定》简析[J].中国汽车,2024,(7):3-7.

[3] 黄练伟.基于毫米波雷达的商用车盲区信息系统设计[J].汽车零部件,2024,(3):1-4.

[4] 王书剑.基于深度学习的客车盲区行人检测技术研究[D].天津:天津职业技术师范大学,2024.

[5] 朱勉宽.大型车辆盲区目标检测跟踪与防撞预警研究[D].成都:西南交通大学,2022.

[6] 苏泊权.《商用车盲区监测系统》(UN R151)解析[J].质量与标准化,2024,(2):58-61.

[7] 孙圣瑾,刘文彬,马文博.UN R159与GB/T 39265-2020、UN R151标准的对比研究[J].专用汽车,2024,(2):56-65.

[8] 王潮,周梦,丁寅凡,等.视觉拐弯:转角视野盲区无线感知监测算法[J].西安电子科技大学学报,2023,50(2):197-204.

[9] 许圣洁,梁叶惠,刘可婧.货运车辆右侧盲区监测预警系统设计[J].汽车电器,2023,(2):36-37+40.

[10] 任菊香,李玉鑫.车辆盲区检测导航系统的设计[J].山西电子技术,2023,(1):24-27.

[11] 苏占领,牛成勇,徐建勋,等.基于行人横穿场景的AEB系统性能测试与评价研究[J].辽宁工业大学学报(自然科学版),2022,42(4):218-222.

[12] 张立军,黄露莹,孟德建.基于轨迹预测和模糊分析的商用车盲区防碰撞预警[J].同济大学学报(自然科学版),2019,47(S1):207-212.

[13] 石小明,洪恺,陈传群,等.商用车安全辅助系统预防解决方案[J].汽车实用技术,2021,46(12):25-26+32.

[14] 牛成勇,吴昆伦,周祥祥,等.不同光照不同偏置率碰撞场景的AEB系统测试与评价[J].汽车安全与节能学报,2022,13(2):269-275.

浅析商用车OTA软件升级系统开发

王俊红[1],谭福伦[1],黄苏杭[1],李青川[1],张石扬[2]

(1.金龙联合汽车工业(苏州)有限公司,苏州　215026;2.常熟理工学院,常熟　215500)

摘　要:本文介绍了OTA软件升级系统的框架以及升级流程,阐述了OTA平台、车载软件升级系统、被升级对象以及车辆交互设计中的注意事项。最后,提出在设计中需要同时关注网络安全、数据安全以及功能安全的影响等。

关键词:OTA;OTA平台;车载软件升级系统

0　引言

通过无线方式而不是使用电缆或其他本地连接方式将升级包传输到车辆的软件升级即为在线升级(Over the Air Update,OTA update),也称之为OTA升级。OTA升级以其便捷性、及时性以及个性化定制等显著特点,逐渐受到行业的认可,并得以推广应用,尤其在智能网联汽车上的应用逐年增多。

2022年7月开始实施的欧盟R156法规,以及中国工业和信息化部装备工业发展中心颁布的《关于开展汽车软件在线升级备案的通知》(装备中心〔2022〕229号)文件、2024年发布的《汽车软件升级通用技术要求》(GB 44496),均对OTA软件升级提出了相关法规性要求,要求企业在实施过程中建立软件升级管理体系,在车型开发中有法可依,有法可测。商用车由于其需求的特殊性,在设计中除了需要满足法规要求,还要考虑自身特点,建立安全可靠的OTA软件升级系统。

1　OTA软件升级系统设计架构及流程

OTA软件升级类型常分为SOTA(Software Over The Air)和FOTA(Firmware Over The Air)。SOTA指远程软件升级,主要是在操作系统的基础上对应用程序进行远程升级,一般对应用层小范围的功能进行局部更新;FOTA指远程固件升级,主要包括车辆软件的底层、中间层到应用层的全面升级,通过远程刷写新的固件程序实现设备的升级。商用客车主要偏重于应用软件的变更,对固件的更改较少,所以SOTA在其应用较为广泛。

1.1　OTA软件升级系统框架

OTA软件更新主要是通过建立数据传输链路,并通过云端系统更新车辆ECU中的软件数据。因此需要实现OTA平台对软件的管理以及车辆信息的管理等,实现从本地人工操作到远程自动化操作的转变,图1为常见的OTA软件升级系统框架图。

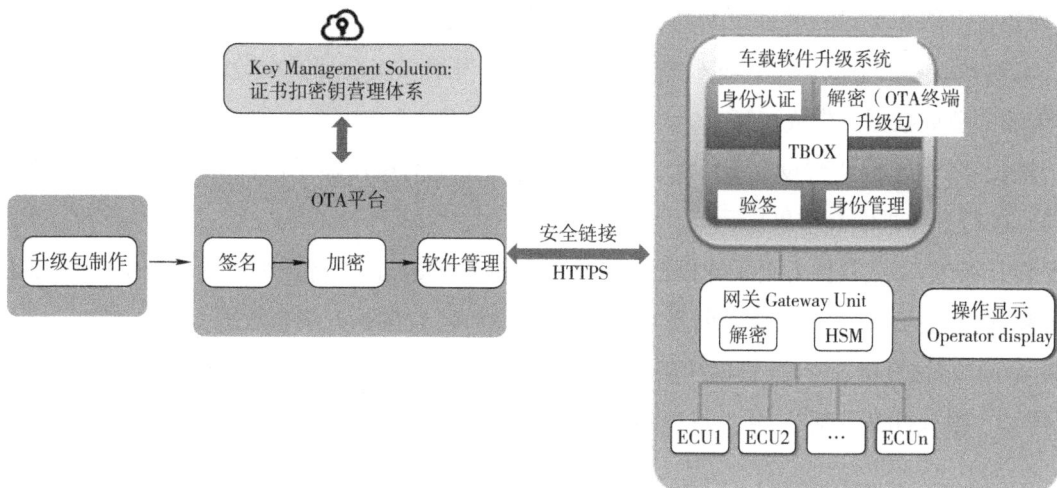

图1 OTA软件升级系统框架

在图1中,整个系统主要包括了四个部分,云端的OTA平台、实现升级管理控制的车载软件升级系统(一般通过车辆的车载终端也就是TBOX实现此功能)、实现车辆交互的操作显示系统,以及被升级对象ECU。其中OTA平台负责软件升级包的管理、车辆信息管理以及OTA发布管理;车载软件升级主要负责从OTA平台经过安全链路下载升级包,并将其刷写到被升级对象(ECU);操作显示系统主要负责进行用户确认和升级信息显示的管理;被升级ECU进行升级包的校验和升级,以及异常情况的处理等。

1.2 OTA软件升级流程

OTA软件升级流程如图2所示,其主要流程如下。

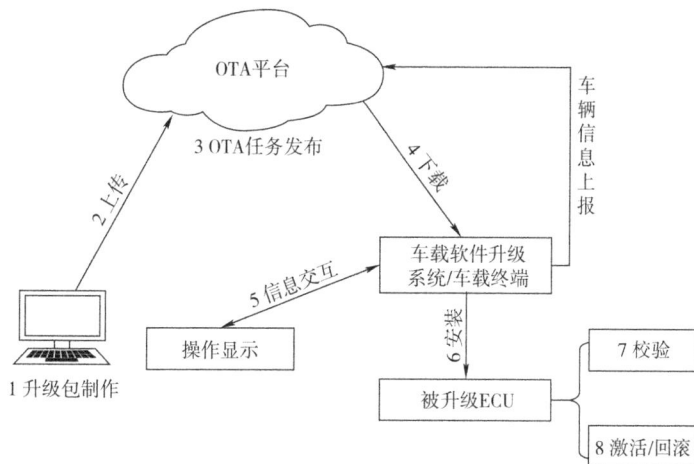

图2 OTA软件升级流程

(1)升级包制作:被升级ECU供应商或整车企业完成升级包开发,经过测试验证后,按照约定的规则制作成升级包。

(2)上传升级包:被升级ECU供应商或整车企业按照流程经过相应的审批,上传到OTA平台,记录升级包相关信息,如ECU硬件信息、软件版本信息、一致性校验值等。

(3)OTA任务发布:OTA运营人员根据OTA升级需求确定相应的目标车辆以及被升级ECU,进行升级包的发布管理。

(4)下载升级包:OTA发布完成后,OTA云平台需要获取当前车辆状态,当满足设定条件时,OTA云平台通知车载软件升级系统进行软件更新动作,车载软件升级系统与 OTA 平台发送相关命令进行交互、获取相关信息,实现升级包的下载操作。下载完成后,车载软件升级系统验证升级包的完整性以及真实性,以防升级包在传输中造成数据丢失或被篡改。

(5)信息交互:当车辆达到设定条件时,车载软件升级系统与操作显示部件进行信息交互,用户实时确认操作,同时进行升级进度及结果显示等。

(6)安装升级包:车载软件升级系统根据与被升级部件约定的协议,将升级包传输给被升级 ECU。

(7)校验:被升级 ECU 进行升级包的真实性以及完整性校验,确认升级包数据没有被篡改。

(8)激活/回滚:被升级 ECU 升级成功后,进行激活操作;若升级失败,则需要回滚到升级前状态;升级结果同时上传给车载软件升级系统,并上报到 OTA 平台。

2　OTA 软件升级系统设计注意事项

2.1　OTA 云平台设计相关注意事项

OTA 云平台主要实现 OTA 服务的业务流程管理,如车辆管理、升级包管理、软件版本管理、策略管理以及任务管理等相关功能,同时需要关注相关联系统的审批、测试、统计分析、日志记录等辅助功能。为保证数据链路的安全,同时应具有公钥基础设施(Public Key Infrastructure ,PKI),用于在 OTA 系统中为相关项分发数字证书,采用密码技术保证升级过程和升级包的安全。其相关框架如图3所示,在设计中应注意以下事项:

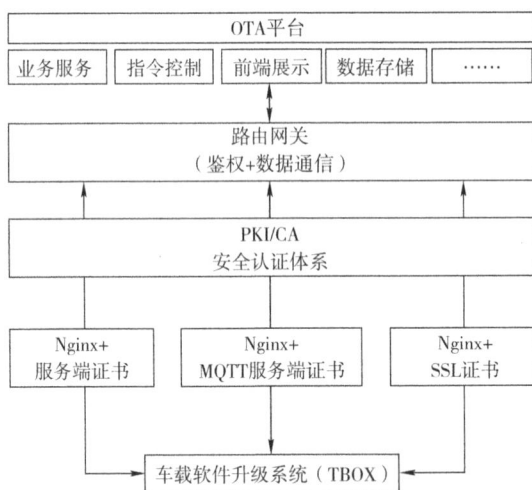

图3　OTA 云平台架构图

(1)升级包管理:需要考虑各个 ECU 的升级方式,是采用完整方式包方式还是采用差分升级包方式;若方式不同,则需要对相关被升级 ECU 的技术方案进行相应调整。

(2)升级策略管理:用于升级系统的执行条件需要具有相应的控制策略,能够根据 ECU 特点以及车辆条件,灵活配置,实现车辆的在线管理。

(3)升级数据安全:应建立数据安全管理系统,保证 OTA 平台数据全生命周期防护和数据运维,保护数据安全。

(4)安全访问控制:通过 OTA 平台,实现平台端的安全访问以及校验,保证平台的访问安全。

(5)数据链路的安全控制:在升级过程中,OTA 系统应具有签名验签方案,保证整个数据传输链路的安全性,如采用签名验签技术,进行数字证书的管理等。

2.2　OTA车载软件升级系统设计注意事项

OTA 车载软件升级系统是车端 OTA 系统的重要部件,主要实现车辆信息的上报、升级包文件的下载、车辆状态的监控、用户的人机交互等。在设计中需要注意以下事项:

(1)车辆信息上报:OTA 车载软件升级系统负责采集车辆信息,如车辆 VIN 码、车端相关 ECU 的硬件版本以及软件版本信息,用于提供给 OTA 云平台。

(2)升级包下载管理:从 OTA 平台的服务端下载所需升级包和文件,需要满足断点续传,用以实现升级分次下载以及避免重复下载等问题。

(3)升级管理:管理车辆 ECU 的更新过程,OTA 任务下发到车辆后,需要判断车辆条件,对于不符合条件的车辆,需要终止升级任务并上报给 OTA 平台;满足升级条件的车辆,将软件更新告知 ECU,并分发到 ECU 实施更新,实施完成后并把结果反馈给 OTA 云平台。

(4)车辆状态管理:需要确保车辆处于安全状态,主要判断车辆的运行状态,如检查车辆的车速、挡位、蓄电池电量、车辆运行条件等,用以确保车辆的安全升级以及升级过程中车辆的安全。

(5)安装管理:需要将升级包安装到被升级 ECU,可支持多种通信协议,如 UDS,J1939、以太网等,实现和被升级 ECU 的交互管理。

(6)车辆交互管理:负责与车辆操作显示单元进行交互,用于实现用户交互和升级状态显示等。

(7)OTA 车载软件系统、操作显示单元、被升级部件的拓扑结构建议采用图 4,采用此种结构,OTA 车载软件升级系统是核心,操作显示单元和被升级 ECU 均与其进行通信,减少操作显示单元与被升级 ECU 的交互设计,减少开发工作量。

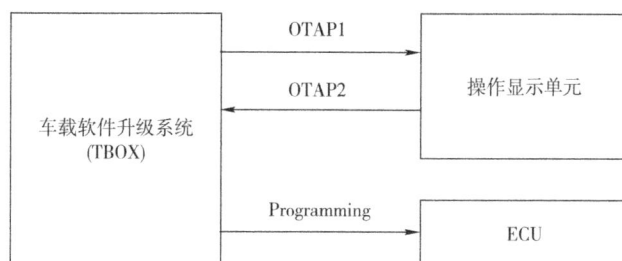

图 4　车端升级架构

2.3　被升级部件(ECU)升级设计注意事项

被升级部件(ECU)作为被升级对象,在 OTA 系统中按照一定的协议接收目标软件数据,并把目标升级版本数据写入到指定的存储区域,并引导运行新版本软件,实现其软件的更新。在设计中需要注意以下事项:

(1)升级包真实性以及完整性验证:被升级部件收到目标软件数据后,需要进行真实性和完整性的验证,防止升级包被篡改,升级包可采用非对称加密算法、哈希算法等进行签名,被升级 ECU 进行验证。

(2)软件版本发送功能:实现软件数据更新后,能够自动实现软件版本的变更,用于后期软件版本的追溯管理;且软件版本信息应具有防篡改功能。

(3)应具有访问请求仲裁功能:当同时进行 OTA 升级和本地升级时,需要具有相应仲裁策略。

(4)升级失败处理:当发生升级失败问题,需要具有回滚功能,也就是说能够回退到之前的软件版本,因此应进行 AB 分区升级方案设计。AB 分区方案,主要是为软件的运行版本数据和升级的目标版本数据分配不同的存储区,A 区与 B 区之间实现回滚,A 区为系统运行提供服务时,刷新 B 区,B 区通过校验并刷写完成后,下次重启时载入 B 区;若刷写错误或刷新失败,则仍以 A 区系统启动,从而提高升级的可靠性,最小化回滚所需的时间。

2.4 车辆交互设计的注意事项

OTA 的车辆交互设计,主要是实现用户与车端的信息交互,涵盖 OTA 升级的全过程,主要进行信息提示、用户确认、升级结果显示等,在设计中需要注意以下事项:

(1)需要满足法规要求,《汽车软件升级》(R156)以及《汽车软件升级通用技术要求》(GB 44496)均对用户信息告知提出了要求,包括进行用户确认,升级结果显示等。

(2)具有方便使用的特点,便于用户操作,如在需要用户确认时,需配备手动操作按键或触屏按键等交互方式。

(3)需要考虑商用车的配置状态,由于商用车对娱乐设施的需求不高,车辆的交互设计需要考虑通用性和模块化,以及客户的定制化需求等,建议通过组合仪表界面进行信息显示。

(4)由于商用车运营方式的多样化,可以考虑 OTA 平台和运营公司平台对接,以实现云端用户告知和确认处理等功能。

3 结语

OTA 系统是典型的"云、管、端"架构,除了需要考虑上述的 OTA 平台建设、车载软件升级系统(TBOX)、车辆操作显示单元、被升级 ECU 单元的相关注意事项,还要在设计中同时进行网络安全、数据安全以及功能安全的分析,规避 OTA 使用中的各种风险,从而搭建安全可靠的 OTA 升级系统。

参考文献

[1] 袁英敏,邓瑞静,赵公旗.商用车辆OTA技术设计及开发实践[C]//中国公路学会客车分会.中国客车学术论文集(2023).北京:人民交通出版社,2024.

[2] 中国智能网联汽车创新联盟.智能网联汽车远程升级(OTA)发展现状及建设[R],2023.

新能源客车
与节能减排

电动重型货车换电模式现状与发展趋势

徐　萌

（中国公路车辆机械有限公司,北京　100013）

摘　要: 在21世纪的初期,全球新能源汽车市场尚处于起步阶段,其中蓄电池续航能力的短板成为制约产业扩张的关键障碍。为解决这一难题,各国纷纷投入精力研发电动汽车的新型补能策略——换电模式。不同于传统的充电方式,换电模式涉及将电动车上的低电量蓄电池迅速替换为满载能量的新蓄电池,同时将旧蓄电池送回换电站进行充电。本文特别聚焦于电动重型货车的换电实践及其未来走向,目标在于深入剖析这一模式的发展路径和潜在趋势,以期为电动重型货车的长远发展提供新的视角和策略。

关键词: 电动重型货车;换电模式;发展趋势

0　引言

电动重型货车作为一种环保替代方案,以其零污染和低噪声特性,在推动交通行业的清洁转型中展现出巨大的潜力。其中,采用换电模式的电动重型货车对于确保其远程运行和控制运营成本至关重要。这种模式的最大优点在于其高效的能源补充,能够在短短10min内完成蓄电池更换,而且可以根据实际运营条件使用不同容量的电池包。与充电式重型货车相比,换电重型货车的蓄电池容量减小,有助于减轻车辆自重,从而提升有效负载,整体运营效率更优,特别适合于高强度、长时间运行的场景,如每天运营超过10h、行驶里程达到300km以上的应用。目前,该技术已在专业运输线、支线短途、主干物流、矿山运输和港口内部运输等高需求、高强度的运营领域得到广泛应用。

1　电动重型货车换电模式现状

1.1　市场现状

随着环保法规的日益严苛和"双碳"目标的推进,一些城市对燃油车实施了严格的限制措施,这促使电动重型货车在交通领域占据显著优势。2021—2023年,国内电动重型货车销售呈现强劲态势,分别售出9650辆、19312辆和34560辆,其中换电车型的比例逐年上升,从最初的23.7%增长到50.9%,显示出换电技术在这一市场正从初期萌芽阶段迈向稳健发展阶段。

在市场营销策略上,电动重型货车采取了创新的"车电分离"模式,降低了消费者的购买成本,使之与传统燃油车的成本相当。电池包在专业的换电站进行集中充电管理,通过智能算法优化电力使用,充分把握电价低谷时段,从而显著延长蓄电池寿命,提高了蓄电池的再利用率,具有较高的经济效益。电动重型货车的换电方式根据车型特性有所不同(表1),如顶吊式换电依赖于钢索和定位系统,成本较低且便于商业化;单侧整体式换电则借助换电机器人的精确抓取,适合于公共换电站,但对定位设备要求较高;双侧整体式换电适用于空间受限的采矿货车或电池布局独特的车型,但因配置复杂,成本相对较高。电动重型货车在政策支持和市场需求的双重驱动下,其换电技术正经历快速成长,并展现出多元化的技术路径,以适应不同应用场景的需求。

换电技术方式 表1

换电车型	中重型货车	轻型货车	微型货车/乘用车
蓄电池布局	后背式	底盘(侧置)	底盘(底置)
换电方式	顶吊换电	单侧换电/双侧换电	底部换电

1.2 标准化进程

目前,中国乘用车的换电体系表现出较高的成熟度,其规范依据主要涵盖了《电动汽车快换电池箱通信协议》(GB/T 32895—2016)和《电动汽车换电安全要求》(GB/T 40032—2021)。相比之下,重型货车的标准化建设步伐略显滞后,国家层面的标准更新正在进行,现有的指导性文件多为行业标准和团体标准,具体状况见表2,显示出一定的差异化特征。

重型货车换电模式现行主要技术标准 表2

类型	发布	名称
国家标准	国标委	电动汽车换电安全要求
行业标准	工信部	纯电动商用车车载换电系统互换性
团体标准	中汽协	电动中重卡共享换电车辆及换电站建设技术规范
团体标准	江苏省汽协	江苏省纯电动重型卡车换电电池包系统技术规范

1.3 运营经济性

以某地区的物资运输为案例,探讨该地区新型电动重型货车与传统柴油重型货车的运营经济效益:40辆典型的 6×4 柴油重型货车足以维持标准运输需求,每辆车每年工作约 300d,每日往返行驶450km,总计年行驶距离达 135000km,平均燃油消耗量为 0.49L/km。如果转换为等效运输能力的换电式电动重型货车,预计每次充电后的行驶距离不少于 150km,每天需充电 3 次,平均电力消耗约为 1.5kW·h/km。电池组通过租赁方式使用。两者的运营经济性对比鲜明,见表3。电动重型货车采取"车电分离"的销售策略,其非动力车身价格与柴油重型货车相当。然而,电动重型货车的单车运营成本降低了 1.09 元/km,年节省金额可达 14.74 万元,40 辆车的车队一年总计节省 589.6 万元,展现出显著的后期运营经济效益。

某地区燃油与换电重型货车应用场景经济性对比 表3

费用项目		换电重型货车	燃油重型货车
行驶能耗	电车(kW·h/km)	1.5	—
	油车(L/km)	—	0.49
能源价格	电车[元/(kW·h)]	0.6	—
	油车(元/L)	—	7
换电服务费[元/(kW·h)]		0.5	0
电池租金[元/(kW·h)]		0.65	0
年维护费(万元/辆)		0.5	1.5
年保险费(万元/辆)		2.2	1.8
年尿素费(万元/辆)		0	2.8
年总费用(万元/辆)		37.665	52.405
成本(元/km)		2.79	3.88

2 电动重型货车换电模式发展趋势

2.1 短期内充换电模式并存

当前,我国新能源汽车的续驶能力和充电设施问题是制约其产业发展的核心障碍,消费者因续驶焦虑和充电不便而减弱了购买意愿。随着国家补贴政策的逐步退坡,新能源汽车市场份额有所缩减,行业发展速度也随之放缓。初期,充电桩模式为用户提供了充电的便利性,而换电模式的出现则为电力补充提供了另一种解决方案,有望弥补充电模式的不足。然而,换电模式的技术标准化面临着重大挑战,任何模式都需要强大的技术支持。我国自 2006 年起开始研究充电技术标准,直至 2015 年才建立起统一的标准接口。换电模式的标准化将对汽车行业的整体设计、设备和制造提出更严格的标准,考虑到与充电模式的竞争,这一过程可能需要更长时间。因此,在可预见的将来,电动汽车的能源补充方式预计将是充电和换电模式共存的格局。

2.2 换电设备高度集成化

人们以模块化和高效运作的理念为基石,提出了高度整合的换电策略。在这一模式中,换电站被用作电动车补充能量的主要站点,其规模通常较大,原因是换电网络相比普通的充电方式展现出更高的效率和智能化水平,且便利性显著增强。此外,换电站还承担着蓄电池的定期检查、维护任务,因此要求采用高度集成的设计,以便在节省空间的同时降低建设成本。

2.3 换电体系标准统一

当前制约换电模式推进的关键障碍在于换电系统的标准化尚未达成共识。在蓄电池和车辆设计的标准化尚未确立前,各个制造商的产品存在多样性,如果实施换电策略,意味着换电站运营商需要备有各种规格的蓄电池库存,这无疑增加了运营的经济负担,降低了运行效率。统一的换电体系标准可以确保跨车型的蓄电池无缝替换,从而提升运营效率,如图 1 所示,统一换电站蓄电池取放系统能够极大程度地满足用户的需求。随着 2020 年电动汽车补贴政策的调整,政府倡导的"电车分离"充电模式,实际上增强了换电运营商与汽车制造商合作的需求,促使两者更紧密地协同运作。

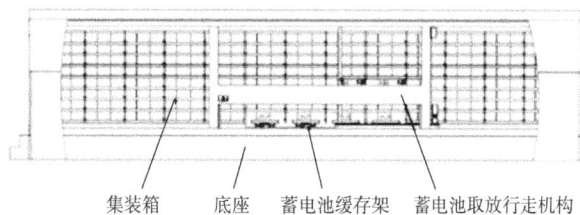

集装箱　底座　蓄电池缓存架　蓄电池取放行走机构

图1　电池取放系统

3 结语

在绿色交通的前沿探索中,电动重型货车的即时充电系统被视为一项革新性的突破。得益于连续的技术进步,如智能化管控、迅捷的能源补给和蓄电池科技的迭代,以及市场需求与政策激励的双重驱动,电动重型货车的换电模式正蓄势待发,显示出无限的商业潜力。未来,这种模式将重塑城市配送、海港运输等行业格局,以无可比拟的环保性和高效率,引领清洁能源运输的新篇章,全面推动其在全球范围内的广泛应用和深化发展。

参考文献

[1] 王利军,梁承东,李貌,等.电动重卡换电技术研究现状与发展[J].中国汽车,2024(4):8-12.

[2] 甄文媛.换电重卡起势[J].汽车纵横,2021(8):85-87.

[3] 戴淼,齐涛.我国重卡换电模式发展前景分析[J].专用汽车,2021(8):38-40.

电动客车续驶里程提升策略研究

王佳琪

(中国公路车辆机械有限公司,北京 100013)

摘 要: 随着全球对环境保护和能源效率需求的日益增长,电动客车作为绿色交通的重要组成部分,其续驶里程的提升成为行业内外关注的焦点。本文全面探讨了影响电动客车续驶里程的关键因素,包括电池技术、车辆设计、能源管理系统、充电基础设施以及政策环境等,并在此基础上提出了一系列具体且可行的提升策略。通过理论分析、案例研究和未来趋势预测,本文旨在为电动客车行业的可持续发展提供全面的指导和参考。

关键词: 电动客车;续驶里程;电池技术;车辆轻量化;能源管理;充电基础设施;政策引导

0 引言

在全球气候变化的背景下,减少碳排放、推动能源结构转型已成为国际社会的共识。电动客车以其零排放、低噪声、高效能等优势,成为公共交通领域的重要发展方向。然而,续驶里程短、充电时间长等问题制约了电动客车的广泛应用。因此,研究电动客车续驶里程的提升策略,对于推动电动客车产业的快速发展具有重要意义。

1 电动客车续驶里程影响因素分析

1.1 电池技术

蓄电池是电动客车的核心部件,其性能直接决定了续驶里程。目前,锂离子蓄电池是电动客车最常用的电池类型,但其能量密度、循环寿命、充电效率等方面仍有提升空间。此外,蓄电池的成本、安全性、环保性等因素也影响着电动客车的市场竞争力。

1.2 车辆设计

车辆设计对电动客车的续驶里程有重要影响。合理的车身结构、轻量化材料的应用、空气动力学的优化等都可以降低车辆的能耗,从而提升续驶里程。同时,车辆的驱动系统、传动系统、制动系统等也需要优化设计,以提高能源利用效率。

1.3 能源管理系统

能源管理系统(EMS)是电动客车的重要组成部分,它通过对蓄电池、电机、控制器等关键部件的实时监控和智能调度,实现对能量的高效利用。先进的能源管理系统可以根据车辆的行驶状态、路况信息、乘客负载等因素,动态调整能量分配策略,降低能耗,延长续驶里程。

1.4 充电基础设施

完善的充电基础设施是保障电动客车续驶能力的关键。充电设施的布局、数量、充电速度等都会影响用户的充电体验和电动客车的实际使用效果。此外,充电设施的智能化、网络化发展也为电动客车的充电带来了更多便利。

1.5 政策环境

政策环境对电动客车的发展具有重要影响。政府的补贴政策、税收优惠、限行限购政策等都会促进电动客车的市场推广和应用。同时,政府还可以通过制定相关标准和规范,推动电动客车技术的创新和升级。

2 电动客车续驶里程提升策略

2.1 蓄电池技术优化

提升蓄电池能量密度:通过研发新型蓄电池材料(如固态电池、锂硫电池等)和优化蓄电池结构设计(如多层叠片技术)等方式,提高蓄电池的能量密度。这不仅可以增加蓄电池的储电量,还可以减轻蓄电池的重量和减小其体积,从而提升电动客车的续驶里程。

延长蓄电池循环寿命:采用先进的蓄电池管理系统(BMS)和均衡技术,确保蓄电池单体间的一致性,减少因单体性能差异导致的容量衰减。同时,优化充电策略,避免过充过放现象的发生,延长蓄电池的使用寿命。

提高充电效率:研发快速充电技术,如高功率充电、无线充电等,缩短充电时间。此外,还可以通过优化充电算法和充电设施的设计,提高充电过程的智能化和高效化水平。

2.2 车辆设计优化

轻量化设计:采用轻质高强材料(如铝合金、碳纤维等)替代传统材料,减轻车身质量。同时,优化车身结构设计和制造工艺,降低不必要的质量和减少部件数量,降低车辆的能耗和成本。

空气动力学优化:通过流线型车身设计、低风阻轮毂、车顶气帘等措施降低车辆行驶过程中的空气阻力。这不仅可以减少能耗提升续驶里程,还可以提高车辆的行驶稳定性和舒适性。

驱动与传动系统优化:采用高效电机和传动系统,降低动力传输过程中的能量损失。同时,优化电机的控制策略和传动比的选择,以提高动力系统的整体效率和响应速度。

2.3 能源管理优化

动态能量分配:根据车辆的行驶状态、路况信息、乘客负载等因素实时调整能量分配策略以实现能量的高效利用。例如,当车辆处于下坡路段时,可以利用制动能量回收系统将部分动能转化为电能存储在蓄电池中;当车辆处于加速或爬坡状态时,则可以提高电机的输出功率以满足动力需求。

智能驾驶辅助:利用智能驾驶辅助系统(如自适应巡航系统、车道保持系统等)降低驾驶员的操作强度,以提高行车安全性和舒适性。同时,智能驾驶辅助系统还可以根据路况信息和车辆状态自动调整行驶速度和路线,以减少能耗和磨损。

2.4　综合能源管理

将蓄电池管理系统(BMS)、电机控制系统(MCS)和车辆控制系统(VCS)等各个子系统有机融合,形成综合能源管理系统(IEMS)。该系统通过集成化的控制策略,实现对能量的高效调度和分配,确保电动客车在各种工况下都能保持最优的能源利用效率。同时,IEMS还能够实时监控车辆状态,预测并应对潜在的能源危机,从而进一步提升电动客车的续驶里程和可靠性。

2.5　充电基础设施完善

布局优化:根据电动客车的运行特点和需求,合理规划充电站的布局和数量。在城市中心、交通枢纽、大型商圈等区域增设快速充电站,方便电动客车的快速充电。同时,在高速公路沿线建设充电站,确保长途行驶的电动客车能够随时补充电能。

技术创新:推广高功率充电技术,如350kW以上的快充技术,缩短充电时间至几分钟。此外,探索无线充电技术的应用,提高充电的便捷性和安全性。

智能化服务:构建充电设施的智能网络,实现对充电设施的远程监控、故障诊断和自动调度。通过移动应用或车载终端,为用户提供充电站位置查询、预约充电、支付结算等一站式服务。

2.6　政策环境引导

补贴与税收优惠:继续实施对电动客车购置的补贴政策,降低用户的购车成本。同时,对电动客车的运营给予税收优惠,如减免车船税、购置税等,鼓励更多企业和个人使用电动客车。

限行限购政策:在部分城市实施燃油车限行限购政策,为电动客车提供更多的市场空间。通过政策引导,促进公共交通领域的电动化转型。

标准与规范制定:加快制定和完善电动客车及其相关产品的技术标准和规范,确保电动客车的安全、可靠和高效运行。同时,推动充电设施的标准化建设,促进不同品牌、不同型号电动客车的互联互通。

3　案例分析

3.1　案例一:比亚迪K9电动客车与刀片电池技术

(1)背景介绍:

比亚迪K9作为电动客车市场的佼佼者,凭借其出色的性能和可靠性赢得了广泛认可。为了进一步提升续驶里程,比亚迪在K9车型上引入了自主研发的刀片电池技术。

(2)技术亮点:

刀片电池技术:刀片电池采用了独特的长条形电芯设计,相比于传统方形电芯,其空间利用率更高,能量密度显著提升。这一技术突破使得K9电动客车的电池容量得以增加,从而延长了续驶里程。

热管理优化:刀片电池在热管理方面进行了创新设计,通过更高效的散热系统,确保了蓄电池在充放电过程中的温度稳定性,提高了蓄电池的安全性和循环寿命。

整车集成优化:比亚迪在 K9 车型上实现了对蓄电池、电机、电控等关键部件的高度集成,减少了能量传输过程中的损失,提升了整车的能源利用效率。

(3)成效分析:

引入刀片电池技术后,比亚迪 K9 电动客车的续驶里程得到了显著提升,部分车型在满电状态下可行驶超过 400km,满足了长途客运和城市公交的多种需求。同时,由于蓄电池性能的提升,K9 车型的运营成本也相应降低,增强了市场竞争力。

3.2　案例二:特斯拉 Semi 电动货车与超级充电网络

虽然特斯拉 Semi 并非传统意义上的电动货车,但其在电动运输领域的创新实践对于电动货车续驶里程提升同样具有借鉴意义。

(1)背景介绍:

特斯拉 Semi 是一款专为长途货运设计的电动货车,其续驶里程和充电效率成为业界关注的焦点。特斯拉通过技术创新和充电网络的建设,为 Semi 电动货车提供了强大的续驶支持。

(2)技术亮点:

高效动力系统:特斯拉 Semi 采用了先进的电机和传动系统,实现了高效的动力输出和能量回收。同时,通过优化车辆设计,降低了风阻和滚动阻力,进一步提升了能效。

超级充电网络:特斯拉在全球范围内建设了庞大的超级充电网络,为 Semi 电动货车提供了快速充电服务。超级充电桩支持高功率充电,可以在短时间内为车辆补充大量电能,大大缩短了充电时间。

智能驾驶辅助:特斯拉 Semi 配备了先进的智能驾驶辅助系统,能够根据路况和车辆状态自动调整行驶策略,降低能耗并提升安全性。

(3)成效分析:

特斯拉 Semi 电动货车的续驶里程和充电效率均达到了业界领先水平。借助超级充电网络的支持,Semi 可以在短时间内完成充电并继续长途行驶,满足了货运行业的实际需求。这一成功案例为电动客车领域提供了宝贵的经验和启示,即通过技术创新和充电网络的建设来提升电动客车的续驶能力和市场竞争力。

4　总结

以上两个案例分别展示了电动客车续驶里程提升的不同路径。比亚迪 K9 通过蓄电池技术的创新和整车集成优化实现了续驶里程的显著提升;而特斯拉 Semi 则通过高效动力系统的研发和超级充电网络的建设,为长途电动运输提供了有力支持。这些成功案例表明,电动客车续驶里程的提升需要多方面的共同努力和技术创新。未来,随着技术的不断进步和市场的不断扩大,电动客车将展现出更加广阔的发展前景。

5　讨论

尽管本文提出了多种电动客车续驶里程提升策略,但在实际应用中仍面临诸多挑战。例如,蓄电池技术的突破需要长期的研发投入和资金支持;车辆设计的优化需要考虑到成本、安全、舒适等多方面的因素;充电基础设施的完善则需要政府、企业和社会的共同努力。因此,在推动电动客车发展的过程中,需要综合考虑各种因素,制定科学合理的发展规划和政策措施。

此外,随着技术的进步和市场的变化,电动客车续驶里程提升的策略也需要不断调整和完善。例如,随着自动驾驶技术的成熟和应用,电动客车将更加智能化和高效化;随着可再生能源的普及和分布式储能技术的发展,电动客车的能源来源将更加多样化和可持续化。这些都将为电动客车续航里程的进一步提升提供新的机遇和挑战。

6 结语

本文全面探讨了电动客车续驶里程提升的策略和方法,从蓄电池技术、车辆设计、能源管理系统、充电基础设施以及政策环境等多个方面进行了深入分析。通过理论分析、案例研究和未来趋势预测,本文提出了一系列具体且可行的提升策略,为电动客车产业的可持续发展提供了全面的指导和参考。

展望未来,随着技术的不断进步和市场的不断扩大,电动客车将逐渐成为公共交通领域的主流车型。同时,随着全球对环境保护和能源效率需求的日益增长,电动客车的续驶里程也将不断提升。相信在不久的将来,电动客车将以其卓越的性能和环保的优势赢得更多用户的青睐和信赖。

参考文献

[1] 欧阳明高.中国新能源汽车的技术进展与展望[J].汽车工程,2020,42(1):1-11.

[2] 王芳,夏军.电动汽车动力电池系统安全分析与设计[J].电子测量与仪器学报,2011,25(8):637-644.

[3] 李永,谢绍东,郝吉明.中国城市交通能源需求与环境释放分析[J].环境科学,2008,29(11):3098-3106.

[4] 李哲,卢兰光,欧阳明高.提高安全性的动力电池热管理系统研究进展[J].机械工程学报,2019,55(24):99-120.

[5] 王震坡,孙逢春,林程.电动公交客车动力系统的匹配与仿真[J].北京理工大学学报,2006,26(2):156-160.

[6] 刘卓然,陈健,林凯,等.国内外电动汽车发展现状与趋势[J].电力建设,2015,36(7):25-32.

[7] 郭春林,陈明,李军求,等.电动汽车充电技术及其发展前景[J].电力建设,2015,36(7):33-41.

[8] 刘金平,汪双凤.空调用制冷技术研究进展(1)——制冷空调新技术及发展趋势[J].制冷,2007,26(1):1-7.

[9] 张子峰,徐立华,王建明.电动汽车驱动电机发展现状及趋势[J].微电机,2011,44(3):76-80.

[10] 王文伟.新能源汽车技术基础[M].北京:机械工业出版社,2018.

氢燃料电池商用车燃料电池系统控制策略改进

周　强,魏继雄,何国华

(珠海广通汽车有限公司,珠海　519090)

摘　要:氢燃料电池商用车动力系统由燃料电池系统[氢发动机、升压直流/直流转换器(DC/DC)、空气系统、供氢系统、散热系统等]、驱动电机系统、动力电池等组成,本文结合车辆实际驾驶工况讨论燃料电池控制系统的控制策略。

关键词:氢燃料电池车;整车动力系统;燃料电池系统控制策略

0　引言

氢燃料电池的输出直接挂在整车直流母线上,既可以将发的电直接输给驱动电机等负载使用,也可以为车辆动力电池补电。目前,大多数氢燃料电池都是基于电池的荷电状态(SOC)、总电压、单体电压等信息来进行控制策略设计,即氢燃料电池控制器从动力控制器局域网(CAN)上读取动力电池的SOC、单体电压、故障等信息,来决定氢燃料电池系统是否工作。但该控制策略的判断依据过于简单,可能会出现当车辆进行爬坡、急加速、制动等操作时,氢燃料电池发动机的响应速率与输出功率不能及时跟上的问题。

本文结合车辆实际驾驶工况,提出氢燃料电池改进策略,以期提高电堆以及整个系统的响应速率[1]与输出功率,让氢燃料电池商用车的设计理念最大限度地接近纯电动车,降低氢燃料电池商用车对动力电池的需求与依赖。

1　氢燃料电池商用车动力系统概述

氢燃料电池商用车动力系统由燃料电池系统(电堆、升压DC/DC、空气系统、供氢系统、散热系统等)、驱动电机系统、动力蓄电池等组成[2](图1),燃料电池系统产生的电能,通过升压DC/DC变压,与动力电池一起向驱动系统电机控制器、空调、转向助力器等各部件提供直流电。

燃料电池的最大功率根据理论计算要大于车辆的持续工况下的驱动系统耗电功率加上整车其他负载耗电功率。燃料电池系统控制器(FCU)负责控制燃料电池电堆、升压DC/DC、空气系统、供氢系统、散热系统等部件,整车控制器(VCU)是整车控制的核心,以动力性、经济性、安全性等为目标,采集加速踏板、制动踏板以及挡位信号等,结合动力电池、驱动电机系统等各部件信息做出相应逻辑判断,通过CAN总线控制下层的各部件控制器动作,驱动汽车正常行驶,对燃料电池商用车动力链的各个环节(图2)进行管理、协调和监控[3]。

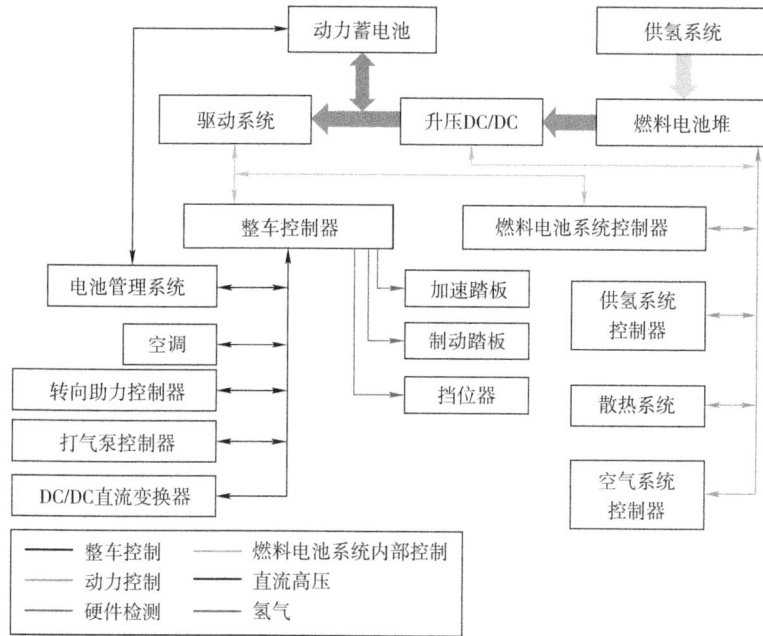

图1　燃料电池汽车控制框架图

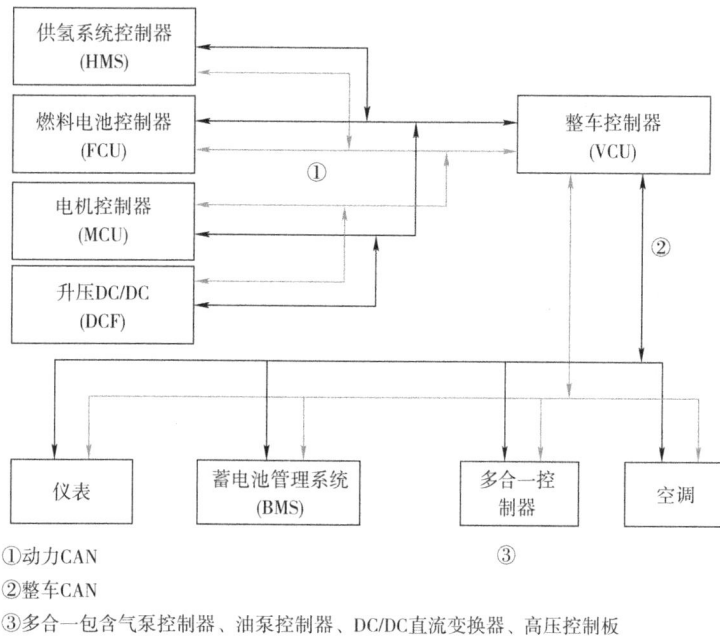

①动力CAN
②整车CAN
③多合一包含气泵控制器、油泵控制器、DC/DC直流变换器、高压控制板

图2　整车CAN网络架构图

2　氢燃料电池商用车燃料电池系统控制

2.1　氢燃料电池系统控制现状

在商用车领域目前大多数燃料电池系统厂家会采用如下控制方案：

方案1：检测到蓄电池SOC、单体蓄电池电压等低于某个阈值时，氢燃料电池控制器根据整车控制器指令控制升压DC/DC给蓄电池充电。

方案2：检测到蓄电池SOC、单体蓄电池电压等低于某个阈值时，结合蓄电池电量、燃料电池充电电流、充电效率等因素，根据整车控制器指令设置几个功率段给蓄电池充电。例如，SOC低于80%时，燃料电池电堆 50% 功率输出;SOC 低于 60% 时,燃料电池电堆 100% 功率输出[4]。

以上两种方案都能满足车辆使用需求,但发电效率不高,并且不能适应车辆的所有工况。

2.2 氢燃料电池系统控制策略优化

在分析燃料电池工作原理、整车负载、车辆运行工况、能量管理等需求后,基于从 CAN 网络上读取动力蓄电池的 SOC、单体电压、故障等信息来决定燃料电池系统是否工作,这种过于简单的方法不适用于爬坡、急加速、制动等行车工况,可采取如下措施优化当前燃料电池系统工作效率不高的现象。

2.2.1 功率分配

根据负载端实际需求电流大小,实时调整氢燃料电池电堆输出功率大小和功率分配(表 1),负载端主要包括驱动系统、助力转向、打气泵、空调、升压 DC/DC 等,将氢燃料电池电堆功率分配给主要的耗电量部件,然后根据各个部件的实际工作状态调整氢燃料电池电堆的输出功率,从而实现氢燃料电池电堆的输出功率与整车动态系统平衡,保证车辆实时的能量供给。通过从 CAN 总线[5]上读取空调开启状态、空压机控制器开启状态、升压 DC/DC 开启状态等,再根据功率分配的原则,以燃料电池电堆额定功率的百分比运行发电。

功率分配 表1

指标	占比	指标	占比
驱动系统	80%	DC/DC直流变换器	3%
转向助力	3%	空调	10%
电动打气泵	3%		

2.2.2 关联加速踏板开度调整电堆输出功率

根据加速踏板的深度(图 3),实时调整氢燃料电池电堆的输出功率大小,满足车辆起步急加速的驾驶需求。加速踏板的深度决定驾驶员驾驶的动力需求,加速踏板深度越大,驾驶员需求的动力越大[6]。当驾驶员将加速踏板踩到底,车辆需要急加速时,电机转矩上升很快,需求电流很大,此工况下,需要氢燃料电池发动机及时介入,根据实际需求计算出此时需要燃料电池系统以多大功率输出,并配合动力蓄电池的输出能力,满足车辆急加速的功率需求。装载氢燃料电池系统的车辆,车辆用电主要来源于氢燃料发动机发电,有了燃料电池的输出功率得到及时满足,整车可以装载合适电量的电池,起到间接降低成本的作用。

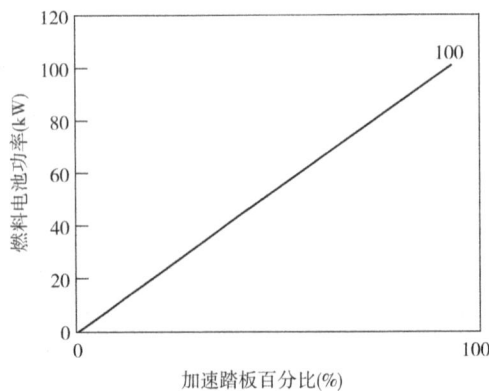

图3 与加速踏板保持功率跟随示意

2.2.3　关联电机外特性曲线调整电堆输出功率

根据电机外特性曲线以及车辆实际转矩需求(图4)[7],实时调整氢燃料电池发动机的输出功率大小,满足车辆急加速、爬坡、高速巡航等驾驶需求。每辆车驱动电机的峰值转矩是恒定的,如图5所示为一款12m车使用峰值2500N·m电机,根据加速踏板深度的线性关系,对应0-峰值扭矩。在车辆起步到车速增大、车辆爬坡、车辆高速巡航等工况时,电机的转矩是一个不断变化的过程,动力蓄电池的放电电流大小也是跟随驱动系统需求功率动态变化的。

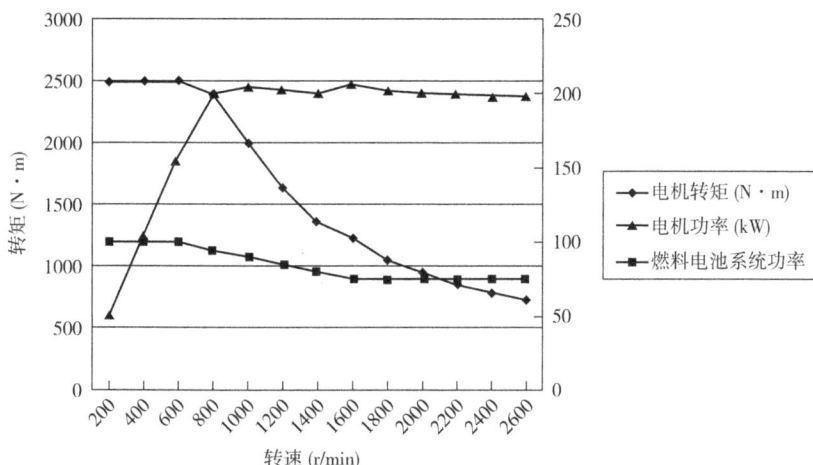

图4　与电机实际转矩/转速保持功率跟随示意

(1)在车辆起步阶段,若驾驶员直接将加速踏板踩到底急加速时,此时转矩上升率很快,驱动系统需求电流会非常大,整车控制器给的目标转矩也会相应非常大,加速踏板100%对应燃料电池发动机额定功率的100%,满足车辆起步阶段的大电流需求。

(2)当车辆爬坡时,加速踏板踩到底,由于坡度的影响,驱动电机处于大转矩大功率的工作模式,电流需求会一直很大,加速踏板开度100%对应氢燃料电池发动机满功率运行,若此时电机转速小于或等于800r/min(根据不同车型,电机转速阀值不一样)时,可一直保持氢燃料电池发动机满功率运行,若电机转速超过800r/min,可根据当前转矩的大小以及电机外特性调整氢燃料电池发动机发电功率。

(3)当车辆高速行驶时,电机转速很高,转矩相对较小,为保证车辆稳定最高车速(比如限速100km/h)持续行驶,驾驶员驾驶时,会将加速踏板踩得很深,此时根据图4,如果关联加速踏板,氢燃料电池发动机会输出最高功率,但车辆高速巡航时驱动系统电机转矩小转速高,车辆会进入到电机外特性的恒功率区,此时驱动系统需求功率恒定,维持高速巡航工况所需要的电流会远远小于车辆起步瞬间的电流[8],此时氢燃料电池发动机需要根据电机转矩/转速/功率所对应的外特性曲线实时调整氢燃料电池发电功率。在电机转矩逐渐减小,转速从800r/min增大到2600r/min的过程中,理论上驱动系统需求功率在减小,相应的燃料电池的发电功率也应减小。当电机转速大于800r/min时,电机进入恒功率区,氢燃料电池发电功率也需要恒定输出,即燃料电池的发电功率要关联电机的外特性曲线,做到功率跟随[9]。

2.2.4　关联能量回馈调整电堆输出功率

能耗是氢燃料汽车的重要指标,能量回馈在整车能量管理中具有重要作用,在不影响车辆驾驶感受时,将制动能量回馈提高,氢燃料电池系统需要根据制动能量回馈大小(图5)实时调整氢燃料电池电堆的输出功率[10],以达到最大能量回收效果。

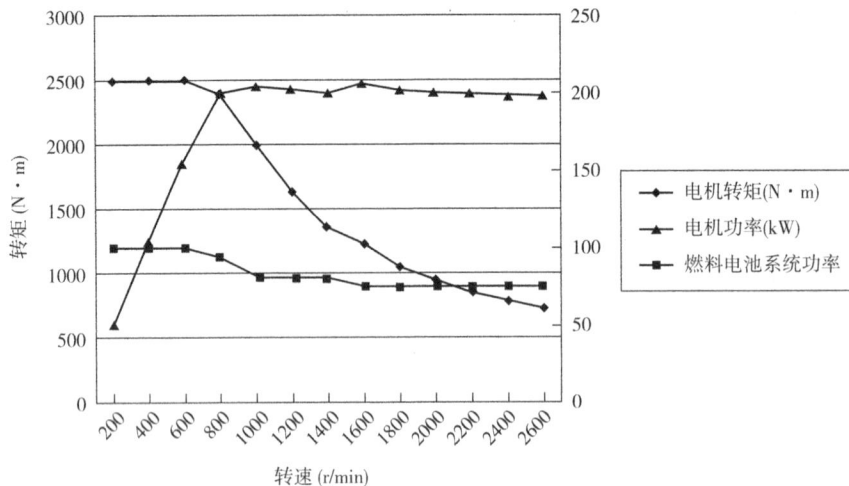

图5　与电机实际转矩/转速保持功率跟随示意

当车辆进行制动能量回收时，首先会判断当前车速下电机允许的最大制动功率，再判断当前电池所允许的最大回馈电流，二者取较小值[11]。在此基础上，在不影响驾驶感受的情况下，将制动能量回馈提高，整车控制系统需要主动调节燃料电池系统的发电功率，让其以小功率输出，在能量回馈时能够将电机的机械能最大限度转成电能给电池充电，随着车速的降低，制动能量回馈效果也会慢慢减弱，此时需要将燃料电池发电功率调节至当前逻辑下的正常状态[12]，总之要多利用制动能量回馈增加车辆续驶里程。

3　结语

总而言之，由于对环境影响相较于传统汽车小，且续驶里程大大优于目前的纯电动汽车，氢燃料电池电动汽车被广泛看好。但当前燃料电池电堆可靠性、燃料电池系统效率、功率密度等还有待提升。本文探讨氢燃料电池系统在商用车上使用过程中所涉及的燃料电池系统的控制方法，不仅满足氢燃料电池商用车各种工况需求，也具有良好的经济性、安全性与可靠性，提高了氢燃料电池整车的性能与能量的利用效率，具有广阔的应用前景。

参考文献

[1] 张学强．车用燃料电池的快速动态响应控制策略研究[D]．成都：电子科技大学，2019．

[2] 龙兴利．氢燃料电池电电混合城市客车动力源匹配设计[J]．客车技术与研究．2021，43(4)：4．

[3] 陶少杰．基于CANopen协议的新能源汽车监控系统的设计[D]．上海：上海交通大学，2017．

[4] 温延兵．氢燃料电池轿车能源与动力系统优化匹配及控制策略研究[D]．淄博：山东理工大学，2016．

[5] 贺强．新能源汽车CAN通信系统的设计与实现[D]．沈阳：辽宁大学，2016．

[6] 张超．驾驶员起步意图识别方法研究[D]．银川：宁夏大学，2019．

[7] 面向电动汽车的永磁同步电机高效率控制策略研究[D]．南京：南京理工大学，2017．

[8] 黄文卿，张幽彤，张兴春．车用永磁同步电机功率闭环扭矩控制方法[J]．北京理工大学学报，2015，35(3)：5．

[9] 周圣哲．燃料电池电动汽车能量管理系统控制策略研究[D]．青岛：青岛大学，2019．

[10] 尹巍，全书海．基于模糊控制的燃料电池电动车制动能量回馈策略[J]．仪表技术，2010(5)：4．

[11] 朱慧玲．基于ADVISOR的纯电动汽车制动能量回馈控制策略设计与仿真研究[D]．衡阳：南华大学，2011．

[12] 邓学，叶雨明，王贺武，等．北京奥运示范运行燃料电池大客车的能量分析[J]．清华大学学报（自然科学版），2010(5)：6．

新能源重型货车快速换电锁止系统的研究与设计

徐　萌

(中国公路车辆机械有限公司,北京　100013)

摘　要:随着新能源重型货车的快速发展,高效的换电技术成为关键。本文聚焦于新能源重型货车快速换电锁止系统,深入探讨其设计原理与实现方式,通过对锁止机构、控制策略等方面的研究,提高换电效率,确保安全性与可靠性。采用先进的技术和材料,通过做好系统设计,满足新能源重型货车快速换电的需求,为新能源重型货车的推广应用提供重要支持。

关键词:新能源重型货车;快速换电;锁止系统;设计;研究

0　引言

在能源转型和环保要求日益提高的背景下,新能源重型货车逐渐成为运输行业的重要发展方向。然而,续驶里程和充电时间等问题限制了其大规模应用。快速换电技术的出现,为解决上述问题提供了有效途径。其中,锁止系统是确保换电过程安全、高效的关键。目前,市场上的换电锁止系统存在着一些不足,如锁止可靠性欠佳、操作复杂等。因此,开展新能源重型货车快速换电锁止系统的研究与设计,具有重要的现实意义和应用价值。

1　新能源重型货车快速换电锁止系统的特性

1.1　快速换电

快速换电锁止系统使整个换电操作快速且高效,缩短实际的换电时间。在特定的机械结构作用下,采用特殊的电气控制系统,可以提高蓄电池组与重型货车连接的速度,使两者能够快速锁定,实现换电高效化的目标。

1.2　安全可靠

快速换电锁止系统的运行具有安全性与可靠性。在换电期间确保蓄电池组与重型货车连接稳固。在系统设计过程中,需要对电气接触牢固性进行分析,综合考虑防松动措施的运用,提高蓄电池组在行驶期间的安全等级。

1.3　自动化操作

基于自动化的快速换电锁止系统操作形式,可以有效减少人工的干预,保障换电操作更为准确,促进换电效率的提升。为发挥系统的自动化功能,如自动定位、自动感知、自动锁止等,一般需要运用电气控制的方法,在传感器的辅助下发挥优势。

1.4 适应性强

快速换电锁止系统的适应性比较强,在面对不同类型或者不同规格的蓄电池组时,能够满足实际需求,或者在不同的重型货车车身结构当中均能够实现快速换电。系统具有可调节的特性,且适配性相对较高,在不同的电池组和重型货车当中均能够与换电要求相吻合。

1.5 耐用性好

耐用性属于快速换电锁止系统的关键特性之一,在长时间的使用过程中可以有效减少损坏。若换电操作比较频繁,同样能够借助方便快捷的维护措施降低损坏问题发生的概率,在维修过程中达到减少成本的效果,并且可以缩短车辆的停运时间。

2 换电锁止系统需求分析

2.1 锁止系统功能需求

一是具备快速连接与断开功能,以实现快速换电,可通过优化连接机构与快速锁定/解锁机制实现。二是提供稳定可靠的锁止机构,确保行驶安全,包括适当强度的锁定等设计。三是具备自动化控制功能,以自动锁止和解锁,可通过集成传感器与电控系统实现。四是具有良好耐久性,以经受频繁换电与长时间使用,在材料、工艺、结构设计上充分考虑到耐久性的因素。

2.2 性能指标

(1)连接强度。锁止系统设计可靠的连接机构和接口,用高强度材料和优化设计,确保行驶中无松动脱落,以应对重载颠簸等。例如,某汽车的发动机、变速器和底盘等部件,通常采用高强度螺栓和螺母进行连接。螺栓和螺母经过精心设计和选择,确保在车辆行驶过程中能够承受重载和振动,并且不会松动或脱落。再如,某些汽车制造商使用特殊的锁紧螺母或螺栓,如自锁螺母或涂有防松胶的螺栓,可以提高连接的可靠性。

(2)换电时间。设计可快速连接和断开电池包的机构,优化操作流程,缩短换电时间,以提高运营效率。

(3)操作便利性。设计简便直观操作方式,考虑用户习惯和人体工程学,提供指示信息和操作指导,以提升便利性和满意度。

(4)能耗。设计降低能耗的结构和控制方式,采用低功耗元件、优化电路和能源管理策略,降低能耗并提高能源利用效率[1]。图1为新能源重型货车快速换电锁止智慧能源系统。

2.3 安全性和可靠性需求

一是具备过载保护机制,实时监测负荷,超阈值时断开连接。二是采取双重确认与身份验证等防误操作措施。三是集成温度传感器和控制模块,进行温度监测与控制。四是基于可靠性测试,评估并改进系统可靠性。

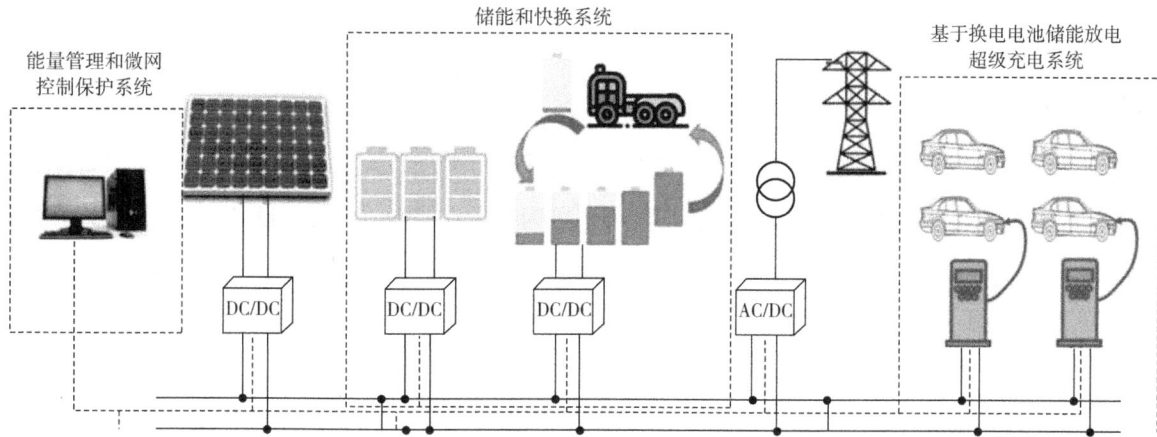

图1 新能源重型货车快速换电锁止智慧能源系统

3 锁止系统设计方案

3.1 结构设计

新能源重型货车快速换电锁止系统的结构具有简单、紧凑的特点,可以保障蓄电池组与重型货车连接的稳固性,有效承受重车的振动力和冲击力。对于系统结构设计,需要综合考虑手动操作和自动化操作需求,既要适用于人工介入的情况,也能够利用电气控制和传感器实现高效化的换电目标,并保障换电环节操作的准确性。例如,某品牌新能源重型货车的蓄电池快换系统采用了一种特殊设计的机械锁,在换电站中,用于固定蓄电池的机械锁需要承受较大的冲击力,其材质选用高强度合金钢,锁舌与锁扣的契合度经过精确设计和调试,确保在快速换电过程中能稳定锁止,防止蓄电池松动。另一种新能源重型货车的机械锁在与蓄电池仓的连接部位设置了橡胶密封圈,有效阻挡灰尘和水分进入锁止结构内部。

在切换手动操作和自动操作时应保证平稳可靠,选择恰当的连接方式,基于耐久可靠且易于操作的设备,保证蓄电池组与重型货车连接的可靠性。常见的连接方式包括电气插针、机械串联装置或电磁锁等。

机械锁、电子锁或电磁锁等均属于锁止方式,需要结合实际情况选择恰当类型,保障锁止装置稳定可靠,避免出现松动脱落的问题。连接部位应做好密封处理,防止气体泄漏或者液体泄漏,通过加强保护减少水分、污染物、尘埃的侵蚀。

3.2 操作便捷性

按照人体工程学相关原理,对系统各控制和操作部件的设计予以指导,能够轻松找到其中的按钮、触摸屏或者手柄。根据操作手部和视觉方面的要求,加强对按钮位置、形状和尺寸设计的控制,使其界面设计简单明了,运用清晰的符号、指示灯和标签设计,帮助操作人员快速理解,并使各项执行操作更为高效。运用图形化的界面相关指引,使其具备可视化的特点,使整个操作直观有效。

采用简化单一的按钮操作形式,提前预设程序并借助自动化流程控制方法,减少错误发生的可能性。尽可能提高响应速度,缩减用户等待时长,有利于操作效率的提高。在按下按钮或者操作时,系统应立即做出反馈,保证操作快速执行。在传达步骤、状态、警告等信息时,需要由系统发出清晰的指示和提醒,利用屏幕显示、语音提示或闪烁灯光等多种方式,便于操作人员清楚当前操作状态和操作要求。

3.3 自动化控制

针对蓄电池组的位置、状态、温度和电量等参数,为做好实时监测,确保检测工作高效开展,需要利用各种传感器提供的数据对蓄电池组的状态和位置进行自动感知,再做出相应的控制操作。运用自动定位技术,在确定蓄电池组与重型货车对接位置时,使其结果更为准确。例如,在识别设备位置时,可以利用激光或者摄像头,对于蓄电池组位置的检测通常会运用电磁感应器,使整个对接操作更为精准。

为满足蓄电池组与重型货车自动锁定的需求,需要完善对自动锁止机制的设计。运用机械装置和电气控制,由系统分析蓄电池组的连接状态和位置,通过对锁止机制的自动触发实现牢固连接的目标。应用系统中的信息交互功能采用语音提示、界面显示等多种方式,实现状态、指令等信息的自动传达。

例如,在换电过程中,多数信息均能够由系统自动显示,如蓄电池组电量、重型货车状态、换电进度等。通过对预设程序的控制,能够简化复杂的操作步骤,使各项流程具有自动化的特性。对不同类型的电池组和重型货车信息进行预设,如参数、位置、所指要求等,根据所输入的信息由系统自动选择程序或者控制策略,便于换电操作高效运行[2]。

4 锁止系统关键技术研究

4.1 机电液集成智能控制技术

基于数字化与智能化技术的发展趋势,为传统机械和液压行业融合带来了促进作用。液压传动结构简单,总体重量不大且体积相对较小,所输出的力相对较大。随着电液控制技术的形成,将运动学与动力学分析作为基础,运用该类集成优化技术,利用有限元分析和系统动力学模拟技术,在不同的工况之下,能够对装置的力学与控制特点加以分析(图2)。

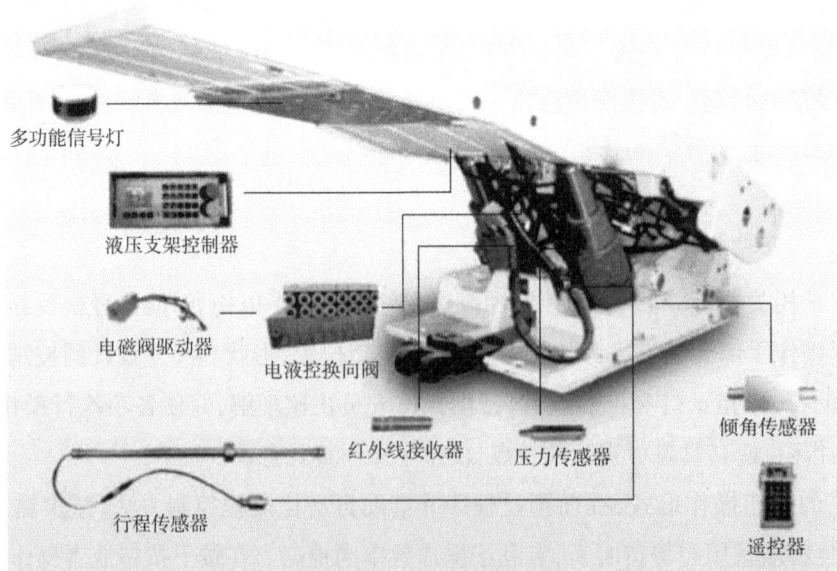

图2 机电液集成智能控制系统

通过与各项先进技术,如传感技术、位置识别、诱导技术、自动控制技术、网络技术、现场控制器局域网(CAN)总线技术等的融合,促进系统自动化操控水平的提升。机电业集成智能控制技术包括五大部分,即动力系统、控制系统、执行系统、检测监控系统和机械本体系统,能够自动控制所涉及的机电业部分操控执行环节,通过局域网内部的蓝牙,驾驶员能够直接进行一键操控,选配云存储系统后,还能够对整车锁止系统的实时数据进行监控。

4.2　集中控制多点锁止技术

对于换电锁止系统而言,随着油路的增多,为实现联动、集成、可靠的基本目标,各个点位需要保持一致的响应时间,无论处于解锁状态还是锁止状态,内部的压强需要保持高度统一;尽管出现单点受到冲击的情况,所有的位置均需要实现联动反应,通过对外力的有效抵抗,保障控制的有效性与时效性。控制模式如图3所示。

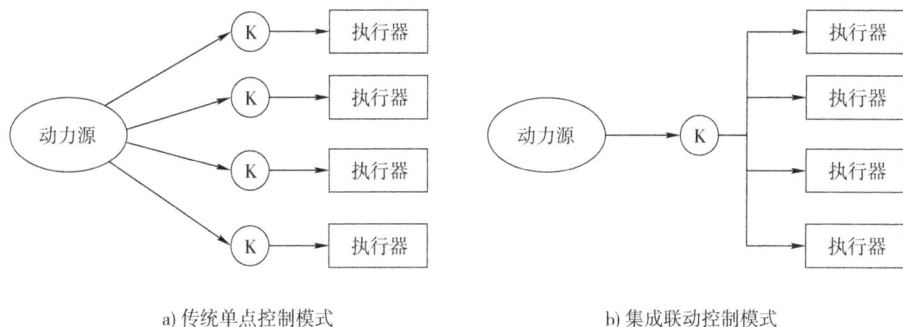

a) 传统单点控制模式　　　　　　　　　b) 集成联动控制模式

图3　控制模式示意图

5　结语

通过对新能源重型货车快速换电锁止系统的研究与精心设计,可有力推动新能源重型货车行业的发展,提升其市场竞争力。随着技术的不断进步和应用需求的变化,还需要持续对锁止系统进行优化和创新,以更好地适应新能源重型货车的发展要求。同时,应进一步加强与相关产业的协同合作,促进新能源重型货车产业链的完善和成熟,为实现绿色交通和可持续发展作出贡献。

参考文献

[1] 张振闯.新能源重卡快速换电锁止系统的设计[J].专用汽车,2023(10):22-25.

[2] 邵金龙,胡正中,郑小波.新能源重卡快速换电锁止系统的研究与设计[J].专用汽车,2022(12):50-52.

新能源汽车高压检测控制系统及方法

魏继雄，周　强，何国华

(珠海广通汽车有限公司，珠海　519090)

摘　要：高压直流接触器是新能源汽车上控制高压电通断的必备器件，接触器的质量与可靠性直接决定了整车的高压安全与行车安全。除了接触器自身的质量与可靠性外，高压直流接触点的接触可靠性与接触器控制信号的稳定性也起到很重要的作用。而作为控制接触器通断的低压控制信号在实际应用中却有很多不足之处，本文旨在讨论与优化接触器的控制逻辑与策略，以确保整车安全性。

关键词：纯电动汽车；高压上电控制策略；高压电气架构；电压检测电路

0　引言

高压直流接触器目前是新能源汽车上控制高压电通断的必备器件，接触器的质量与可靠性直接决定了整车的高压安全与行车安全。除了接触器自身的质量与可靠性外，高压直流接触点的接触可靠性与接触器控制信号的稳定性也起到很重要的作用。而作为控制接触器通断的低压控制信号在实际应用中却有很多不足之处：

(1)通过整车控制器输出高/低电平直接控制接触器的低压，达到控制接触器的通断的目的，但此方法需要整车控制器的数字量输出能力很强。

(2)通过整车控制器控制，但在整车控制器与接触器之间增加一个继电器，整车控制器通过控制继电器来达到控制接触器的目的，这种方案增加了成本，也增加了潜在故障点，而且通过继电器的信号可能会出现受干扰以及电压不稳定的情况，可能会造成接触器突然断开，从而导致接触器的粘连以及更严重的动力中断的安全性问题。

(3)无法检测接触器的粘连。

有鉴于此，本文的目的在于提供一种汽车高压检测控制系统及控制方法，以改善上述问题。

1　高压检测控制系统说明

本文提供一种汽车高压检测控制系统及控制方法。汽车高压检测控制系统包括整车控制器、高压控制板、多个高压检测模块及多个触点开关，高压控制板通过控制器局域网(CAN)总线与整车控制器电连接，多个触点开关与高压控制板电连接，多个高压检测模块与高压控制板电连接，整车控制器用于发送控制指令至高压控制板，高压控制板依据整车控制器发送的控制指令控制触点开关断开或闭合，高压检测模块用于检测触点开关的开合状态及上电情况，并将检测到的触点开关的开合状态及上电情况通过高压控制板发送至整车控制器。通过集成设置高压控制板[此高压控制板可以单独开发，也可以与微控制单元(MCU)、直流/直流转换器(DC/DC)或直流/交流转换器(DC/AC)的控制板进行集成，从而节约成本]，由此高压控制板直接控制触点开关及高压检测模块,外部的整车控制器只需要判断逻辑与闭合条件,再发送CAN指令给高压控制板,即可达到控制触点开关的目的。此方案可以解决整车控制器输出能力的问题,减少相应线束,并能通过电压来检测触点开关的粘连情况,起到提前发现故障的作用。

高压电压检测电路(图1)使用采用高精度线性光耦HCNR201进行母线电压的转换并实现直流母线高压侧与检测采样电路低压侧的电气隔离,由于线性光耦器件的输入端和输出端通过光耦合,因此,不会将强电侧电磁干扰耦合到控制系统中。

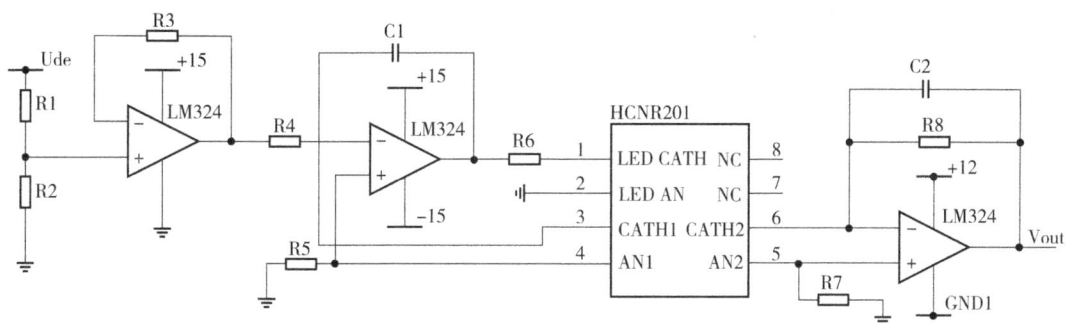

图1 电压检测电路

第二只和第三只运算放大器以及HCNR201构成了信号调理和电气隔离电路,在电源回路中通过正激电路实现了±15回路的电源地和+5回路的电源地电气隔离,因此,通过HCNR201后电气回路和控制回路不再有电器上的连接。同时,为了提高检测电路的精度和线性度,检测电路中的运算放大器均采用高精度运算放大器CAJ3140。

2 高压检测控制系统策略说明

整车控制器实时解析CAN数据,判断闭合接触器的条件,通过CAN网络发送指令给高压控制板(图2),由高压控制板驱动接触器的闭合(图3),并通过检测接触器后端电压与直流母线前端电压进行比较,判定接触器的吸合情况与粘连情况,若接触器粘连,则整车不允许上高压。此检测方法与策略可对整车高压系统的供电情况进行实时监控,保证整车高压供电安全可控。

高压检测控制系统包括高压直流母线210及多个用电模块260,用电模块260包括电机模块220、电采暖模块230、空调模块240、除霜模块250以及其他功能模块。汽车高压检测控制系统100包括多个检测点,每个检测点与一个所述高压检测模块130及一个所述触点开关140对应,触点开关140设置于用电模块260与所述高压直流母线210之间,触点开关140用于在整车控制器110的控制下闭合或断开,从而控制母线210为所述用电模块260供电。检测点形成于触点开关140与所述用电模块260之间,高压检测模块130用于检测检测点的电压,并将检测的电压发送至高压控制板120;高压控制板120根据检测点的电压以及整车控制器110发送的开关指令判断所述触点开关140是否发生粘连(图4):当整车控制器110发出闭合触点开关140指令后,若高压检测模块130检测到检测点的电压与母线210电压相同,则触点开关140闭合无故障,若检测点的电压为0,则触点开关140出现故障;当整车控制器110控制所述触点开关140断开时,若高压检测模块130检测的电压与母线210电压相同,则判定触点开关140发生粘连,若高压检测模块130检测的电压与母线210电压不同,则判定未发生粘连(图5)。

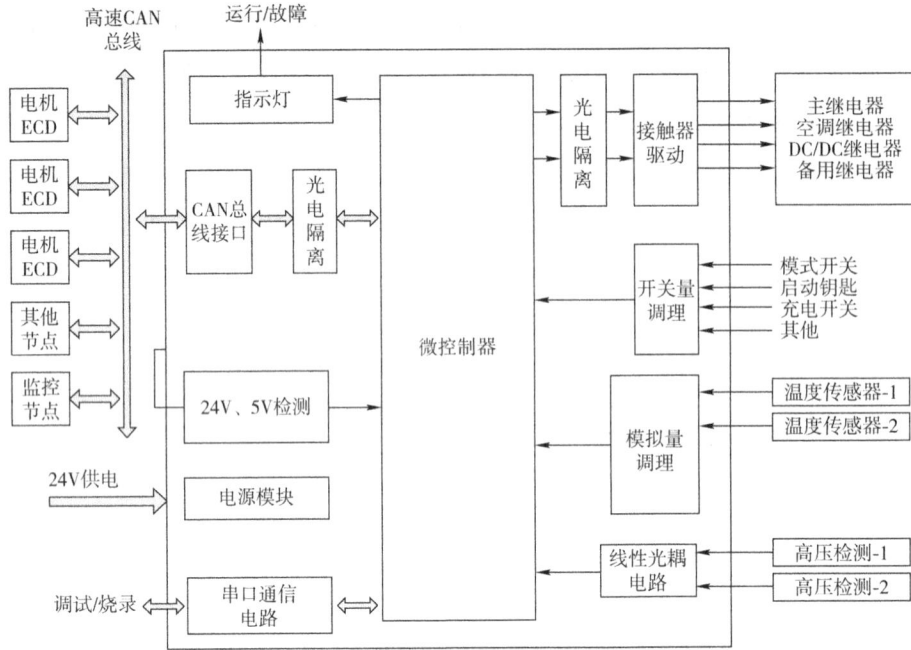

图2 策略模型

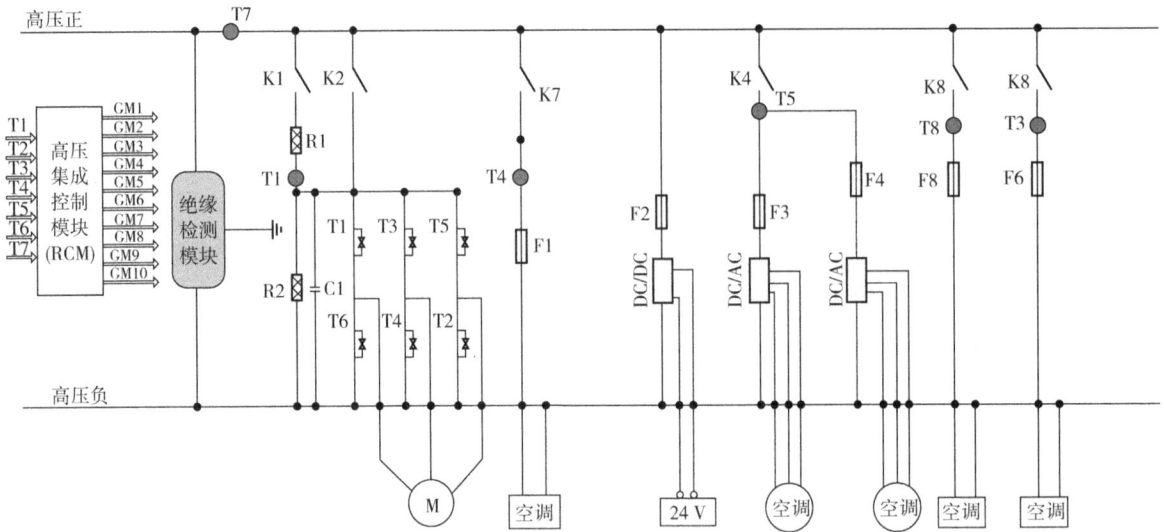

图3 高压主回路

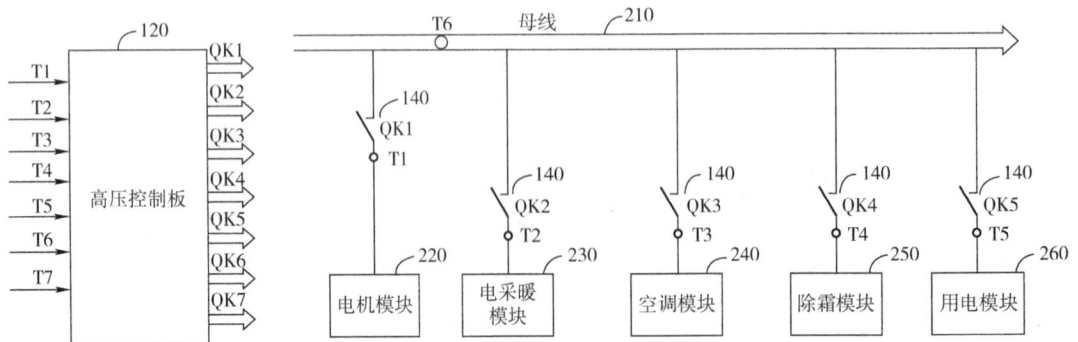

图4 逻辑模型

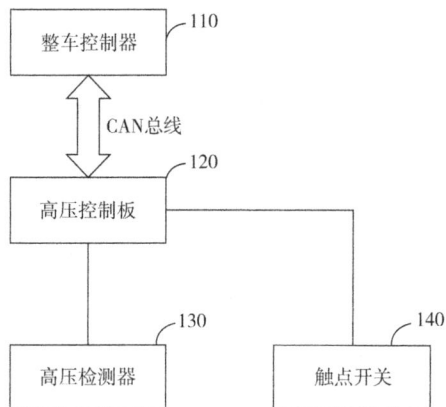

图 5　控制模型

3　结语

纯电动汽车由于对环境的影响相较于传统汽车小而被广泛看好,但当前纯电动汽车续驶里程还有待提升。本文探讨了纯电动汽车高压检测系统的控制方法,不仅能满足纯电动汽车各种功能需求,也具有很高的安全性与可靠性,具有广阔的应用前景。

参考文献

[1] 吴源波.纯电动车整车电控系统的设计及可靠性研究[D]. 武汉:武汉理工大学,2019.

[2] 孙双福.纯电动客车整车控制器研究[D].沈阳:东北大学,2015.

[3] 常志超.纯电动车整车控制策略研究[D].西安:长安大学,2017.

客车节能环保与新能源应用研究

凌 帆,程文茜

(中国公路车辆机械有限公司,北京 100013)

摘 要:随着全球能源危机和环境污染问题的日益严峻,我国客车行业正积极寻求节能环保与新能源应用的发展路径。本文通过分析我国客车节能环保与新能源应用的现状,探讨了传统客车节能环保技术及新能源客车技术的发展,包括纯电动客车、混合动力电动客车和燃料电池电动客车等。本文还研究了新能源客车市场推广与政策支持情况,分析了我国客车节能环保与新能源应用面临的机遇与挑战。研究表明,尽管面临技术瓶颈和市场推广难题,但全球新能源汽车市场的快速增长、我国政府的持续支持与推动以及客车行业向智能化、网联化转型的趋势,为客车节能环保与新能源应用提供了广阔的发展前景。

关键词:客车节能环保;新能源应用;政策支持;市场挑战;绿色转型

0 引言

随着全球经济的持续发展和人口的不断增长,交通运输业在促进社会经济繁荣的同时也面临着巨大的能源消耗和环境污染问题。在交通运输工具中,客车作为公共交通的重要组成部分,其节能环保与新能源应用的研究显得尤为重要。近年来,随着科技的进步和人们环保意识的增强,客车行业正经历着从传统燃油动力向新能源动力的深刻变革。这一变革不仅有助于提高能源利用效率,减少环境污染,还能推动客车行业的技术创新和产业升级。在研究背景方面,全球能源危机和环境污染问题日益严峻,传统燃油客车的高能耗和尾气排放成为制约其可持续发展的重要因素,新能源技术的快速发展为客车行业的节能环保提供了新的解决方案。本研究通过深入分析中国客车节能环保与新能源应用的现状、机遇和挑战,提出针对性的建议和对策,有助于推动中国客车行业的绿色转型和可持续发展。研究目的是明确中国客车节能环保与新能源应用的发展方向,为政策制定者和企业提供科学的决策依据。

1 我国客车节能环保与新能源应用现状分析

1.1 传统客车节能环保技术

在传统客车领域,节能环保技术已经成为提升车辆性能、降低能耗和减少排放的重要手段。这些技术主要包括发动机技术优化、车身轻量化设计和空气动力学优化等方面。

1.1.1 发动机技术优化

发动机是客车的核心部件,其性能直接影响车辆的能耗和排放。近年来,随着电子技术和控制技术的不断进步,传统客车的发动机技术得到了显著优化。共轨系统通过高压共轨技术精确控制燃油喷射量,提高了燃油的燃烧效率,降低了排放。电子控制单元(ECU)的应用则实现了对发动机工作状态的实时监测和精确控制,进一步提升了发动机的性能和节能效果[1]。

1.1.2　车身轻量化设计

车身轻量化是降低客车能耗和排放的有效途径之一。通过采用轻质材料如铝合金、镁合金等,显著减轻车身质量,提高车辆的燃油经济性。轻量化设计还有助于提升车辆的操控性能和加速性能,增强驾驶体验。目前,许多客车制造商已经开始采用这些轻质材料来生产车身部件,取得了良好的效果[2]。

1.1.3　空气动力学优化

空气动力学优化是降低客车行驶阻力的关键手段。通过优化车身造型和表面设计,减少车辆在行驶过程中的空气阻力,降低能耗。流线化的车身造型可以减少车辆在高速行驶时的风阻系数,提高燃油经济性。此外,合理设计车身附件,如后视镜、刮水器等,也可以减少空气阻力,进一步提升车辆的节能效果[3]。

1.2　新能源客车技术

新能源客车技术是现代客车行业发展的重要方向。这些技术主要包括纯电动客车技术、混合动力电动客车技术和燃料电池电动客车技术等方面。

1.2.1　纯电动客车技术

纯电动客车以电池为动力源,具有零排放、低噪声等优点。电池技术、电机技术和电控技术是纯电动客车的三大核心技术。目前,锂离子蓄电池以其高能量密度、长循环寿命和低自放电率等优点成为纯电动客车的主要动力源。电机技术方面,永磁同步电机和异步电机等高效电机得到了广泛应用。电控技术则实现了对蓄电池和电机的精确控制,提高了纯电动客车的性能和可靠性[4]。

1.2.2　混合动力电动客车技术

混合动力电动客车结合了传统燃油发动机和电动机的优点,具有高效、节能、环保等特点。串联式、并联式和混联式等混合动力系统的应用使得混合动力客车能够在不同工况下实现最优的能量分配和动力输出。在低速行驶时,混合动力电动客车主要依靠电动机驱动,减少燃油消耗和排放;在高速行驶时,则切换为发动机驱动,提高车辆的动力性能[5]。

1.2.3　燃料电池电动客车技术

燃料电池电动客车以氢能为动力源,通过燃料电池将氢气和氧气转化为电能,从而驱动车辆。燃料电池系统和储氢技术是燃料电池电动客车的两大核心技术。燃料电池系统具有高效、清洁、可靠等优点,能够实现零排放和长续驶里程。储氢技术则解决了氢气的储存和运输问题,为燃料电池电动客车的商业化应用提供了可能[6]。

1.3　新能源客车市场推广与政策支持

新能源客车的市场推广离不开政府政策的支持和引导。近年来,我国政府出台了一系列激励政策来推动新能源客车的发展。

1.3.1　政府购车补贴、税收优惠等激励政策

政府购车补贴和税收优惠是推动新能源客车市场推广的重要手段。通过给予购车补贴和税收优惠,降低消费者的购车成本,提高新能源客车的市场竞争力。我国政府对购买新能源客车的单位和个人给予一定的购车补贴,并对新能源客车免征车辆购置税和车船税等税费。

1.3.2 新能源客车在公共交通领域的应用

新能源客车在公共交通领域的应用是推广其技术和市场的重要途径。金龙客车与余杭公交的合作是其中典范，助力余杭公交成为"节能、环保"的先行者。金龙客车作为行业领军者，为余杭公交提供了高性能纯电动公交车，这些车辆长续驶里程、快充速，且配备智能化管理系统，提升运营效率和乘客体验。余杭公交引入新能源客车后，运营成本显著降低，尾气排放大幅减少，为城市空气质量改善贡献力量，为其他城市提供了宝贵经验。上海、广州等城市也已积极推广新能源公交车，成效显著，进一步推动了新能源客车市场的快速发展[7]。

1.3.3 市场接受度与消费者偏好分析

市场接受度和消费者偏好是影响新能源客车市场推广的重要因素。目前，随着环保意识的增强和新能源技术的不断发展，消费者对新能源客车的接受度逐渐提高。由于新能源客车的价格较高和充电基础设施建设不足等问题，其市场接受度仍然受到一定限制。

2 我国客车节能环保与新能源应用机遇

2.1 全球新能源汽车市场的快速增长

全球新能源汽车市场的快速增长，为我国客车行业在节能环保与新能源应用领域带来了前所未有的发展机遇。近年来，随着全球对环境保护意识的提升和能源结构的转型，各国政府纷纷出台了一系列鼓励新能源汽车发展的政策措施。这些政策不仅促进了新能源汽车技术的研发和创新，也极大地推动了新能源汽车市场的扩张。我国作为世界上最大的汽车市场之一，在新能源汽车领域的发展势头尤为迅猛。随着全球新能源汽车市场的不断扩大，我国客车制造商面临着广阔的市场前景和巨大的增长潜力。

全球新能源汽车市场的快速增长，为我国客车制造商提供了参与国际竞争和合作的宝贵机会。通过积极参与全球新能源汽车市场的竞争，我国客车制造商不断学习和借鉴国际先进技术和管理经验，提升自身的技术水平和市场竞争力。我国客车制造商还可以加强与国际市场的联系和合作，拓展海外销售渠道，实现品牌国际化。这种国际化的发展战略，不仅有助于提升我国客车品牌的国际知名度，还能为我国客车制造商带来更多的商业机会和利润增长点[8]。

全球新能源汽车市场的快速增长还为我国客车制造商提供了技术创新和产业升级的动力。面对日益激烈的市场竞争，我国客车制造商必须不断加大研发投入，推动技术创新和产业升级，以满足市场不断变化的需求。这种技术创新和产业升级的过程，不仅有助于提升我国客车制造商的核心竞争力，还能为我国客车行业的可持续发展奠定坚实基础。

2.2 我国政府对新能源汽车发展的持续支持与推动

我国政府对新能源汽车发展的持续支持与推动，为我国客车节能环保与新能源应用提供了坚实的政策保障。我国政府高度重视新能源汽车产业的发展，将其视为推动经济结构调整和转型升级的重要抓手。为了促进新能源汽车产业的发展，我国政府出台了一系列政策措施，包括购车补贴、税收优惠、充电基础设施建设等。这些政策措施的出台，为我国客车制造商提供了良好的发展环境和政策支持。

我国政府制定的新能源汽车产业发展规划，明确了新能源汽车产业的发展目标和重点任务。这些规划不仅为我国客车制造商指明了发展方向,还为其提供了明确的发展目标和时间表。基于这些规划,我国客车制造商可以更加有针对性地开展技术研发和产业化工作,提高发展效率和效果[9]。

我国政府还加大了对新能源汽车技术研发和产业化的支持力度。通过设立专项基金、提供研发补贴等方式,鼓励企业加大研发投入,推动新能源汽车技术的不断创新和升级。这种政策支持不仅有助于提升我国客车制造商的技术水平,还能为其在国际市场上赢得更多竞争优势。中国政府还积极推动充电基础设施建设,提高新能源汽车的使用便利性。通过加大对充电基础设施的投资力度和政策扶持,我国政府努力构建覆盖广泛、布局合理的充电网络体系。这将为新能源客车的推广和应用提供有力保障,促进我国客车节能环保与新能源应用的快速发展。

2.3　客车行业向智能化、网联化转型的发展趋势

客车行业向智能化、网联化转型的发展趋势,为我国客车节能环保与新能源应用提供了新的发展机遇。随着智能化和网联化技术的不断发展,客车制造商可以通过引入这些技术来提升车辆的性能和用户体验。这种技术转型不仅符合市场需求的变化趋势,还为我国客车制造商提供了差异化竞争的新途径[10]。

智能驾驶辅助系统的应用,将极大地提高客车的安全性和便利性。通过引入自适应巡航控制、车道保持辅助、自动紧急制动等智能驾驶辅助系统,客车制造商可以为用户提供更加安全、舒适的驾驶体验。这些技术的应用将有助于提升我国客车品牌在国际市场上的竞争力。

车联网技术的应用,则将为客车制造商提供更加全面的车辆监控和管理解决方案。通过车联网技术,客车制造商可以实现对车辆的远程监控和管理,提高运营效率和服务质量。车联网技术还能为用户提供更加便捷的车辆维护服务,增强用户满意度和忠诚度。这种智能化的车辆管理模式,将有助于推动我国客车行业的转型升级和可持续发展。

3　我国客车节能环保与新能源应用面临的挑战

3.1　技术挑战

3.1.1　电池续驶里程、充电速度、成本等瓶颈问题

新能源客车的发展在很大程度上依赖于电池技术的进步。然而,目前蓄电池技术仍面临多重挑战。续驶里程是新能源客车应用中的一个关键问题。尽管蓄电池能量密度在过去几年中有所提高,但相对于传统燃油客车,新能源客车的续驶里程仍然有限,尤其是在长途运输中显得尤为突出。这限制了新能源客车的适用范围,特别是在需要长距离行驶的线路上。

充电速度也是制约新能源客车普及的一个重要因素。目前,快速充电技术虽然有所进展,但与传统燃油车的加油速度相比,仍然存在较大差距。这意味着新能源客车在充电站停留的时间更长,降低了运营效率,增加了使用者的不便。

成本问题同样不可忽视。新能源客车的电池成本占据整车成本的大部分,这导致新能源客车的售价通常高于传统燃油客车。高昂的初期投资成本使得许多潜在买家望而却步,影响了新能源客车的市场推广。

3.1.2　燃料电池系统的可靠性、耐久性等问题

燃料电池作为一种清洁、高效的能源转换装置,被认为是未来新能源客车的理想动力源。然而,燃料电

池系统的可靠性和耐久性目前仍面临诸多挑战。燃料电池堆的性能衰减是一个主要问题,随着使用时间的增加,燃料电池的输出功率会逐渐下降,这会使客车的性能和续驶能力下降。氢气供应系统的安全性和稳定性也是制约燃料电池客车发展的关键因素。氢气的储存和运输需要确保高度的安全性,一旦发生泄漏或爆炸,后果将不堪设想。相比于其他能源,氢气的生产、储存和运输成本也相对较高,这增加了燃料电池客车的运营成本。

3.2 市场挑战

3.2.1 新能源客车的高成本与市场接受度之间的矛盾

由于新能源客车的生产成本较高,其售价也相对较高,这使得许多潜在买家望而却步。尽管政府通过购车补贴和税收优惠等政策措施来降低消费者的购车成本,但这些政策的效果仍然有限。消费者对新能源客车的认知度和接受度也是一个重要问题。由于新能源客车是一个相对较新的产品,许多消费者对其性能和可靠性存在疑虑。此外,新能源客车的维护成本和使用便利性也是消费者考虑的因素之一。与传统燃油客车相比,新能源客车的维护成本可能更高,且充电设施的不完善也增加了使用的不便。

3.2.2 充电基础设施建设不足对新能源客车推广的制约

充电基础设施的建设是新能源客车推广的基石。然而,目前我国的充电基础设施建设仍然滞后于新能源客车的发展速度。这导致新能源客车的充电便利性受到一定限制,影响了其市场推广效果。充电基础设施的不足主要体现在充电站的数量和分布上。在许多地区,充电站的数量仍然较少,且分布不均。这使得新能源客车的用户在使用过程中需要花费更多时间和精力去寻找充电站,降低了使用便利性。此外,充电站的充电效率和设备质量也存在一定问题,这进一步影响了新能源客车的充电体验。除了数量和分布问题外,充电基础设施的标准化和互联互通也是一个重要挑战。目前,不同品牌和型号的充电设备之间存在兼容性问题,这增加了用户的使用难度和成本。充电基础设施的智能化和网络化水平也有待提高,以便更好地满足用户的充电需求和提高运营效率。

4 我国客车节能环保与新能源应用的建议

4.1 政策建议

4.1.1 加强新能源汽车技术研发投入,突破关键核心技术

政府应加大对新能源汽车技术研发的投入力度,支持企业和科研机构开展关键核心技术的研发和创新。通过加强产学研合作和国际合作等方式,推动新能源汽车技术的不断进步和产业升级。还应加强知识产权保护力度,鼓励企业开展自主创新和品牌建设。

4.1.2 完善充电基础设施建设,提高新能源客车的使用便利性

政府应加快充电基础设施建设和规划步伐,提高充电设施的覆盖率和充电效率。通过引入社会资本和市场化运作机制等方式,推动充电基础设施的快速发展和普及。还应加强充电设施的安全监管和维护工作,确保充电设施的安全可靠运行。

4.1.3 制定更加科学合理的激励政策,推动新能源客车的市场推广

政府应制定更加科学合理的激励政策来推动新能源客车的市场推广。通过给予购车补贴和税收优惠

等政策措施来降低消费者的购车成本;加大对新能源客车运营企业的扶持力度,鼓励其采购和使用新能源客车。加强对新能源客车市场推广的宣传和教育工作,提高公众对新能源客车的认知度和接受度。

4.2 对企业的建议

4.2.1 加强与科研机构、高校的合作,共同推动新能源客车技术创新

企业应加强与科研机构、高校的合作与交流,共同推动新能源客车技术的创新与发展。通过联合开展技术研发项目、共建研发中心等方式,实现资源共享和优势互补;引进和培养一批高素质的技术人才和管理人才,为企业的技术创新和产业升级提供有力支持。

4.2.2 关注市场需求变化,开发符合消费者偏好的新能源客车产品

企业应密切关注市场需求变化和消费者偏好的发展趋势,及时调整产品结构和研发方向。通过深入了解消费者的需求和意见,开发出符合市场需求和消费者偏好的新能源客车产品;还应加强产品质量控制和加大品牌建设力度,提高产品的市场竞争力并改善品牌形象。

4.2.3 提高售后服务水平,增强消费者对新能源客车的信心与满意度

企业应注重提高售后服务水平和客户满意度,为消费者提供全方位、高质量的售后服务保障。通过建立完善的售后服务体系和客户反馈机制等方式,及时了解消费者的需求和意见;加强对售后服务人员的培训和管理力度,提高其服务质量和专业素养。通过这些措施,增强消费者对新能源客车的信心并提升其满意度,推动新能源客车市场的快速发展和普及。

5 结语

我国客车行业在节能环保与新能源应用方面已取得长足进步,传统节能技术不断优化,新能源技术如纯电动、混合动力及燃料电池等逐渐成熟。蓄电池技术瓶颈,如续驶里程、充电速度和成本等问题,仍是新能源客车大规模推广的主要障碍。面对全球新能源汽车市场的快速增长和中国政府的大力支持,客车行业迎来了前所未有的发展机遇。未来,需要持续加大新能源技术研发,提升蓄电池性能,降低成本,并加快充电基础设施建设,提高充电便利性。政府与企业应携手合作,通过政策引导和市场推广,增强消费者对新能源客车的认知和接受度。智能化、网联化技术的融合应用,将为客车行业开辟新的发展路径,推动我国客车行业实现绿色转型和可持续发展。

参考文献

[1] 谷杰伟,郭晖,覃盛世,等.碳纤维复合材料在新能源客车上的应用[J].客车技术与研究,2024,46(4):58-62.

[2] 王金玉.新能源公交车迎政策福利期[N].中国汽车报,2024-03-25(19).

[3] 王学舟.电桥驱动技术在新能源客车的应用及产业化前景[J].大众标准化,2023,(21):152-154.

[4] 郑敏慧,王亚蒙.新能源公交十年映绿景[N].中国交通报,2023-09-14(5).

[5] 中国仓储与配送协会.关于进一步完善新能源汽车推广应用财政补贴政策的通知[A].中国仓储与配送协会,2021:8.

[6] 王黎,赵娜,王强.城市轨道交通电客车技术发展趋势展望[J].现代城市轨道交通,2022(7):1-4.

[7] 韦扬,耿江波.扬州新能源汽车发展的现状及建议[N].扬州日报,2021-10-29(3).

[8] 夏旸,张水康.金龙客车助力余杭公交争当"节能、环保"排头兵[J].城市公共交通,2022(6):100-101.

[9] 孙红,崔柳青.低碳出行时代,安凯新能源客车担纲绿色客运主力[J].商用汽车,2022(6):69-72.

[10] NIE Q,ZHANG L,TONG Z,et al.Strategies for applying carbon trading to the new energy vehicle market in China:An improved evolutionary game analysis for the bus industry[J].Energy,2022:259.

车身结构
与安全技术

海外客车骨架结构研究

弓跃光,房继伟,李春梅,蒋志东,张　蕾,李智博

(北京福田欧辉新能源汽车有限公司,北京　102206)

摘　要:由于海外路况的恶劣性、复杂性以及驾驶习惯的不确定性,对于新开发的海外客车,已经不能用国内的经验来进行有限元分析了。通过建模把新开发海外车的模态、刚度和强度放在一起研究,在模态方面增加了阶次分离模态的分析,在刚度方面增加了扭转刚度分析,通过模拟国外的恶劣工况对强度进行研究。研究结果证明,对于海外客车的开发,模态、刚度和强度三者缺一不可。

关键词:客车骨架;强度;刚度;模态;CAE仿真

0　引言

目前国内市场近乎饱和,国外市场不断扩大,对于国外市场客车结构的研究已经迫在眉睫。国外客车骨架结构的研究难点在于国外公路工况的随机性、驾驶习惯的不确定性以及工况恶劣的客观事实。之前针对国内市场我们只是单方面研究骨架的结构、模态强度或者刚度。此次研究主要是针对国外的车型,做最坏的打算,所以本文对整车骨架的模态、刚度和强度同时进行研究,设定了除整体模态外的其他分离阶次模态。并且针对国外的实际工况进行模拟,然后通过有限元分析骨架强度。研究证明了模态和刚度对整车强度的重要性,也证明强度是骨架结构达标的必要条件,模态和刚度是骨架结构达标的充分条件,强度研究必须要建立在刚度和模态要求都得到满足的基础上。

1　车身骨架模型的建立

结构动力学中固有频率是结构自然振动的频率,不受外部力的影响,每一个固有频率都对应一个特有的振动模态,若外界频率和自身频率相同则会引起共振。一阶模态是结构最基本的振动形状,理想情况下我们希望得到一个结构完整的模态集,但是对低频响应来说,高阶模态的研究价值就显得没那么大了,所以更高的模态往往会被舍弃,这种处理方法叫作模态截断。文章对于模态的研究正是运用了模态截断的方法[1-4],对整车进行一阶模态的研究。

为适应国外市场,本研究所涉及的非主要承载结构,不会再像国内市场,省略玻璃封板等非主要承载件,而是通过质量模拟把非主要承载件体现出来,使模拟更加准确。建模的平均单元尺寸为8mm×8mm;整车弧杆件和直杆件采用壳单元建模,各类铸件采用四面体单元建模;车身部分焊缝采用seam连接,底盘采用RB2直连;乘员、蓄电池包、门窗等重量均采用集中质量模拟,空调、顶盖封板、顶内饰采用质量点模拟。模型中长度单位为mm,力的单位为N,重力加速度取9810mm/s²,有限元模型如图1所示。

图1 有限元模型

2 车身模态分析

针对国外市场,模态分析不再是单一的整体振型分析,各分离阶次模态也在研究范围内,此次研究设定了六种常见的振型:顶盖相对地板搓动、前端扭转+后端弯曲、整车扭转、一阶横向弯曲、一阶垂向弯曲、顶盖弯曲。具体分析数据如图2所示。六种振型计算结果见表1。

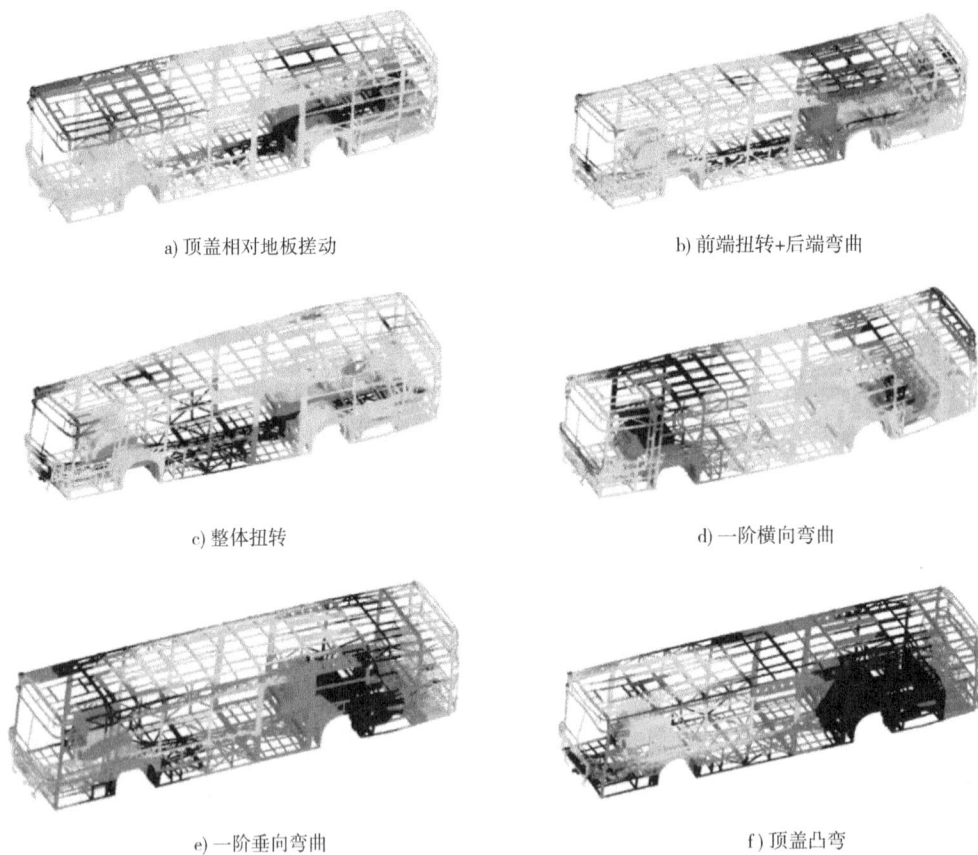

a) 顶盖相对地板搓动

b) 前端扭转+后端弯曲

c) 整体扭转

d) 一阶横向弯曲

e) 一阶垂向弯曲

f) 顶盖凸弯

图2 车身模态分析云图

模态计算结果   表1

阶次	振型	模态(Hz)
1	顶盖相对地板搓动	9.98
2	前端扭转+后端弯曲	11.54
3	整体扭转	13.83
4	一阶横向弯曲	17.01
5	一阶垂向弯曲	17.50
6	顶盖弯曲	18.16

从表1的计算结果得知,整车白车身一阶扭转模态为13.83Hz,满足 SDS 指标要求(>7Hz),针对海外情况特地研究的其他分离阶次模态均满足 SDS 指标要求。从模态分析数据图中也能明显看到车身受力时的变形程度,若是模态不满足要求,即使骨架材料符合强度要求,也会因共振受力过大,引起骨架断裂。所以模态满足要求为后续的强度研究奠定了基础。

3　车身刚度分析

部分国外路况弯道多、转弯急,驾驶员驾车高速转弯情况时有发生。车辆高速转弯时离心力会导致车辆重心偏移,力会集中在车辆外侧,悬架和地面的倾角会随车身的扭曲而发生变化,车身刚度越大,变形越小,局部应力也会变小,从而可以改善车身的疲劳失效情况[5-7]。考虑到国外的弯道特性和驾驶习惯,对于刚度的研究不能局限于弯曲刚度,还要对骨架的扭转刚度进行研究。

弯曲刚度分析方法:

(1)约束:①车身前左、右轮弹簧中心点分别约束 YZ、Z 向移动自由度;②车身后左、右轮弹簧中心点分别约束 XYZ、XZ 向移动自由度。

(2)载荷:在前后约束点的中点位置沿 X 轴方向取 120mm 宽区域,分别加 Z 方向-2000N。

(3)测量点:加载点。

(4)刚度:$k=F/d$(N/mm)。d 为两边测量点 Z 向位移的平均值。

弯曲刚度的模拟云图和加载模型如图3所示,计算结果见表2。

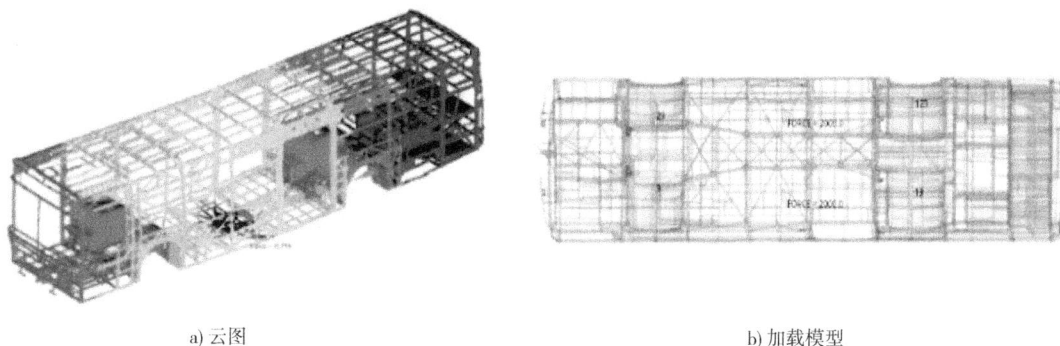

a) 云图　　　　　　　　　　　　　　b) 加载模型

图3　弯曲刚度模拟云图和加载模型

弯曲刚度计算结果　　　　　　　　　　　　　　　表2

F(N)	d(mm)	弯曲刚度(N/mm)
4000	0.7175	5574.91

从计算结果得知整车弯曲刚度为5574.91 N/mm,满足 SDS 指标要求(>3000N/mm)。

扭转刚度计算方法如下:

(1)约束:①车身前第一横梁中点约束 Z 向移动自由度;②车身后左、右轮弹簧中心点分别约束 XYZ、XZ 向移动自由度。

(2)载荷:为了得到 2000N·m 的力矩,可以测出空气弹簧之间的距离 L=1245.163mm,力矩除以力臂得出左右前空气弹簧安装点处的力为 1611.4N。

(3)测量点:加载点。

(4)刚度:扭转刚度计算公式 $K=D/\theta$。F 为施加载荷;D 为加载点间侧向(Y 向)距离;θ 为加载点扭转角度。

扭转刚度的模拟云图和加载模型如图4所示,计算结果见表3。

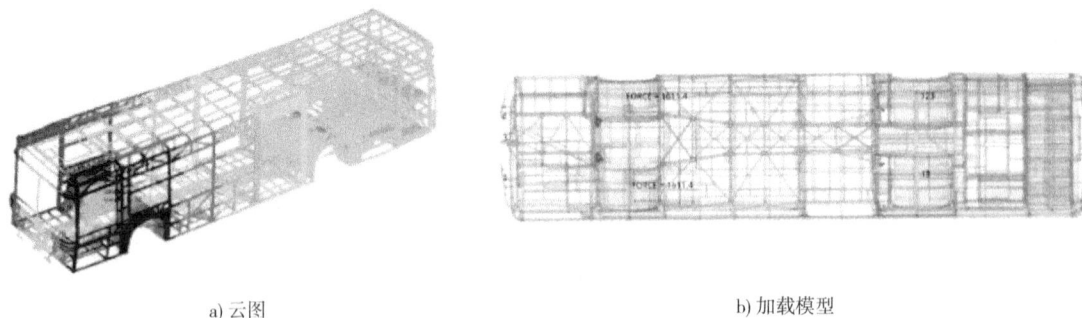

a) 云图   b) 加载模型

图4 扭转刚度模拟云图和加载模型

扭转刚度计算结果   表3

$F(N)$	$L(mm)$	$\theta(°)$	$K(N·m/°)$
1611	1241.16	0.022	90690

从计算结果得知,整车扭转刚度为90690N·m/°,满足SDS指标要求(>25000 N·m/°)。

从刚度云图中可明显看出车身受弯曲力和扭转力时的变形程度,若是刚度不满足要求,即使骨架材料符合强度要求,也会因为车身扭转抗弯强度过大,引起局部应力超标,继而引发骨架断裂。所以,刚度满足要求是继续研究强度是否满足要求的前提。

4 车身强度分析

在刚度模态满足要求的前提下,再来研究骨架强度。客车骨架材料的各项数据见表4[10]。

材料数据   表4

序号	材料型号	杨氏模量(MPa)	泊松比	密度(kg/m³)	屈服极限(MPa)
1	Q235	2.1E5	0.3	7800	336
2	Q345C	2.1E5	0.3	7800	416
3	QSTE700	2.1E5	0.3	7800	739

为验证整车强度是否满足海外运行要求,需要设定几种恶劣工况,来模拟国外的典型工况:

工况一:静载弯曲工况(Z_1g)。

工况二:2.5g 垂向冲击工况(Z_2.5g)。

工况三:左转弯工况(Y_0.5g)。

工况四:右转弯工况(Y_-0.5g)。

工况五:制动工况(0.7g)。

工况六:加速工况(0.5g)。

工况七:左前和右后同时抬高 150mm(FL_RR_150mm)。

工况八:右前和左后同时抬高 150mm(FR_RL_150mm)。

各工况下最大应力见表5。

各工况下最大应力值(单位:MPa)　　　　　　　　　　表5

工况/材料	QStE700TM	Q345
屈服强度	700	345
静载弯曲工况(Z-1g)	230.5	208.9
2.5g垂向冲击工况	576.9	520.8
左转弯工况(Y_0.5g)	683.4	351.1
右转弯工况(Y_-0.5g)	820.1	536.9
制动工况(0.7g)	893.5	395.3
加速工况(0.5g)	220.0	237.1
左前和右后同时抬高150mm(FL_RR_150mm)	669.5	445.4
右前和左后同时抬高150mm(FR_RL_150mm)	531.4	299.6
判断标准	<相应材料的屈服强度	

从表5来看,工况二、工况三、工况四、工况五、工况七均存在应力超过材料屈服强度的情况,表明这些地方的强度是不满足要求的,如果投入市场,断裂的风险很大。

不满足材料屈服强度的位置云图如图5所示,图中车辆由QStE700与Q345材料的高强钢混合制作。

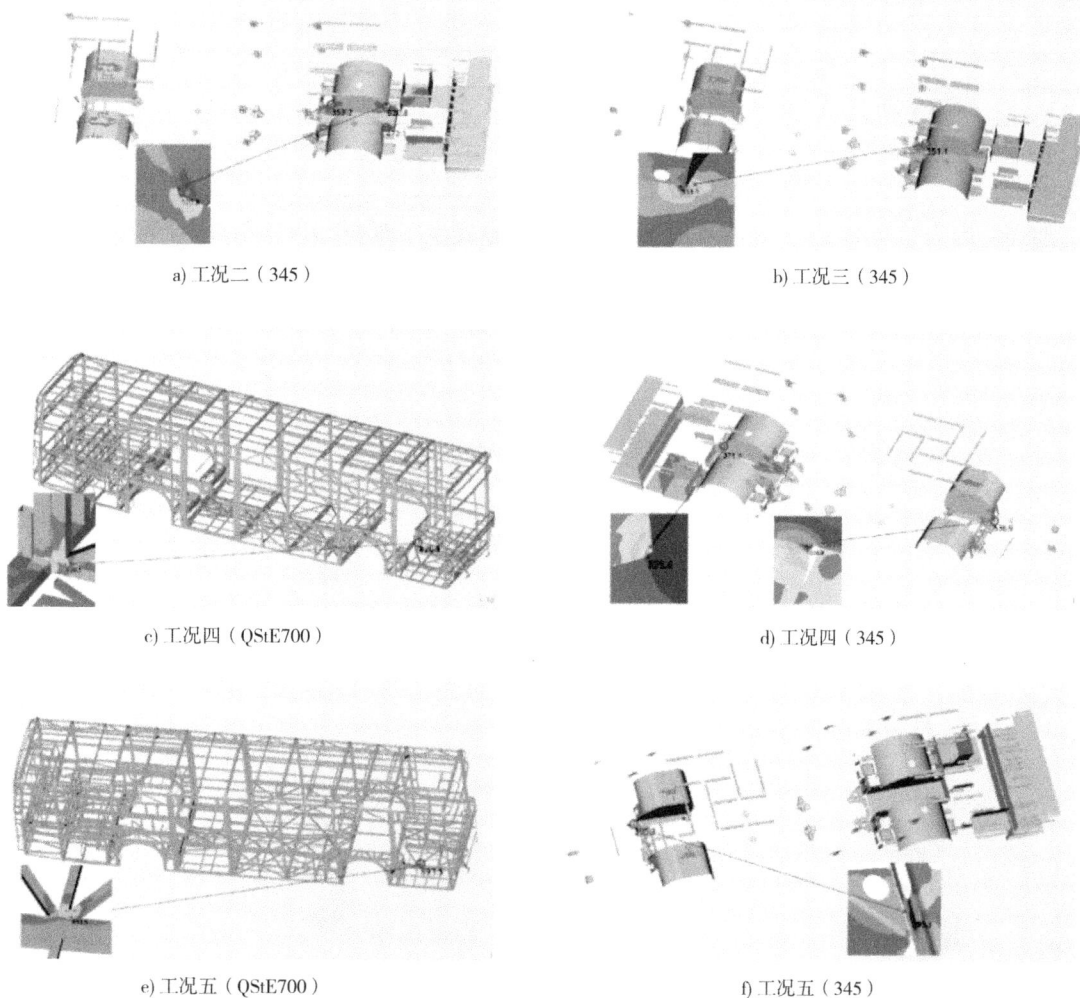

a) 工况二（345）　　　　　　　　　　　　　b) 工况三（345）

c) 工况四（QStE700）　　　　　　　　　　　d) 工况四（345）

e) 工况五（QStE700）　　　　　　　　　　　f) 工况五（345）

图　5

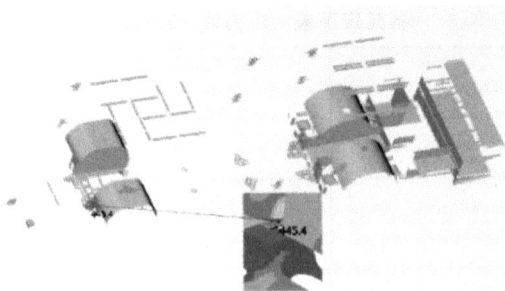

g) 工况七 (345)

图5　各工况下最大应力值云图(加强前)

通过 CAE 分析得知,整车骨架的局部位置强度是不满足要求的,结合分析结果和经验,把三维数模做加强设计后再用同样的建模方式,再次对整车做 CAE 分析,结果见表6。

加强后各工况下最大应力值(单位:MPa)　　　　　　　　　表6

工况/材料	QStE700TM	Q345
屈服强度	700	345
静载弯曲工况(Z_1g)	261.6	230.1
2.5g 垂向冲击工况	650.5	327.7
左转弯工况(Y_0.5g)	670.1	324.8
右转弯工况(Y_-0.5g)	636.9	313.5
制动工况(0.7g)	616.9	336.0
加速工况(0.5g)	217.6	196.4
左前和右后同时抬高150mm(FL_RR_150mm)	458.7	278.5
右前和左后同时抬高150mm(FR_RL_150mm)	503.3	286.6
判断标准	<相应材料的屈服强度	

加强后因为结构的变化,其他未加强的位置应力也发生了改变,但是所有位置的应力均未超出材料的屈服强度,所以加强后的整车骨架强度满足强度要求。加强后原先不满足强度要求的位置受力云图如图6所示。

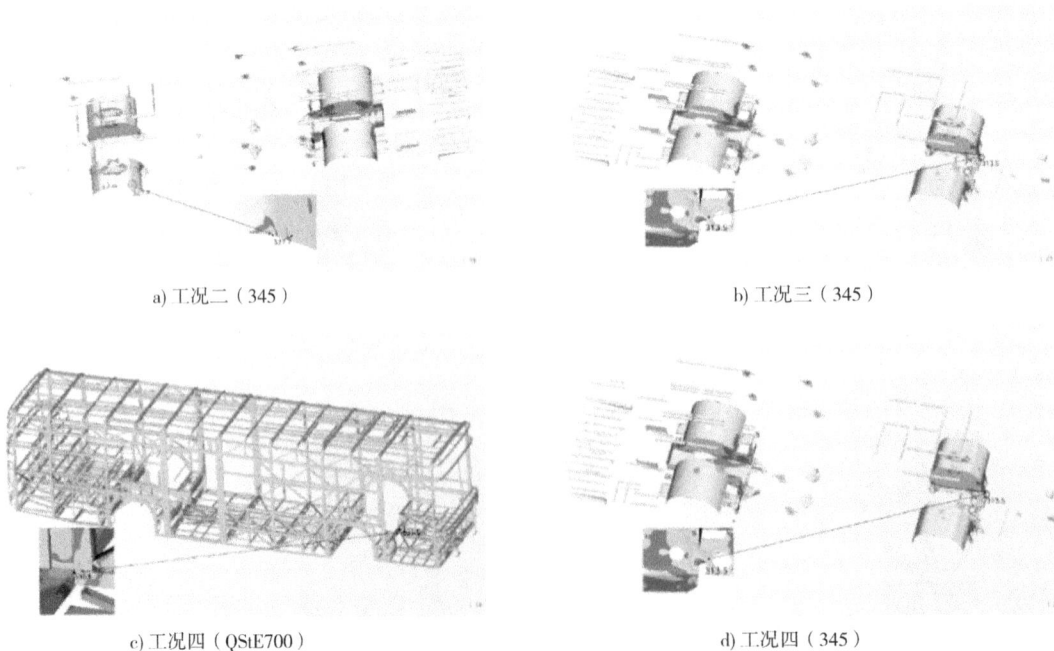

a) 工况二（345）

b) 工况三（345）

c) 工况四（QStE700）

d) 工况四（345）

图　6

e) 工况五（QStE700）

f) 工况五（345）

g) 工况七（345）

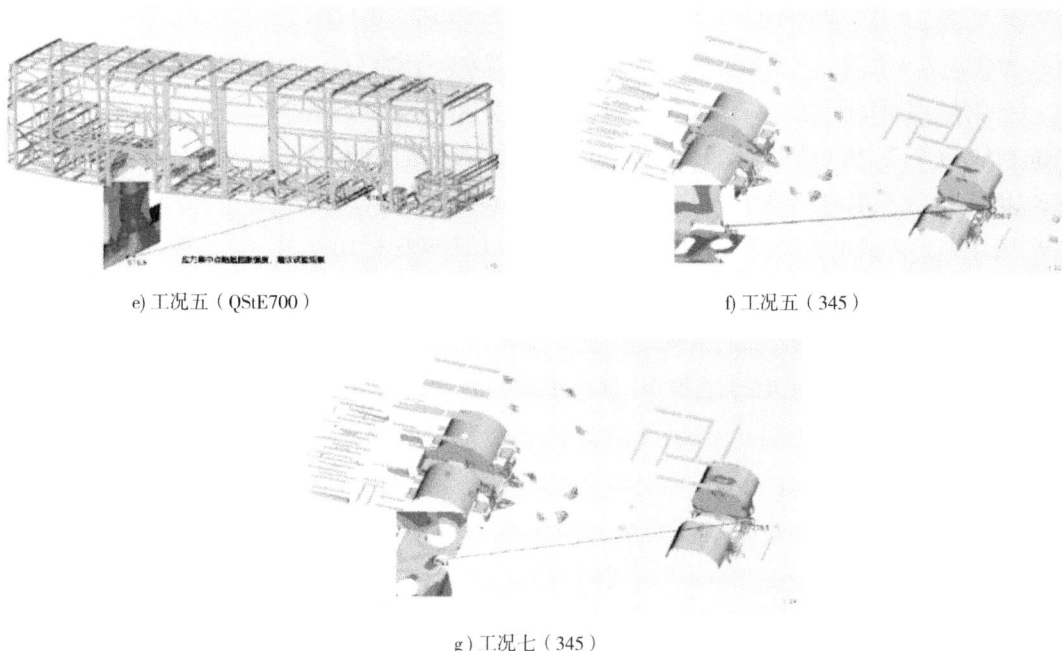

图6　各工况下最大应力值云图（加强后）

　　加强前后的对比结果显示，如果只凭借经验来设计，会导致部分结构不符合屈服强度的要求，所以在设计时可以把 CAE 分析作为辅助工具使用，不仅可以提高设计的合理性，还能够对骨架薄弱部分做到精准加强。

5　结语

　　通过对整车骨架结构的研究不难看出，若是模态或者刚度不满足条件，即使强度满足了运行要求，但是也会因为共振或者扭转弯曲过大导致局部受力超标，继而引发骨架断裂。

　　对于如何加强整车的强度和刚度，如何使车身模态符合使用要求，有以下几点建议：

　　(1)对于模态，通过改变车身的结构，增加或减少某些部件的质量等改变整车的固有频率，满足模态的要求[11]。

　　(2)对于强度，可以采用高强钢提高材料的屈服强度，同时优化结构，减少车辆合拢中不必要的焊接，使用异型梁减少拼焊。来提高整车的强度[8-9]。

　　(3)对于刚度，可以使用封闭环结构，加高地板骨架截面高度来加强刚度，抵抗变形。对于低入口车的刚度，要着重从侧围入手，加大梁的截面，减少并梁，加高窗上纵梁与内饰上沿梁的截面高度，使用桁架减少变形[8-9]。

　　通过模态、刚度和强度的分析，可以使车辆在海外恶劣工况的运行中，减少骨架断裂的风险。通过提前采取预防措施，降低车辆进入市场后的故障率，减轻售后压力。尤其在海外车辆的开发阶段，模态、刚度和强度的研究必须同时进行，而且要把对模态和刚度的研究作为强度研究的基础。

参考文献

[1] 张昕涛,赵珧冰,蔡绍辉,等.模态截断对悬索非线性耦合共振响应影响[J].振动与冲击,2023,42(3):50-56.

[2] 赵东伟,尹怀仙.新能源客车车架的模态分析与优化设计[J].机械制造,2019,57(4):52.

［3］孟妍妮，张劫．客车车身骨架结构强度有限元分析［J］.中国工程机械报，2014，3（6）：223.

［4］任可美，戴作强，郑莉莉，等．纯电动城市客车底盘车架的模态分析与优化［J］．制造业自动化，2018，40（1）：45-50.

［5］孙凌玉．车身结构轻量化设计理论、方法与工程实例［M］.北京：国防工业出版社，2011.

［6］唐唯伟，何仁，游专，等．纯电动客车车身优化设计［J］.机械设计与制造，2013（12）：20-23.

［7］陈炳圣．承载式客车车身结构耐久性分析方法和研究［D］.长春：吉林大学，2007.

［8］赖宗辉，顾力强，张勇．纯电动客车车身结构分析与优化设计［J］.传动技术，2017，31（4）：35-39.

［9］吴兴敏，等.汽车车身结构［M］.北京：人民邮电出版社，2010.

［10］曾正明.机械工程材料手册［M］.北京：机械工业出版社，2004.

［11］成艾国，等.汽车车身先进设计方法与流程［M］.北京：机械工业出版社，2011.

基于2024 EC-PAC的纯电动公交车性能评价结果分析

曾祥振,杨　超,张　超

（招商局检测车辆技术研究院有限公司,重庆　400000）

摘　要: 本文介绍了2024年全国新能源商用车性能评价赛（2024 EC-PAC）中关于纯电动公交车的评价体系,并基于公交车测试结果,分析其在节能、续驶里程、动力性、舒适性、电磁兼容（EMC）、主观评价等方面的水平和差异,并为赛事发展提供了建议。

关键词: 2024 EC-PAC;纯电动公交车;性能评价;结果分析

0　引言

推动汽车产业绿色低碳转型,是落实国家碳达峰碳中和战略和汽车产业高质量发展的战略支撑和必然要求[1]。经多年发展,结合公交车的应用场景,依据现行国家标准,逐步确定了节能、动力、续驶里程、安全、舒适、EMC等评价项目,完善了相关测试方法和测试设备等,形成了全国新能源公交车性能评价赛（EB-PAC）评价体系[2-3]。

2024年全国新能源商用车性能评价赛（2024 EC-PAC）在2023年全国新能源公交车性能评价赛（2023 EB-PAC）的基础上,拓展到商用车领域,并对车辆的能耗、续驶里程、动力性、舒适性、制动性、安全性和人机交互等方面进行综合测评。本文对全国新能源商用车性能评价赛的纯电动公交车测评项目进行简要介绍,并根据2024年的相关测试结果,分析纯电动公交车在节能、续驶里程、舒适性、动力性、EMC、主观评价等方面的水平和差异情况。

1　测评项目简介

按照公交车和载货车的类型,测评项目分为公交车和载货车两部分。本文主要介绍纯电动公交车的分组情况和测评项目。

1.1　公交车分组

根据市场调研和热销车型情况,并结合指标体系情况及整车企业产品研发情况,将公交按照车长分为5.80~6.89m、8.005~9.0m、10.0~11.0m三个组别。

1.2　公交车测评项目

公交车测评项目包括节能、续驶里程、动力性、舒适性、EMC等,相关评价项目指标见表1。测评项目在2023 EB-PAC基础上[4],增加了主观评价项目。主观评价作为摸底测试项目,不参加奖项评分。

载货车评价项目指标   表1

评价项目	评价指标	说明
节能	吨百公里耗电量	根据循环工况耗电量和测试最大总质量计算
续驶里程	续驶里程	由循环工况耗电量和动力电池最大可用电量计算
动力	爬坡时间	通过12%坡度坡道的时间
	加速时间	(30~60)km/h的加速时间
舒适	匀速车内噪声	50 km/h匀速驾驶员耳旁和后桥上方噪声
	加速车内噪声	(0~50)km/h加速驾驶员耳旁和后桥上方噪声
	随机输入平顺性	40 km/h匀速随机输入平顺性
	脉冲输入平顺性	30 km/h匀速脉冲输入平顺性
EMC	低频磁场发射强度	测试在0~60km/h加速工况、40km/h工况下，驾驶员座椅处以及后排座椅处的低频磁场发射强度裕量值
主观评价	驾驶员群体主观评分	摸底测试项目。对转向操纵、制动操纵、制冷与通风等进行主观评价
安全	涉水安全	按车型分别进行300 mm深度的涉水安全试验

在能耗测试方面,因同组别的纯电动公交车总质量差异较大,导致百公里耗电量并不能准确体现节能水平。单位质量在单位里程的能耗更能体现不同车型间传动系匹配优化程度和能量利用效果[5-6],所以将节能评价指标从百公里耗电量优化为吨百公里耗电量。

2　赛事概况

比赛前对样车整备质量、车长、配置、储能装置以及驱动电机等参数进行核查,整备质量公差允许范围为+3%(参赛车辆实测整备质量低于备案值、为负公差时,应通过配重等方式达到备案值),储能装置电量须和备案参数一致,且应保持状态一致。公交车装载质量方面,5.80~6.89m组车型装载1.5t;8.005~9.0m组车型装载2t;10.0~11.0m组车型装载3t。

测试设备主要包括车辆综合性能测试仪、功率分析仪、声级计、声级计校准器、温湿度计、IMC平顺仪和EMC测试系统等。相关测试设备及仪器均在检定/校准有效期内。

2024年7月8—11日,来自全国主要客车企业的8款纯电动公交车参加了评价赛。赛前抽签确定参赛车辆测试顺序和测试小组,先后开展了动力性、安全性、舒适性、EMC、节能和续驶里程等相关项目的测试。

3　综合性能评分规则

纯电动公交车根据测试结果,按表2的权重系数,进行综合评分。主观评价作为摸底测试项,不计入综合性能评分。

纯电动公交车综合性能评分权重分配表   表2

一级指标			二级指标		三级指标	
序号	项目	权重	项目	权重	项目	权重
1	节能	40%	百公里电耗	100%	—	—
2	续驶里程	20%	续驶里程	100%	—	—
3	动力	15%	爬坡时间	40%	—	—
			加速时间	60%	—	—

一级指标			二级指标		三级指标	
序号	项目	权重	项目	权重	项目	权重
4	舒适	20%	匀速车内噪声	40%	驾驶员耳旁噪声	60%
					后桥上方噪声	40%
			加速车内噪声	30%	驾驶员耳旁噪声	60%
					后桥上方噪声	40%
			平顺性	30%	随机输入座椅上方垂直振动	60%
					脉冲输入座椅上方垂直振动	40%
5	EMC	5%	低频磁场发射强度（匀速）	50%	驾驶员座椅处低频磁场发射强度	50%
					后排座椅处低频磁场发射强度	50%
			低频磁场发射强度（加速）	50%	驾驶员座椅处低频磁场发射强度	50%
					后排座椅处低频磁场发射强度	50%
6	主观评价	摸底	驾驶员群体主观评价	—	—	—
7	安全	否决项	涉水安全	否决项	—	—

4　公交车测试结果分析

为便于对比分析,继续沿用往届的分析方法[4],即计算各分组内车型测试结果的平均值、测试结果最大值与最小值的比值(简称"最大值/最小值"),从而分析各组测试结果的基本情况、历年变化情况和车型间差异性等。各组车型按长度所属组别,采用去年 5~7m、8~10m、10~11m 的分组模式进行对比分析,具体结果如下。

4.1　节能性分析

赛事在 7 月高温酷暑下开展,环境温度与 2023 年基本一致。各组车型吨百公里电耗平均值与最大值/最小值见表 3,10~11m 组差距最大,为 1.5。相比于原百公里电耗指标(表 4),在吨百公里电耗指标下,各组车型结果优劣趋势一致,但组内差异性降低。

吨百公里电耗平均值[kW·h/(100km·t)]与最大值/最小值　　表 3

分组	平均值	最大值/最小值
5~7 m	7.6	1.1
8~10 m	5.9	1.3
10~11 m	4.7	1.5

百公里电耗平均值(kW·h/100km)与最大值/最小值　　表 4

项目	年份(年)	5~7m	8~10m	10~11m
平均值	2023	56.9	66.1	108.0
	2024	49.1	61.2	64.9
最大值/最小值	2023	1.5	1.8	3.8
	2024	1.2	1.5	1.5

4.2　续驶里程分析

推算续驶里程平均值(km)与最大值/最小值见表 5。10~11 m 组动力蓄电池储电量平均值较上届略有降低,其余各组动力蓄电池储电量平均值较往上届增加 12%~14%。5~7 m、8~10 m 组、10~11 m 组推算续驶里程分别较上一届上升了 25%、20%、34%。推算续驶里程最大值/最小值处于 1.4~1.9 之间,10~11 m 组内差距大。

推算续驶里程平均值(km)与最大值/最小值   表5

项目	年份(年)	5~7m	8~10m	10~11m
平均值	2023	182.4	284.0	340.3
	2024	228.9	341.6	456.3
最大值/最小值	2023	2.5	2.0	5.3
	2024	1.4	1.4	1.9

4.3 动力性分析

爬坡时间平均值与最大值/最小值见表 6,较 2023 年,爬坡时间平均值变化在 1s 内。组内爬坡时间差异性不大,最大值/最小值在 1.1~1.2 内。

爬坡时间平均值(s)与最大值/最小值   表6

项目	年份(年)	5~7m	8~10m	10~11m
平均值	2023	8.4	9.3	8.6
	2024	8.9	8.1	7.8
最大值/最小值	2023	1.3	1.7	1.4
	2024	1.1	1.2	1.2

加速时间平均值与最大值/最小值见表 7,整体而言均有降低趋势。各组加速时间均较 2023 年有所降低,8~10 m 组加速时间降低 20%。5~7 m 组车型差距较去年大,其余各组差距减小。

加速时间平均值(s)与最大值/最小值   表7

项目	年份(年)	5~7m	8~10m	10~11m
平均值	2023	8.8	10.2	8.3
	2024	8.4	8.2	7.0
最大值/最小值	2023	1.1	2.5	1.9
	2024	1.6	1.9	1.7

4.4 舒适性分析

(1)匀速行驶噪声。

a. 匀速行驶时驾驶员耳旁噪声平均值与最大值/最小值见表 8。各组均较 2023 年有所降低,10~11m 组近几届呈连续降低趋势,各组内差异性变化不大。

匀速行驶时驾驶员耳旁噪声平均值[dB(A)]与最大值/最小值   表8

项目	年份(年)	5~7m	8~10m	10~11m
平均值	2023	68.7	68.2	65.2
	2024	67.3	67.2	62.6
最大值/最小值	2023	1.09	1.09	1.14
	2024	1.11	1.14	1.11

b. 匀速行驶时后桥上方噪声平均值与最大值/最小值见表9,8~10m、10~11m组后桥上方匀速噪声较2023年有所降低,各组内差异性变化不大。

匀速行驶时后桥上方噪声平均值[dB(A)]与最大值/最小值　　　表9

项目	年份(年)	5~7m	8~10m	10~11m
平均值	2023	67.7	69.5	64.5
	2024	68.6	68.2	61.7
最大值/最小值	2023	1.09	1.16	1.16
	2024	1.07	1.14	1.12

(2)加速行驶噪声。

a. 加速行驶时驾驶员耳旁噪声平均值与最大值/最小值见表10,5~7m组驾驶员耳旁加速噪声降低较明显,10~11m组内车型差异较大。

加速行驶时驾驶员耳旁噪声平均值[dB(A)]与最大值/最小值　　　表10

项目	年份(年)	5~7m	8~10m	10~11m
平均值	2023	70.3	69.7	66.2
	2024	67.6	70.9	65
最大值/最小值	2023	1.12	1.15	1.15
	2024	1.13	1.17	1.22

b. 加速行驶时后桥上方噪声平均值与最大值/最小值见表11,5~7m组和10~11m组均较2023年有所改善,组内差异性均较2023年减小,10~11m组内差异性较大。

加速行驶时后桥上方噪声平均值[dB(A)]与最大值/最小值　　　表11

项目	年份(年)	5~7m	8~10m	10~11m
平均值	2023	71.8	70.5	71
	2024	71.3	73.2	66.9
最大值/最小值	2023	1.15	1.22	1.34
	2024	1.09	1.15	1.32

(3)平顺性。

a. 随机输入平顺性平均值与最大值/最小值见表12,各组随机输入加速度均方根值较2023年有所增加,10~11m组增加幅度最大。各组车型的差异性较2023年减小。

随机输入平顺性平均值(m/s²)与最大值/最小值　　　表12

项目	年份(年)	5~7m	8~10m	10~11m
平均值	2023	0.10	0.11	0.07
	2024	0.12	0.12	0.09
最大值/最小值	2023	2.5	2.8	1.8
	2024	1.5	1.3	1.2

b. 脉冲输入平顺性平均值与最大值/最小值见表13,10~11m组表现较好,较2023年降低明显。各组内最大值/最小值处于1.5~2.0之间,组内差异性较2023年减小。

脉冲输入平顺性平均值（m/s²）与最大值/最小值 表13

项目	年份（年）	5~7m	8~10m	10~11m
平均值	2023	9.8	9.3	10.1
	2024	12.4	15.4	6.9
最大值/最小值	2023	2.0	2.2	4.9
	2024	1.6	1.5	2.0

4.5 EMC分析

电磁兼容性方面，统一按今年的 EMC 测评算法比较，裕量≥40dB 时均记为 40dB。

（1）匀速行驶裕量。

驾驶员处匀速行驶时低频磁场发射强度裕量平均值与最大值/最小值见表14。5~7m 组和 8~10m 组均较 2023 年有所改善，组内车型差异性较 2023 年减小。

驾驶员处匀速行驶裕量平均值（dB）与最大值/最小值 表14

项目	年份（年）	5~7m	8~10m	10~11m
平均值	2023	38.4	36.8	40
	2024	39.1	38.5	34.3
最大值/最小值	2023	1.1	1.5	1.0
	2024	1.0	1.2	1.4

后排座椅处匀速行驶时低频磁场发射强度裕量平均值与最大值/最小值见表15。5~7m 组和 8~10m 组也均较 2023 年有所改善，各组内车型差异性较 2023 年减小。

后排座椅处匀速行驶裕量平均值（dB）与最大值/最小值 表15

项目	年份（年）	5~7m	8~10m	10~11m
平均值	2023	34	32	34.7
	2024	40	39.3	33.6
最大值/最小值	2023	1.8	1.6	1.7
	2024	1.0	1.1	1.5

（2）加速行驶裕量。

驾驶员处加速行驶时低频磁场发射强度裕量平均值与最大值/最小值见表16。5~7m 组和 8~10m 组均较 2023 年有所改善，组内车型差异性较 2023 年减小。

驾驶员处加速行驶裕量平均值（dB）与最大值/最小值 表16

项目	年份（年）	5~7m	8~10m	10~11m
平均值	2023	35.1	36.8	40
	2024	35.7	37.9	34.5
最大值/最小值	2023	1.4	1.5	1.0
	2024	1.3	1.3	1.4

后排座椅处加速行驶时低频磁场发射强度裕量平均值与最大值/最小值见表17。3 组均较 2023 年有所改善，组内车型差异性较 2023 年减小。

后排座椅处加速行驶裕量平均值(dB)与最大值/最小值　表17

项目	年份(年)	5~7m	8~10m	10~11m
平均值	2023	16.5	25.7	26.3
	2024	34.9	31.7	29.2
最大值/最小值	2023	15.2	3.2	3.9
	2024	1.1	1.7	2.2

4.6　主观评价

主观评价结合6个循环工况试验进行,采用驾驶员群体轮流主观评分的方法,在各车每个循环工况结束时评分并更换驾驶员。从直线行驶、转向操纵、行车制动响应、加速操纵响应、操纵舒适性、制冷与通风、工况曲线跟踪能力等维度进行评价。各车型得分率从79%~94%不等,主观评价得分率平均值(%)与最大值/最小值详见表18,其中,10~11m组得分率较高。低分车型在行车制动响应、操纵舒适性等方面失分较多。

公交车主观评价得分率平均值(%)与最大值/最小值　表18

项目	年份(年)	5~7m	8~10m	10~11m
平均值	2024	81	87	91
最大值/最小值	2024	1.05	1.06	1.06

5　结语

今年首次将EB-PAC升级扩展到EC-PAC,结合赛事情况提出以下建议:

(1)根据市场需求和产品发展升级情况,考虑将热门车型轮流纳入赛事,进一步覆盖车型范围。

(2)立足应用场景和国家标准发布情况,丰富测评项目,提升产品市场适应力和用户体验。

(3)未来考虑与具有行业影响力的机构合作,共塑赛事模式,树立品牌形象,助力新能源商用车市场健康发展。

本文探讨了2024年EC-PAC中的纯电动公交车相关测评项目和规则,基于测评结果分析了各组车型的水平和差异,并与2023年EB-PAC测试结果进行了对比分析。最后,针对EC-PAC发展提出了建议,可为相关车型的能耗、舒适性、动力性和EMC等性能优化研究提供基础和参考。

参考文献

[1] 工信部.《汽车产业绿色低碳发展路线图1.0》正式发布[EB/OL].(2023-12-08)[2024-07-20].https://wap.miit.gov.cn/xwdt/gxdt/sjdt/art/2023/art_b5ff1326592e4229b9a10bf5143ae78a.html.

[2] 叶磊,彭冲,张涛,等.基于EB-PAC的纯电动城市客车性能水平分析[J].客车技术与研究,2020,42(5):52-53,56.

[3] 马琦媛,杨超.基于EB-PAC的纯电动公交车测试结果对比分析[J].客车技术与研究,2022,44(6):56-60.

[4] 赵永刚,尚志诚,张超,等.基于2023 EB-PAC的新能源公交车新能源评价与结构解析[J].客车技术与研究,2023,45(5):34-38.

[5] 洪木南,郎垒,李宗华,等.电动汽车能耗指标评价研究[C]//中国汽车工程学会.2016中国汽车工程学会年会论文集.北京:机械工业出版社,2016:253-255.

[6] 王震坡,姚利民,孙逢春.纯电动汽车能耗经济性评价体系初步探讨[J].北京理工大学学报,2005,25(6):479-486.

自动驾驶客车信号灯识别及响应虚拟测试方法研究

房熙博[1]，宁剑一[2]

（1.长安大学汽车学院,西安　710018;2.交通运输部科学研究院,北京　100029 ）

摘　要: 自动驾驶客车在真实交通环境中行驶时,需要考虑到交通信号灯对车辆行驶状态的约束,因此需要对相关控制算法进行严格的测试,但真实场景难以满足测试场景的丰富性要求。针对以上问题,提出自动驾驶客车信号灯识别及响应虚拟测试方法。首先,绘制能反映真实客车动力学特性的车辆模型,并在 PreScan 自动驾驶模拟仿真软件中搭建红绿灯路口测试场景;然后,基于车联网(Vehicle to Everything, V2X)技术,设计自动驾驶客车信号灯识别及响应控制算法;最后,搭建 PreScan 与 MATLAB/Simulink 联合仿真平台,在不同场景下对所提出算法的有效性进行验证。仿真结果表明,所提出虚拟测试方法能够满足自动驾驶客车信号灯识别及响应测试要求。

关键词: 自动驾驶客车;智能网联;V2X技术;虚拟测试

0　引言

自动驾驶客车能够通过环境感知、决策规划以及运动控制等功能,代替人类完成自动驾驶任务,可以极大地提高道路交通效率,提供通行便利,并且还能减少温室气体的排放[1-3]。交通信号灯作为真实交通环境中的重要约束,对车辆的速度、行人的行为起着重要的作用[4]。因此,对自动驾驶客车的信号灯识别及响应性能进行测试是保障其安全行驶的重要前提。

虚拟测试方法能够在仿真软件中搭建满足测试要求的各类场景,通过编写相关算法对车辆的运动进行控制,有着测试场景丰富、车辆动力学模型精度高等优点,已成为车辆性能测试的重要途径之一[5]。孟振宇等[6]基于车路协同技术,提出了一种面向十字路口的事故预警方案和紧急车辆通行方案,并基于 Veins (Vehicles in Network Simulation)搭建仿真平台,对提出方案进行了验证。杨楠等[7]提出一种交通信号灯混杂控制方法,构建了城市交通网络模型并获取车辆在交通路口的实际情况,对路口的交通状态进行预测,采用 Multisim 虚拟测试软件实现对交通信号灯的混杂控制。杨凯等[8]针对环境遮挡与交通参与者行为随机导致的驾驶风险,提出一种面向无信号灯十字路口场景的安全决策方法,并采用 SUMO 仿真平台搭建测试场景,对提出的安全决策方法进行了验证。综上所述,采用虚拟仿真测试的方法得到了行业内专家学者的广泛认可,具有较高的可信度和实用性。

随着智能网联技术在车辆领域的迅速发展,它能够通过车与车、车与道路基础设施等之间的信息交互,完成车速、位置和信号灯状态等信息的传递,已成为当前自动驾驶领域的研究热点[9]。Hubmann 等[10]考虑到城市环境下红绿灯、行人等交通要素增加了自动驾驶车辆纵向行为决策上的复杂性这一情况,并基于智能网联通信提出了一个通用的车辆纵向规划方法。魏晓君[11]基于 V2X 技术搭建了交通路口交通流控制策略算法并进行反向验证,提出了一种能优化单路口交通场景下车辆通行时间的控制策略。孔慧芳等[12]提出了一种 V2X 环境下网联车辆编队的信号灯路口通行控制策略,并搭建 PreScan/Simulink 联合仿真平台,对所提出方法进行了验证,对本研究具有很大启发。

综上所述,虽然在自动驾驶领域对信号灯控制方法和车辆的运动控制已有不少研究,但针对自动驾驶客车信号灯识别及响应方法研究较少。针对上述问题,本文提出自动驾驶客车信号灯识别及响应虚拟测试方法:首先,在 SketchUp 软件中绘制出能够反映自动驾驶客车动力学特性的车辆模型;然后,在 PreScan 自动驾驶模拟仿真软件中搭建信号灯识别及响应测试场景,并为车辆配置所需传感器;最后,在 MATLAB/Simulink 软件中编写控制算法,对自动驾驶客车在十字路口处的红绿灯识别及响应控制进行虚拟测试。通过对测试结果的分析,得出有效结论,为自动驾驶客车的应用奠定坚实基础。

1 车辆动力学模型及测试场景构建

1.1 车辆外观模型

在 PreScan 自带的模型库中,有很多小汽车以及货车模型可供用户选择使用,但是这些车辆都不能很好地反映载人客车的特性。因此在进行实验之前,需要利用三维绘图软件绘制出自动驾驶客车的结构模型,使其能作为 PreScan 的车辆模型并应用于自动驾驶客车信号灯识别及响应测试工作。查阅现有客车相关规范对车辆尺寸的限制要求,在 SketchUp 绘图软件中,通过勾勒客车轮廓,对模型进行推/拉变换,绘制出客车模型,如图 1 所示为本研究中自动驾驶客车的结构模型。

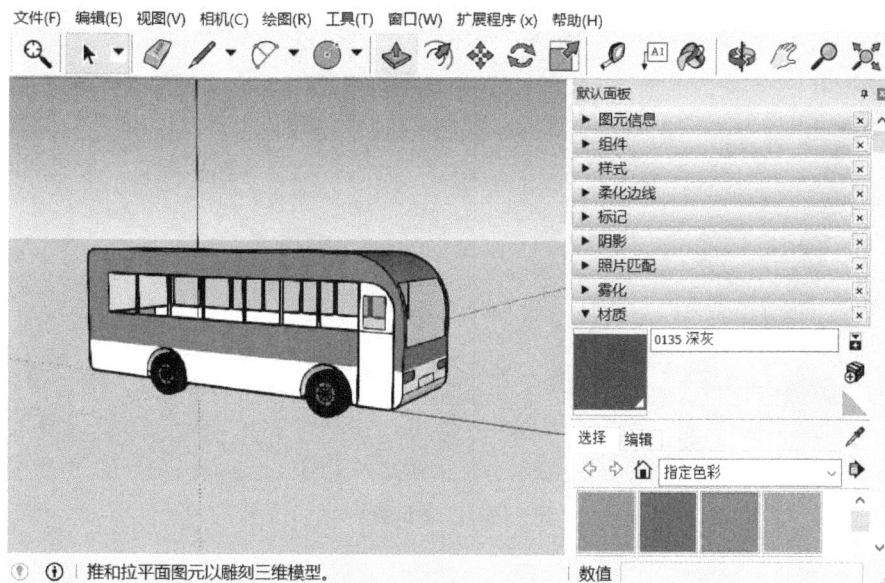

图 1　自动驾驶客车结构模型示意图

1.2 车辆动力学参数

绘制完自动驾驶客车结构模型后,调整格式并将其导入 PreScan 模型库中,该结构模型即可在 PreScan 自动驾驶模拟仿真软件中使用。为使车辆模型能更精确地反映真实客车的动力学特性,需要对其动力学参数进行设置。除车辆外观参数如车长、车宽、保险杠高度等参数随结构模型的确定而无法更改之外,其余动力学参数,如整车质量 M、悬架阻尼系数 C 等,可以根据实际车辆参数进行修改。本研究中,自动驾驶客车车长 8.5m,车宽 2.5m,车身高度 3.28m,满足相关规定对车辆尺寸的限制,其余部分动力学参数设置如图 2 所示。

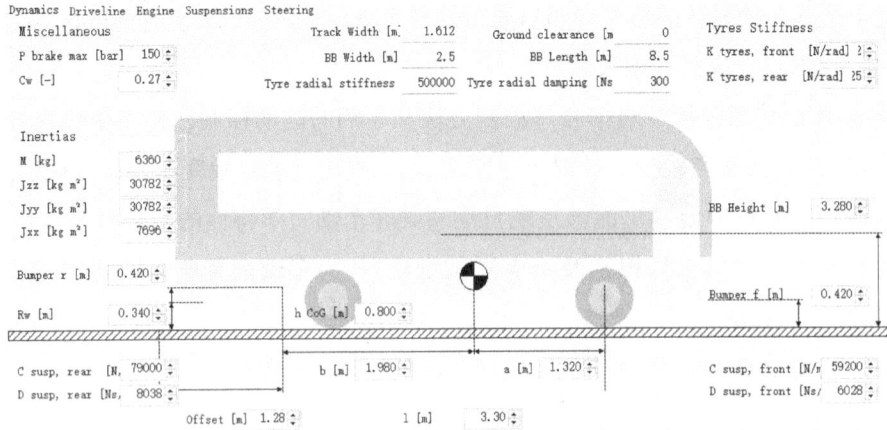

图2　车辆动力学模型部分参数示意图

1.3　测试场景的搭建

为了能够通过虚拟测试方法验证车辆在不同信号灯状态下通过交叉口的可靠性,搭建了如图3所示的测试场景,包含双向单车道的交叉口,路口设置停止线和不带时间显示的信号灯,测试车辆在自动驾驶模式下匀速驶向信号灯,并根据信号灯状态做出减速、制动停车或起动加速行为。该场景具有代表性,能够有效检测自动驾驶客车信号灯识别及响应算法的合理性和虚拟测试方法的有效性。

图3　信号灯测试场景

2　基于V2X的信号灯识别及响应测试方案

基于V2X的信号灯识别及响应方法具有较高的准确性和实时性,由于一些交通基础设施如信号灯等可以向车辆实时发送交通信号状态,因此,可以实现对信号灯状态的即时感知和识别。与基于传统传感器和图像处理的方法相比,基于V2X的方法不受天气、光照等环境因素的影响,具有更高的稳定性和可靠性。同时,由于V2X通信技术具有较大的通信范围,因此,可以实现对较大范围内红绿灯状态的识别,为自动驾驶客车提供更全面的交通信息。

2.1　信号灯状态信息的发送与接收

基于 V2X 的信号灯识别及响应方法依赖于车辆与交通基础设施之间的通信,需要给交通基础设施配备 V2X 通信设备。本研究中为信号灯配备理想的传感器,用于模拟 V2X 通信设备,向周围车辆实时发送信号灯颜色状态。当车辆接收到这些信息后,通过信号灯识别及响应算法对数据进行处理,实现对信号灯颜色状态的识别,并做出相应的驾驶行为。这种方法不仅可以实现对当前车辆所在位置的信号灯状态识别,还可以提前获取即将抵达的交叉口的信号灯状态,从而帮助自动驾驶客车做出更准确的驾驶决策。

2.2　信号灯颜色状态设置

信号灯的初始状态按以下方式设置:

(1)信号灯初始状态为红色,待测试车辆在停止线前停车后,转换为绿色;

(2)信号灯初始状态为红色,待测试车辆驶近且未通过停止线时转换为绿色;

(3)信号灯初始状态为绿色,待测试车辆驶近时转变为黄色,并在测试车辆通过停止线前转换为红色,待测试车辆在停止线前停车后,转换为绿色;

在 PreScan 中,信号灯是一个单独的控制模块,红灯、黄灯和绿灯的信号也是单独设置的,因此,在 Simulink 中编写信号灯颜色控制算法,使得信号灯的灯光亮起状态能够与上述信号灯的三种初始状态保持一致,如图 4 所示为信号灯初始状态设置示意图。

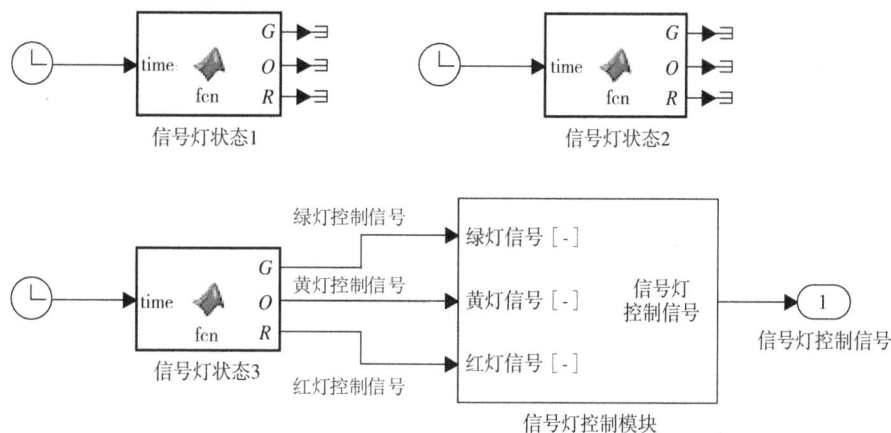

图4　信号灯初始状态设置

2.3　信号灯识别及响应控制算法

本研究中信号灯向自动驾驶客车发送灯光信号,分别为红灯亮起 $R=1$、黄灯亮起 $O=1$ 及绿灯亮起 $G=1$,且不允许有两个或三个信号灯同时亮起。车辆接收到灯光信号后,结合自动驾驶客车距离路口停止线的距离 d,输出车辆控制信号 Signal,设定 Signal=0 为通行信号,车辆正常通过路口;Signal=1 为减速信号,车辆开始减速;Signal=2 为制动信号,车辆制动直至停车。灯光信号、车辆距停止线的距离 d 与控制信号 Signal 的匹配关系见表 1。

车辆控制信号　　　　　　　　　　　　　　表1

控制信号Signal	灯光信号与距离d	车辆状态
Signal=0	G=1	正常通行
	R=1且d>15	
	O=1且d>15	
Signal=1	R=1且5<d≤15	减速
	O=1且5<d≤15	
Signal=2	R=1且d≤5	制动直至停车
	O=1且d≤5	

在 Simulink 中搭建自动驾驶客车信号灯识别及响应控制整体算法如图5所示,共包括传感器模块、自动驾驶客车动力学模块和信号灯识别及响应运动控制模块。其中,传感器模块用于发送和接收信号灯的灯光信息;自动驾驶客车动力学模型模块用于模拟真实客车的动力学特性的变化;自动驾驶客车信号灯识别及响应运动控制模块通过对接收到的信号灯状态信息与车辆距停止线距离信息进行处理,并对自动驾驶客车的节气门开度和制动主缸压力进行控制,使其车速与加速度发生变化,进而完成对车辆的运动控制。

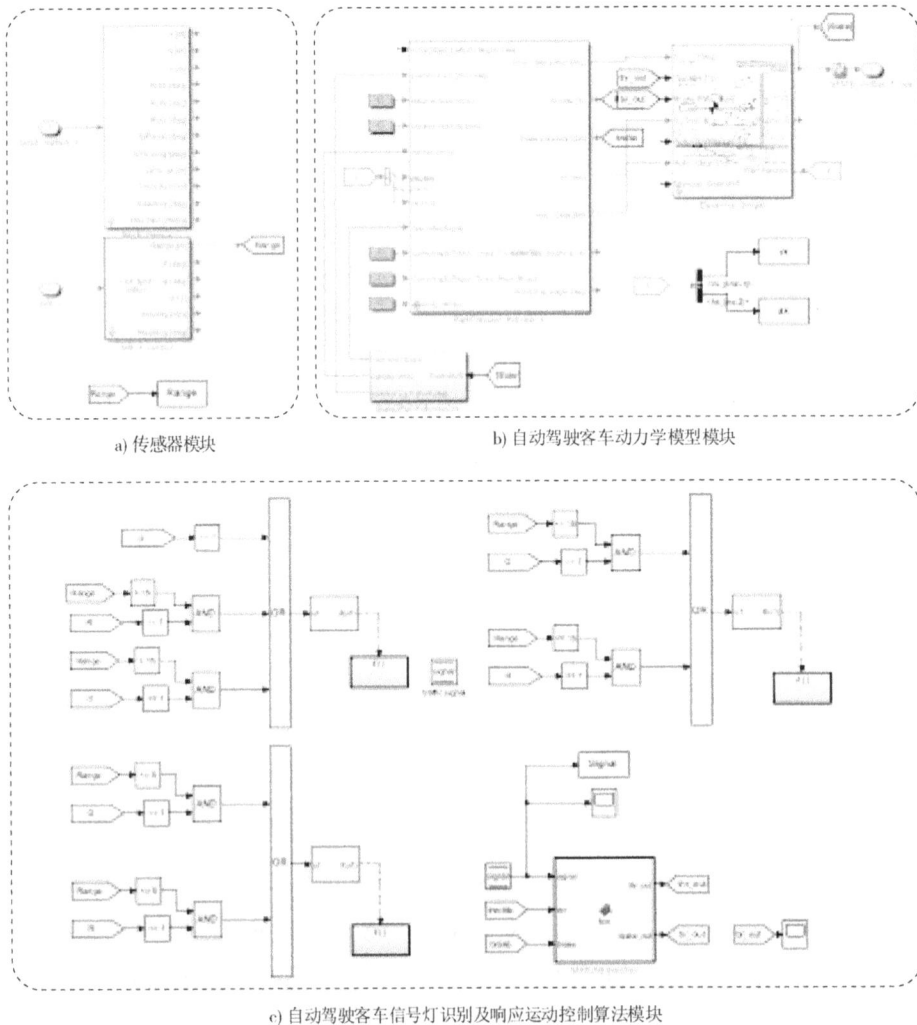

a) 传感器模块　　　　　　　　　　　b) 自动驾驶客车动力学模型模块

c) 自动驾驶客车信号灯识别及响应运动控制算法模块

图5　红绿灯识别及响应控制算法

3　自动驾驶客车信号灯识别及响应虚拟测试验证

虚拟测试场景设置为：自动驾驶客车初速度为 40km/h，在自动驾驶状态下匀速驶向有信号灯控制的路口，信号灯初始状态设置见表 2，分别为仿真工况一、仿真工况二和仿真工况三，并在这三种虚拟测试场景下对自动驾驶客车信号灯识别及响应性能进行虚拟测试。通过搭建 PreScan 与 MATLAB/Simulink 联合仿真平台，对本文所设计的自动驾驶客车信号灯识别及响应控制方法进行仿真验证。

信号灯初始状态　　　　　　　　　　　　　　　　　　　表 2

仿真工况	信号灯状态
仿真工况一	信号灯初始状态为红色，待测试车辆在停止线前停车后，转换为绿色
仿真工况二	信号灯初始状态为红色，待测试车辆驶近且未通过停止线时转换为绿色
仿真工况三	信号灯初始状态为绿色，待测试车辆驶近时转变为黄色，并在测试车辆通过停止线前转换为红色，待测试车辆在停止线前停车后，转换为绿色

3.1　仿真工况一

该工况为自动驾驶客车以 40km/h 匀速行驶，在接收到信号灯的信号后，结合传感器探测到与停止线的距离做出及时响应，仿真结果如图 6 所示。

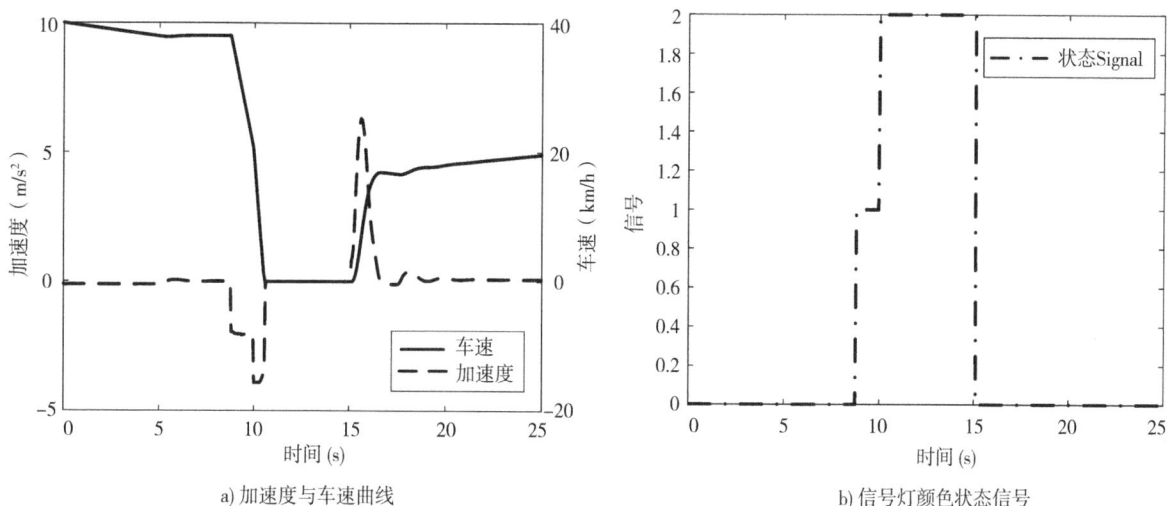

a) 加速度与车速曲线　　　　　　　　　　b) 信号灯颜色状态信号

图 6　仿真工况一测试结果

自动驾驶客车信号灯识别及响应控制模块在接收到信号灯信号后，结合距停止线的距离，通过表 1 所示的控制逻辑对客车运行状态进行控制，当车辆距停止线较远时输出减速信号，控制算法能及时响应，客车开始以 -2m/s² 的减速度减速行驶，当车辆距停止线较近时输出制动信号后，客车以 -4m/s² 的减速度制动停车；当灯光变为绿灯后，客车能够及时起动离开。

3.2　仿真工况二

该工况为自动驾驶客车以 40km/h 匀速行驶，在接收到信号灯信号后，结合传感器探测到与停止线的距离做出及时响应，仿真结果如图 7 所示。

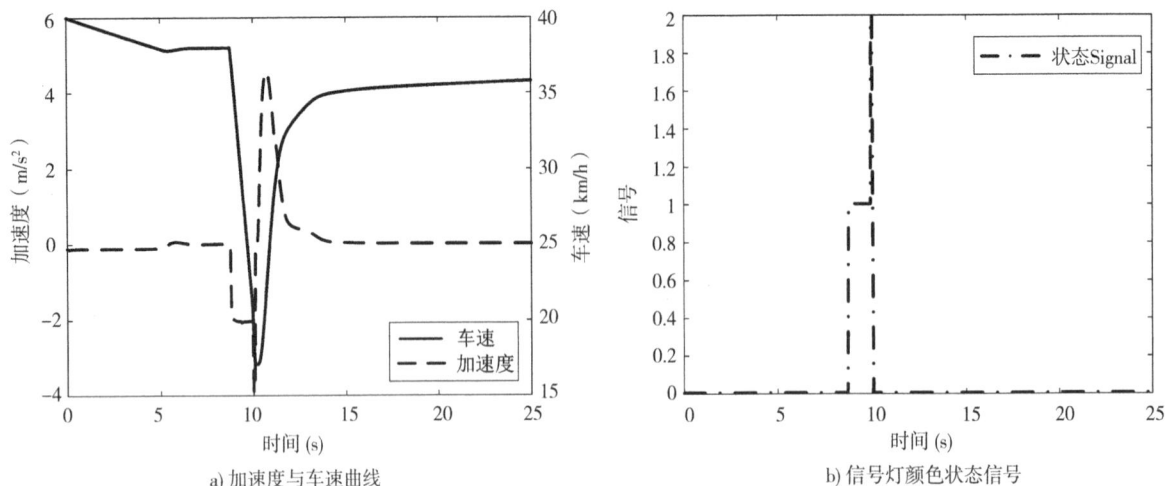

a) 加速度与车速曲线

b) 信号灯颜色状态信号

图7　仿真工况二测试结果

自动驾驶客车信号灯识别及响应控制模块在接收到信号灯信号后，结合距停止线的距离，通过表1所示的控制逻辑对客车运行状态进行控制，当车辆驶近停止线后，灯光变为红灯，输出减速信号时，控制算法能及时响应，客车开始以$-2m/s^2$的减速度减速行驶，且在靠近停止线的过程中控制信号在一瞬间变为制动信号，客车以$-4m/s^2$的减速度开始制动，但在客车继续驶近时灯光由红灯变为绿灯，此时控制信号变为0，客车重新加速通过路口。

3.3　仿真工况三

该工况为自动驾驶客车以40km/h匀速行驶，在接收到信号灯信号后，结合传感器探测到与停止线的距离做出及时响应，仿真结果如图8所示。

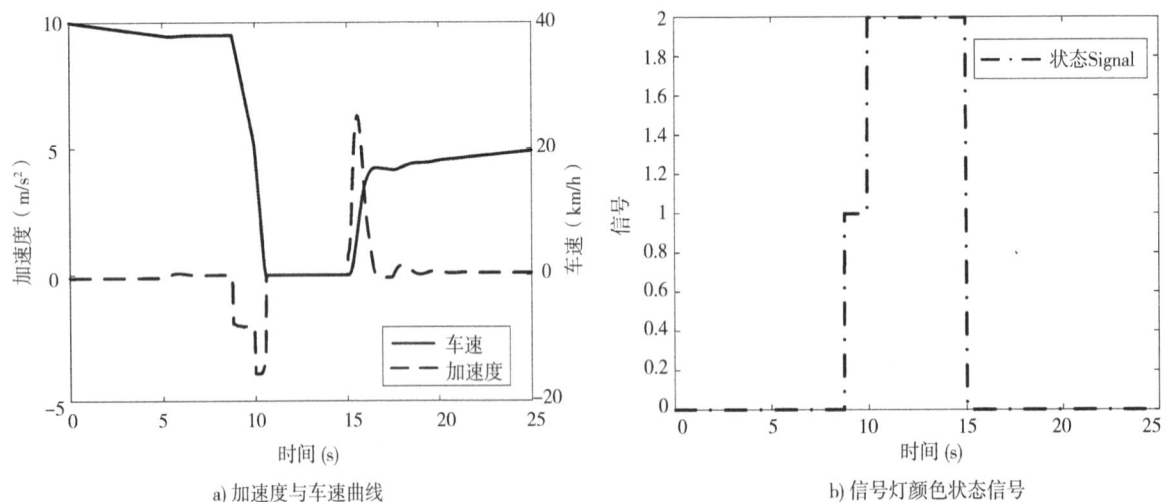

a) 加速度与车速曲线

b) 信号灯颜色状态信号

图8　仿真工况三测试结果

自动驾驶客车信号灯识别及响应控制模块在接收到红绿灯信号后，结合距停止线的距离，通过表1所示的控制逻辑对客车运行状态进行控制，当车辆接收到黄灯信号且距离停止线较远时，输出减速信号，控制算法能及时响应，客车开始以$-2m/s^2$的减速度减速行驶，在客车驶近时灯光由黄灯变为红灯，此时控制信号变为2，客车以$-4m/s^2$的减速度制动直至停车，之后红灯变为绿灯，客车重新加速通过路口。

综上所述,通过分别对自动驾驶客车进行三种不同信号灯初始状态的虚拟测试验证可以看出,基于V2X的信号灯识别及响应控制算法能够及时有效地使车辆接收到信号灯发出信号的变化,并结合传感器检测到与停止线的距离数据,及时做出响应,在接收到信号灯传来的红灯信号后,能够在停止线前不超过5m处停车,在接收到绿灯信号后,能够快速起动通过路口,验证了本研究所设计的自动驾驶客车信号灯识别及响应控制算法的合理性以及通过虚拟测试对车辆性能进行测试的有效性。

4 结语

本文研究了自动驾驶客车信号灯识别及响应虚拟测试方法,通过三维建模软件绘制出自动驾驶客车结构模型,并利用PreScan自动驾驶模拟仿真软件为客车模型配置能反映客车动力学特性的相关参数,在PreScan中搭建信号灯识别及响应典型虚拟测试场景,并配置相关传感器,基于V2X技术设计自动驾驶客车信号灯识别及响应控制算法,搭建PreScan与MATLAB/Simulink联合仿真平台,对本文所提出自动驾驶客车信号灯识别及响应虚拟测试方法进行验证。结果表明,所提出虚拟测试方法能够满足自动驾驶客车信号灯识别及响应测试要求,所设计自动驾驶客车运动控制算法能确保客车安全通过有信号灯控制的交叉口。

参考文献

[1] SINHA A,BASSIL D,CHAND S,et al.Impact of connected automated buses in a mixed fleet scenario with connected automated cars[J].IEEE Transactions on Intelligent Transportation Systems,2022,23(8):11982-11992.

[2] 熊辉,郭宇昂,陈超义,等.基于遗传优化与深度学习的交通信号灯检测[J].汽车工程,2019,41(8):960-966.

[3] HUANG J H,TAN H S.Control system design of an automated bus in revenue service[J].IEEE Transactions on Intelligent Transportation Systems,2016,17(10):2868-2878.

[4] 赵福全,刘宗巍.中国发展智能汽车的战略价值与优劣势分析[J].现代经济探讨,2016(4):49-53.

[5] DONG X,DISCENNA M,GUERRA E.Transit user perceptions of driverless buses[J].Transportation,2019,46:35-50.

[6] 孟振宇,向郑涛.基于车路协同的十字路口行车方案仿真研究[J].计算机仿真,2022,39(7):148-155.

[7] 杨楠,段沛博,肖军.基于Multsim的交通信号灯混杂控制方法仿真[J].计算及仿真,2022,39(12):215-219.

[8] 杨凯,唐小林,钟桂川,等.面向无信号灯十字路口场景的自动驾驶安全决策方法研究[J].机械工程学报,2024,60(10):147-159.

[9] 梁烁.自动驾驶公交示范运行的可靠性评价方法研究[D].杭州:浙江大学,2022.

[10] HUBMANN C,AEBERHARD M,STILLER C.A generic driving strategy for urban environments[C]// IEEE,International Conference on Intelligent Transportation Systems.IEEE,2016:1010-1016.

[11] 魏晓君.基于V2X技术的路口交通主动控制研究[D].重庆:重庆理工大学,2023.

[12] 孔慧芳,戴志文.网联车辆编队的信号灯路口通行控制策略[J].现代制造工程,2024(1):118-123.

一种行车安全态势的智慧节能策略优化研究

贾永强,曹广辉,钱亚男,刘　豹,张　健

(浙江吉利远程新能源商用车集团有限公司,杭州　310051)

摘　要:本文提出一种适用于新能源智能汽车领域的智慧节能系统优化方案。该方案基于环境感知技术获取前方车辆的相对速度、相对距离等道路环境信息,并结合车辆自身纵向速度、横摆角速度等参数计算前方安全时距,旨在实现对车辆驱动转矩的优化以及制动能量回收。此项技术有效解决了现有智慧节能策略未能充分考虑道路环境信息的问题,并在提升车辆主动安全性能的同时,还能进一步提升车辆的智慧节能效果,为新能源智能汽车的高效、安全运行提供有力支持。

关键词:智能汽车;环境感知技术;驱动转矩优化;制动能量回收;智慧节能

0　引言

实现碳达峰与碳中和目标,本质上是一场在经济与社会领域广泛且深入的系统性变革。我国已将碳达峰、碳中和战略纳入生态文明建设的整体规划布局之中,为达成碳达峰及碳中和,亟须积极推行一系列行之有效的举措,以显著减少化石能源的消耗,进而切实降低二氧化碳的排放[1]。在当前背景下,车辆的新能源化成为最为理想的解决方案,而电动汽车的发展已然成为时代发展的主流趋势。但是,纯电动汽车的续驶里程问题却给人们带来了新的挑战[2]。因此,车辆智慧节能技术的研究理应被提上重要议程。

目前,新能源汽车的车辆智慧节能技术主要集中在动力电池组的能量优化管理[3]、电机的高效驱动及制动能量回收[4-6]、发动机和电池组的最优功率分配等方面,基本上都局限于基于驾驶员的操作和车辆自身的状态来进行控制决策,未能充分考虑前方车辆运动状态等道路环境信息。随着智能汽车技术的快速发展,基于毫米波雷达、激光雷达、摄像头等环境感知设备可以探测车辆周边道路环境信息[7],而在现有技术中这些信息主要用于传统的车辆轨迹规划及主动安全控制等,却尚未用于新能源汽车的智慧节能。

针对现有节能技术存在的缺陷,本文提出了一种智能节能策略,当环境感知设备识别道路状况后,该策略能够对车辆的驱动扭矩和制动能量进行控制,并在保障行车安全的同时,充分考虑驾驶员的意图,进而实现车辆自动节能控制。

1　基于环境感知技术的智慧节能策略设计

1.1　策略原理

该智慧节能策略会借助雷达或视觉传感器来感知前方车辆的相对速度与相对距离,另外会通过整车传感器确定车辆本身状态,以此对行车状况展开评估,并将两车之间的运动情形划分为四种模式,分别对应"远距离远离""远距离接近""近距离远离""近距离接近"。在行车场景变化时,通过对系统进行模式切换,并优化不同模式下的驱动转矩及制动能量回收,以实现智慧节能。在这一体系中,行车安全态势评估机制切实保障了车辆行驶过程中的安全性。同时,行车场景的精准划分与驱动转矩优化策略,能够充分契合驾驶员的操控意图,从而确保驾驶员的驾乘体验不会受到任何负面影响。

1.2　行车状态评估

本文所述智慧节能策略的行车状态评估包括两部分:驾驶员意图评估和安全态势评估。

驾驶员意图评估基于系统开关状态、钥匙位置、当前车辆挡位、加速踏板开度、制动踏板开度、转向灯信号以及转向盘转角等多维度信息展开,以此判断驾驶员是否存在抑制节能系统运行的意图。例如:当驾驶员存在关闭系统开关、变动钥匙位置、切换挡位、大幅度踩踏加速踏板或制动踏板、开启转向灯、转动转向盘等操作时,表明驾驶员正在有意识地抑制节能系统的工作,此时节能系统将自动关闭。

安全态势评估通过综合考虑自车速度、横摆角速度、前车相对距离和相对速度、道路曲率半径以及系统故障状态等因素,判断系统是否处于正常工作状态,同时排查是否存在如追尾碰撞等安全隐患。一旦系统出现严重故障,或经评估判定不存在追尾碰撞等安全风险,节能系统将暂时关闭。

1.3　行车模式识别

针对"远距离远离""远距离接近""近距离远离""近距离接近"四种模式实现行车模式识别。首先依据自车与前车的相对速度,判断车辆处于远离还是接近状态;其次,通过碰撞时间(Time To Collision,TTC)值来判定车辆处于近距离或远距离情况下的接近或远离模式,具体逻辑如图1所示。

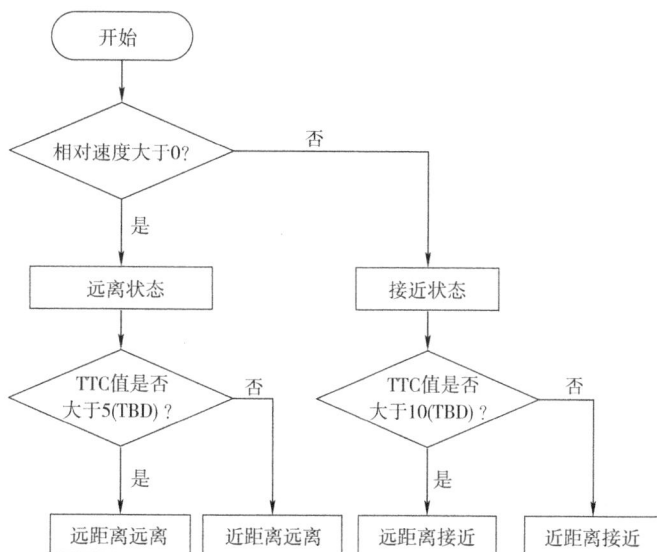

图1　智慧节能策略原理流程图

1.4　行车模式切换流程

对于"远距离远离""远距离接近""近距离远离""近距离接近"四种模式的切换,首先,借助自车的行驶速度与前方车辆的相对速度,计算出智慧节能系统的作用范围。然后,综合两车的相对距离、相对速度等条件,将该作用范围划分成以上四种模式。最后,基于自车和前车的运动状态、相对距离等条件,实现不同模式之间的切换。

1.5 转矩控制策略

在"远距离远离""远距离接近""近距离远离""近距离接近"四种工作模式下,本研究采取一系列转矩控制策略。一方面,通过对最大驱动转矩或转矩变化速率加以约束,有效降低能量消耗;另一方面,利用提前进入制动模式和电机辅助制动的方式,实现对制动能量的回收。此外,针对模式切换过程中的驱动或制动转矩,本策略可进行动态协调控制,以此降低转矩冲击,提升车辆运行的平顺性。

1.5.1 远距离远离

在"远距离远离"模式电机扭矩控制策略中,策略预先识别驾驶员有无制动或加速操作,若有制动而无加速操作,则根据制动踏板行程和电机转速计算需求扭矩;若无制动而有加速操作,则根据加速踏板行程和电机转速计算需求扭矩;若对制动和加速均无操作,则依据常规模式下滑行能量回收扭矩表,控制策略流程如图2所示。

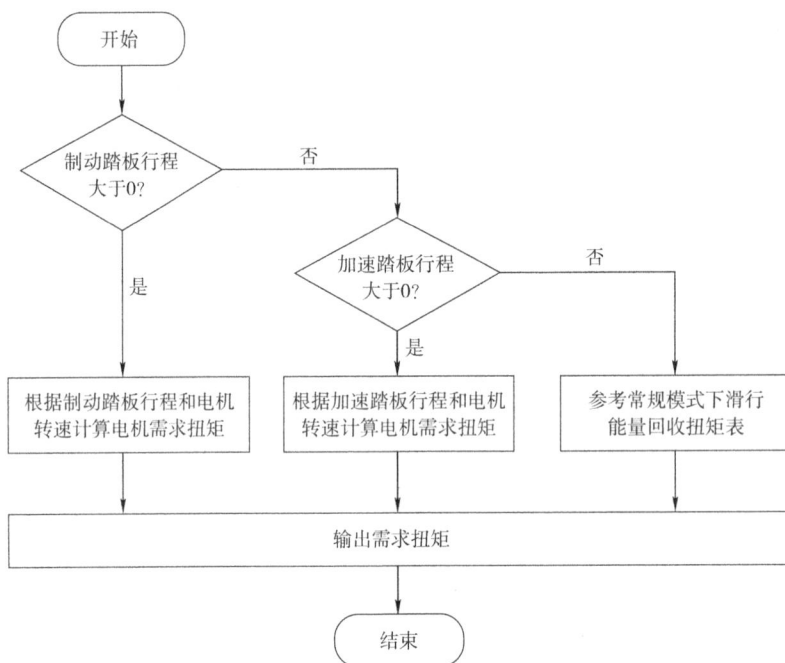

图2 "远距离远离"模式转矩控制策略

1.5.2 近距离远离

与"远距离远离"模式有所不同,在"近距离远离"模式的电机扭矩控制策略中,对输出扭矩进行了限制。通过降低扭矩变化率,在一定程度上适度削弱了车辆的加速性能。此外,在制动状态和滑行状态下,其扭矩控制方案与"远距离远离"模式保持相同,具体的控制策略流程详见图3。

1.5.3 远距离接近

在"远距离接近"模式的转矩控制策略中,驱动状态和制动状态的控制方式与"远距离远离"模式保持一致。然而,在滑行状态下,该模式会依据相对距离以及电机转速,增大制动能量回收扭矩。如此,能够更为高效地实现能量回收,进而提升整个系统的能效,具体的控制策略流程可参照图4。

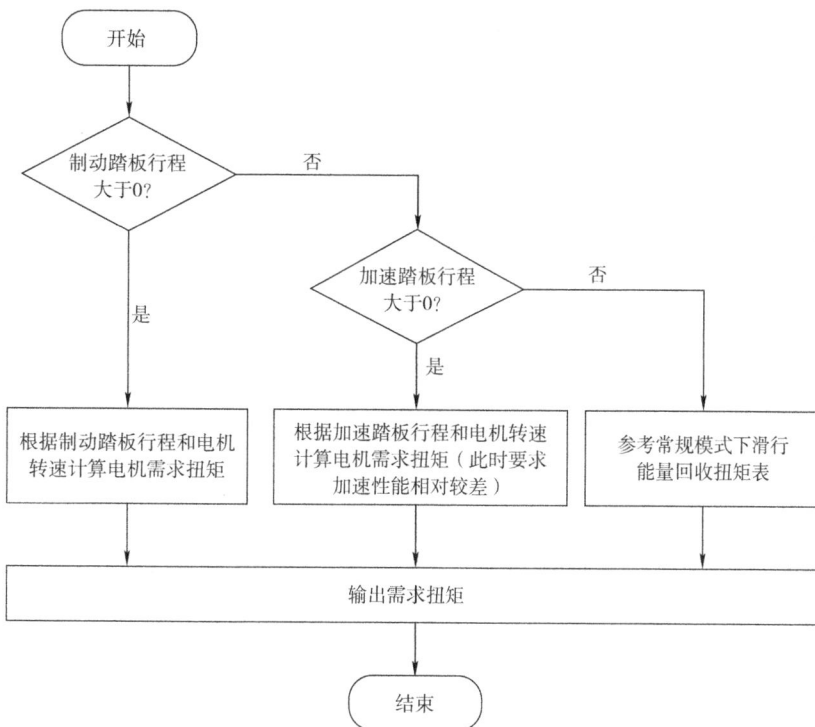

图3　"近距离远离"模式转矩控制策略

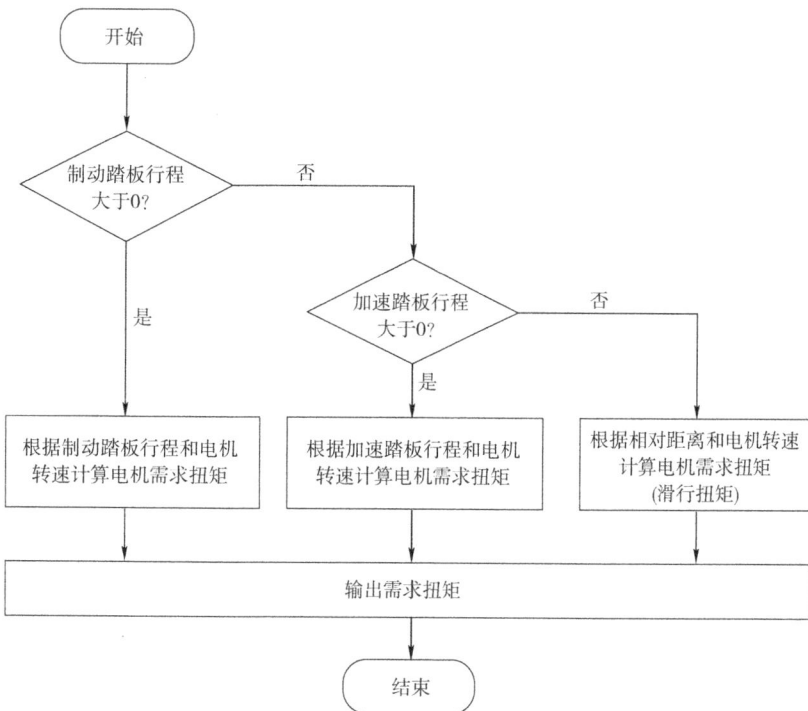

图4　"远距离接近"模式转矩控制策略

1.5.4　近距离接近

在"近距离接近"模式的转矩控制策略里,针对驱动状态与制动状态实施全面干预措施,而在滑行状态下同样增大制动能量回收力度。具体控制方式如下:当驾驶员制动操作时,系统会依据相对距离和电机转速,对制动扭矩大小进行线性调控;若驾驶员进行加速操作而未进行制动,此时系统将限制驱动扭矩的峰值输出,并降低扭矩变化率。当驾驶员既无加速也无制动操作时,输出扭矩遵循"远距离接近"模式的滑行扭矩控制策略,以此在此过程中加大滑行制动能量回收扭矩。具体控制策略流程详见图 5。

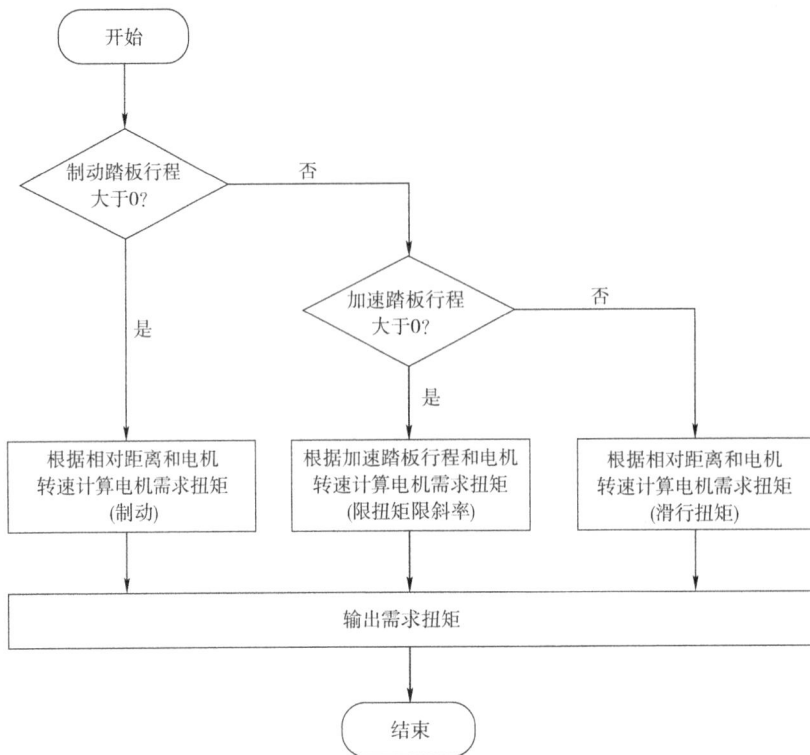

图5 "近距离接近"模式转矩控制策略

2　实验及结果分析

2.1　实验准备

将以上智慧节能策略体现于整车控制器(VCU)控制程序并烧录 VCU,开展实车试验。为精准且有效地验证智慧节能功能控制策略的性能及工况适应性,保证实验可靠性,特设置如下实验规范。

2.1.1　电量保持与里程统计

在每次试验起动前,确保试验车辆的电量处于满电。当每日试验结束后,即刻对车辆进行充电操作,并借助车载设备精确统计使车辆重新充满电所耗费的电量。同时,利用车辆内置的精准里程记录系统,详实记录当日试验车辆的行驶里程。

2.1.2　天气影响因素控制

考虑到天气状况的多变性可能对车辆的能耗及运行状态产生显著影响,进而干扰试验结果的准确性,本实验采用智慧节能功能(ECO)开启与关闭每日交替进行的试验模式。通过这种实验方式,尽可能降低因天气因素变化过大所带来的误差。

2.1.3　对比试验条件一致性保障

在开展智慧节能对比试验时,极为严格地把控相邻两日的试验条件一致性。具体措施包括:通过专业的路线规划软件,确保相邻两日的试验路线完全重合;利用先进的车速监控及调节设备,保证试验过程中的平均车速保持一致。这些做法旨在最大程度消除因试验路线和车速差异而对试验结果造成的影响。

2.1.4 恒定的车辆电器状态

在整个试验期间,始终维持试验车辆的电器状态恒定不变。将车内的空调系统、除霜系统等关键电器设备,均设置为相同的工作模式与参数。

2.1.5 关键数据记录与监测规范

在整个试验过程中,运用专业的数据采集设备对EVCan相关数据进行全方位、实时记录。这些数据涵盖车辆运行过程中的各类关键参数,如电机转速、电池电压、电流等。

2.1.6 测试工况选择

鉴于测试样车主要应用于城市与城郊之间,因此选择城市工况和城郊工况作为测试工况。这两种工况能够模拟车辆在实际城间行驶过程中所面临的复杂路况与运行环境,为评估智慧节能功能的实用性提供了切实有效的场景依据。

2.1.7 测试路线与起点

经实地勘察与分析,选择距离某公司较近的公交站作为所有试验工况的起点。同时,选定某路公交线路作为测试路线。该线路全程共计32个站点,其中前15站呈现典型的城市拥堵路况,后17站则体现为城郊工况。

2.2 结果分析

在试验过程中,通过开启和关闭智慧节能功能可分别得到驾驶员操作习惯、整车能耗、关键零部件能耗、能量回收电量及放电量、驱动电机实际工况点、制动能量回收效果等数据,通过对以上数据的分析,可更好地了解本研究智慧节能控制策略的优劣,具体分析内容如下。

2.2.1 试验条件和驾驶员操作习惯对比分析

图6为分别开启和关闭智慧节能功能下测试工况和驾驶员操作习惯的对比结果。从图6a)的工况对比结果可以看出,在开/关智慧节能功能测试过程车辆行驶里程、平均车速、最高车速基本一致,表明测试过程中测试工况基本相同。而从图6b)的驾驶员操作习惯可以看出,在测试工况基本相同前提下平均加速踏板开度、平均制动踏板开度也基本一致,表明测试过程中驾驶员操作习惯基本一致。由此可以看出,实验过程是严格按照2.1的实验准备进行开展的。

2.2.2 整车能耗对比分析

本部分呈现了在"仅去除空调"以及"去除所有高压附件"这两种不同前提下,分别开启和关闭智慧节能功能时整车平均百公里电耗的数据统计情况(表1)。与之对应的"开/关智慧节能功能整车能耗(仅去除空调)"和"开/关智慧节能功能整车能耗(去除所有高压附件)"的柱状图明细,分别在图7a)和图7b)中展示。

特定条件下智慧节能功能的整车平均百公里能耗统计表(kW·h)　　　　表1

组别	仅去除空调		去除所有高压附件	
	开启ECO	关闭ECO	开启ECO	关闭ECO
第一组	52.027	49.676	47.380	44.907
第二组	51.846	51.38	47.328	45.636
第三组	51.378	51.497	46.529	46.951

组别	仅去除空调		去除所有高压附件	
	开启ECO	关闭ECO	开启ECO	关闭ECO
第四组	55.215	54.699	50.708	49.900
第五组	53.01	50.66	48.465	46.637
第六组	50.473	47.722	46.026	43.534
第七组	48.264	47.64	42.989	43.341
第八组	51.644	49.252	46.766	44.928
第九组	48.147	48.193	43.361	43.644
均值	51.037	46.347	50.093	45.524

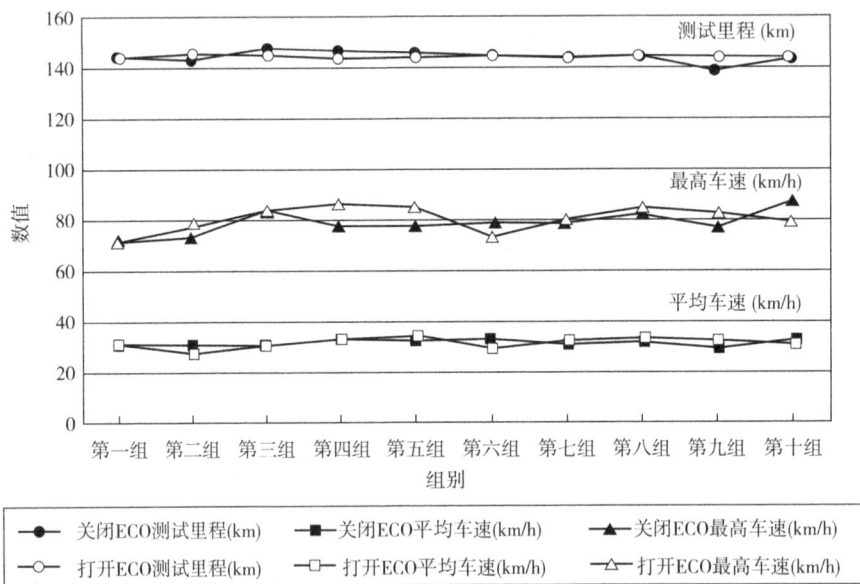

a) 测试工况对比

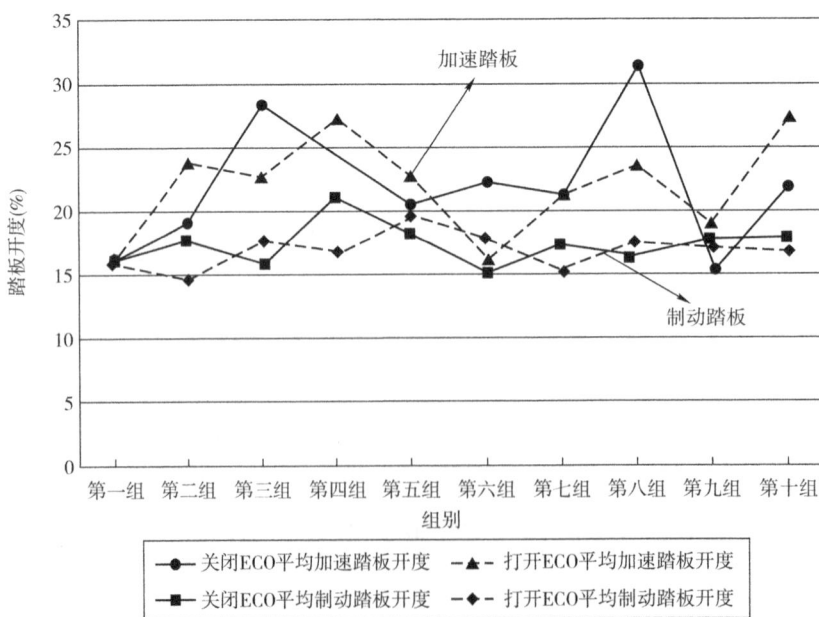

b) 驾驶员操作习惯对比

图6　开/关智慧节能功能测试工况及驾驶员操作习惯对比

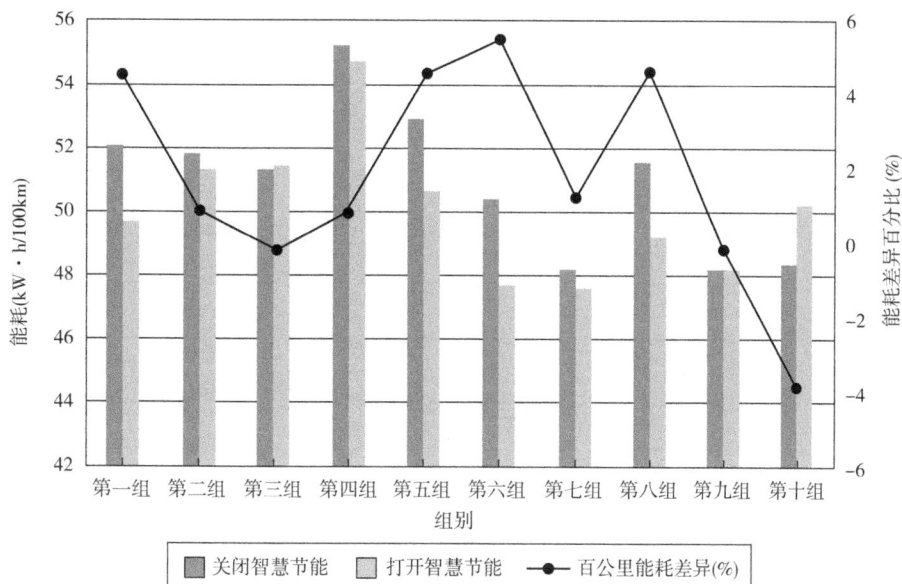

a) 仅去除空调后的能耗

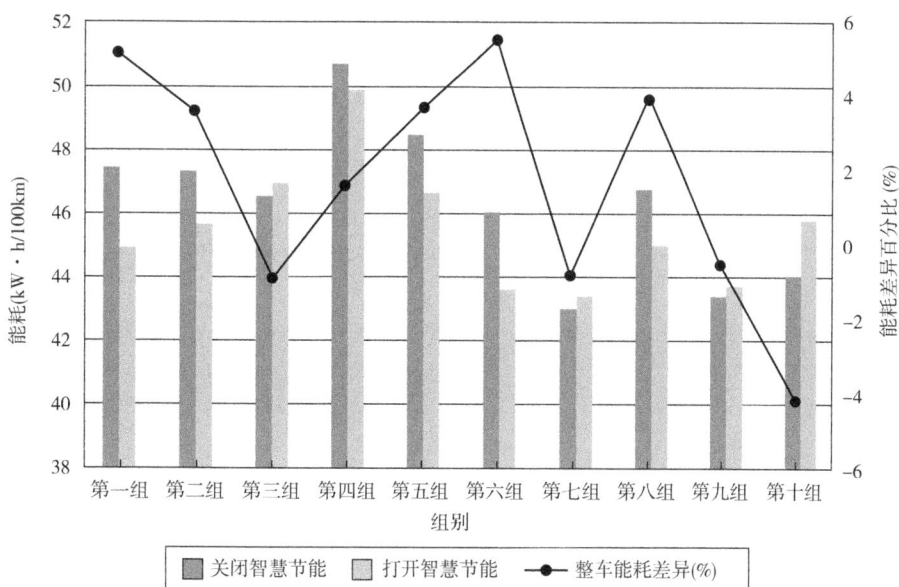

b) 去除所有高压附件的能耗

图7　开/关智慧节能功能的整车能耗柱状图

　　从图7可以看出,在开启和关闭智慧节能功能的测试过程中,当仅去除空调时,整车平均能耗差距为1.25kW·h/100km,平均节能率为2.42%;而当去除所有高压附件时,整车平均能耗差距为1.12kW·h/100km,平均节能率为2.4%。

2.2.3　关键零部件能耗对比分析

　　图8为分别开启和关闭智慧节能功能下关键零部件能耗对比情况。从图8a)和b)可以看出,在开启和关闭智慧节能功能的两种情景下,助力转向系统逆变器(SDCAC)、制动系统逆变器(BDCAC)、电机控制器(MCU)和蓄电池管理系统(BMS)的耗电量基本一致,因此对整车百公里能耗不产生影响;而对于直流变换器(DCDC),其在打开智慧节能功能比关闭智慧节能功能的平均能耗低0.13kW·h/100km,最大差值为0.68kW·h/100km。

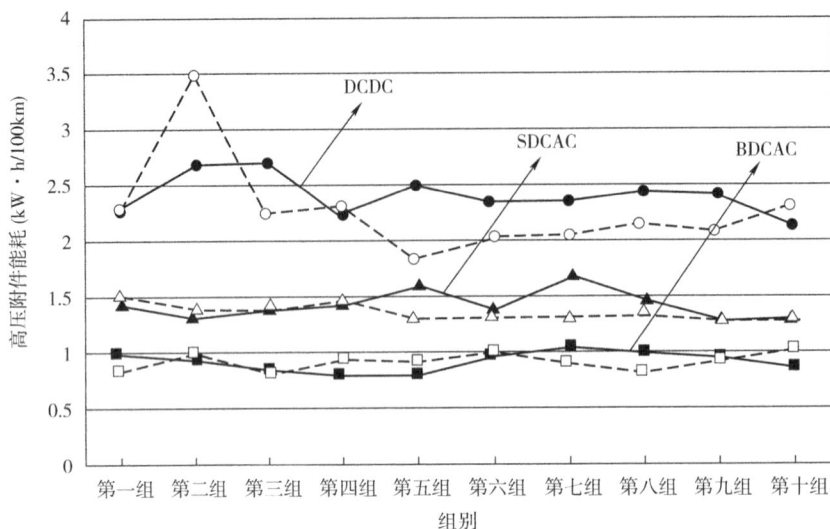

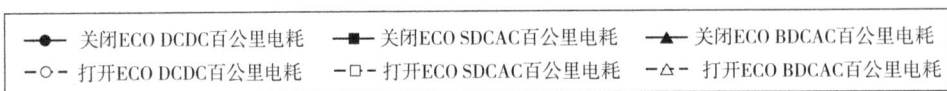

a) 高压附件能耗对比

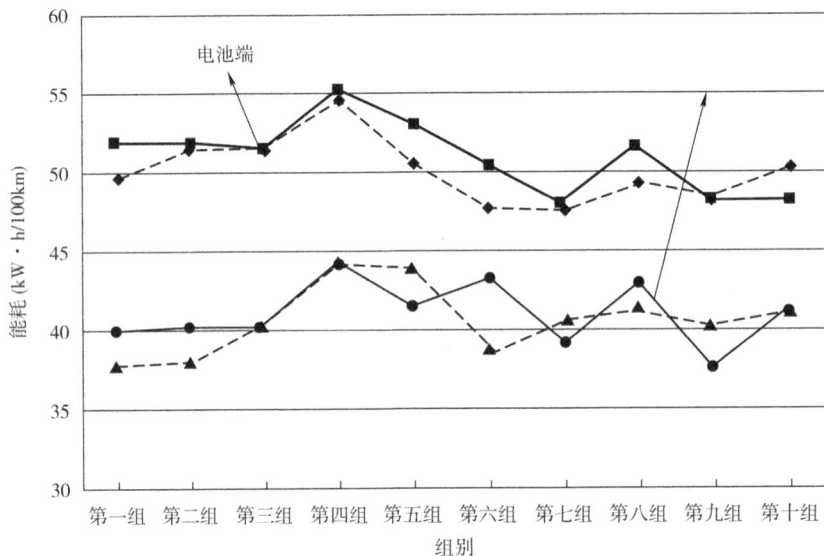

b) MCU及BMS能耗对比

图8 开/关智慧节能功能关键零部件能耗对比

　　针对在开启和关闭智慧节能功能后DCDC低耗电量的原因具体展开研究。依据图9的结果分析发现，主要原因为：①开启与关闭智慧节能功能的试验测试时间存在差异，开启该功能时的试验测试时间短于关闭该功能时的试验测试时间；②当开启智慧节能功能后，整车控制器会限制驱动电机实施扭矩，在此情况下，驱动电机及其控制器的温度相较于关闭智慧节能功能时的工况更低，这一温度差异致使开启智慧节能功能时，DCDC的耗电量低于关闭该功能时的工况。

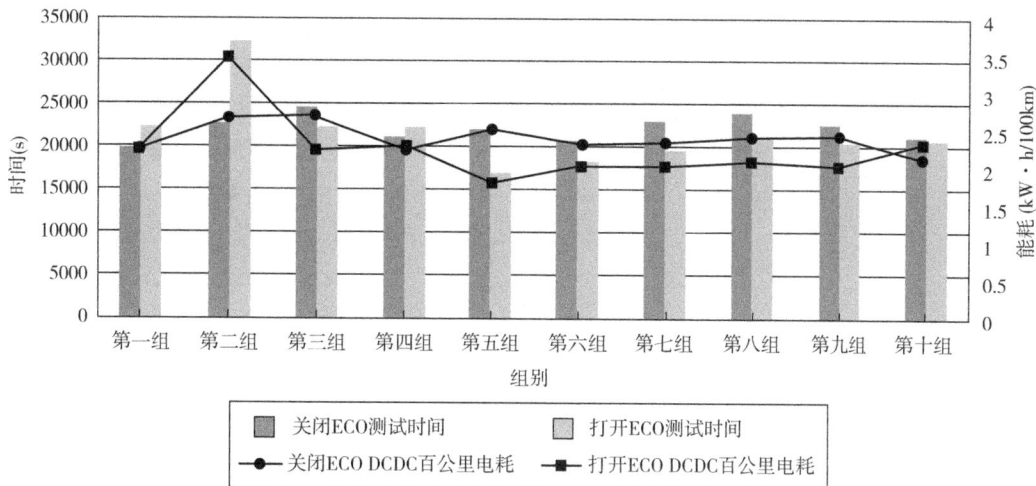

图9　开/关智慧节能功能测试时间与DCDC能耗对比

2.2.4　能量回收电量及放电量对比分析

图10为开启和关闭智慧节能功能的全部测试过程能量回收率。从图10中可以看出,打开智慧节能功能后,全部测试过程平均能量回收率为43.06%;而关闭智慧节能功能后,平均能量回收率为43.03%,因此整体差异较小。

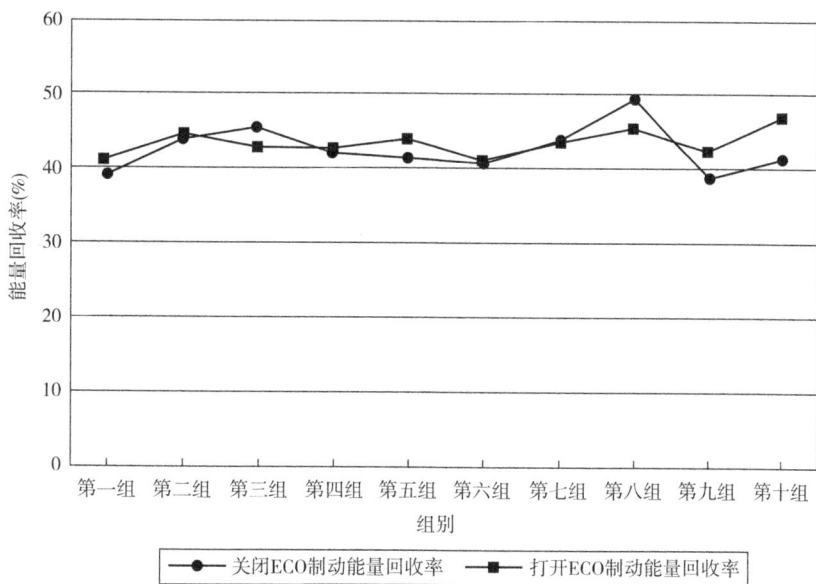

图10　开/关智慧节能功能全测试过程能量回收率

又从图11a)中可以发现,对于从驱动电机端计算全部测试过程,在打开智慧节能功能后充电量为31.22kW·h/100km;而关闭智慧节能功能后,充电量为31.69kW·h/100km,相较打开智慧节能功能少回收电量0.47kW·h/100km。从图11b)中可以发现,打开智慧节能功能后,从驱动电机端计算全部测试过程驱动放电量平均值为72.37kW·h/100km;而关闭智慧节能功能后,放电量为73.34kW·h/100km,相较打开智慧节能功能驱动放电量提升0.95kW·h/100km。

从以上结果可以分析出,开/关智慧节能功能对全测试过程能量回收率影响不明显,但对于驱动电机的能量回收效率具有一定的影响。

a) 驱动电机回收电量

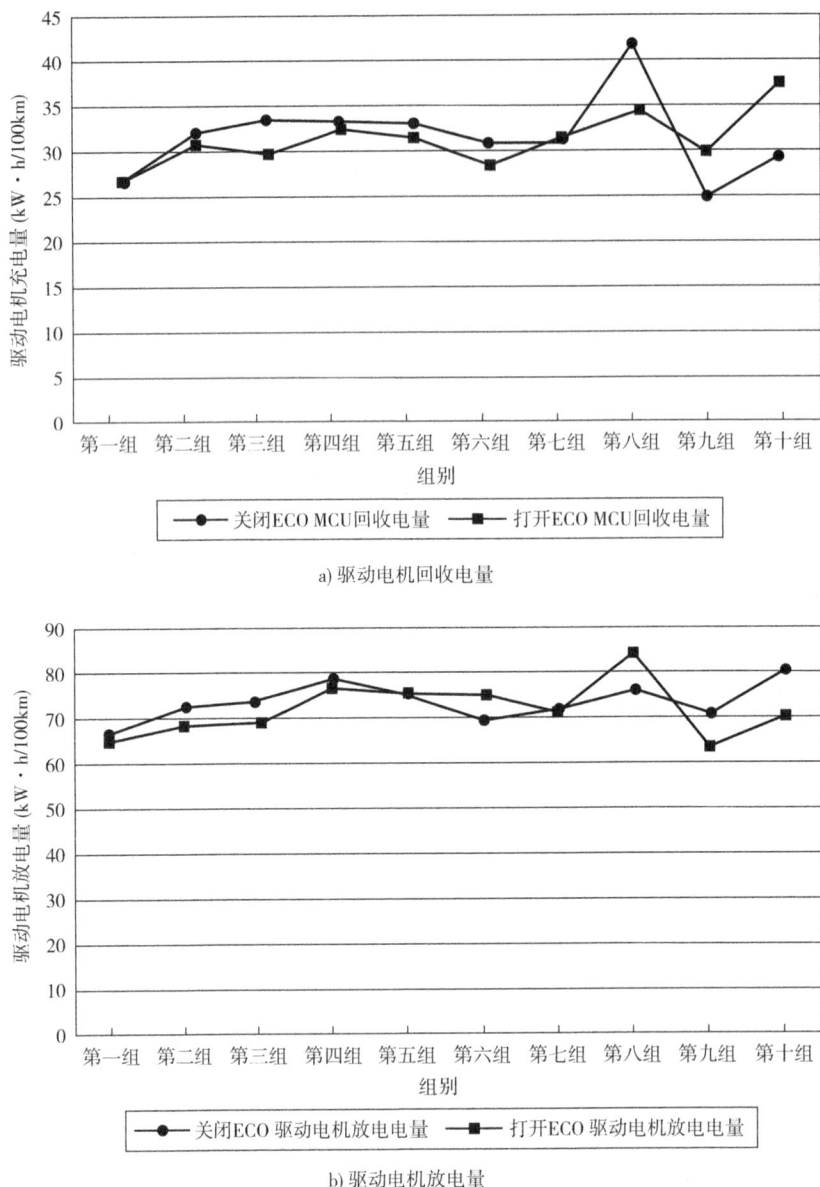

b) 驱动电机放电量

图11 开/关智慧节能功能驱动电机回收电量和放电量

2.2.5 驱动电机实际工况点对比分析

图12为第七组数据至第十组数据的驱动电机工作效率情况和车速与加速踏板行程的对应情况。在未对驾驶员操作提出差异化要求,且开/关智慧节能功能时驾驶员操作习惯保持一致的情况下,对第七、八、九、十组数据展开深入分析。结果显示,当智慧节能功能起作用时,整车控制器会对电机的驱动转矩进行限制,这一举措会直接导致整车能耗降低。而在智慧节能功能不起作用,且前方无障碍物的情况下,整车控制器不会对驱动电机转矩实施限制,相应地也就不会产生节能效果。这充分表明智慧节能功能的转矩限制机制是实现节能的关键因素,对优化车辆能耗管理具有重要意义。

2.2.6 制动能量回收效果分析

本研究进一步探究了智慧节能功能在制动能量回收方面的表现。具体而言,通过在车辆前方设置障碍物,分别在开启和关闭智慧节能功能的条件下,对车辆的滑行能量回收以及制动能量回收情况展开分析,具体结果如图13所示。

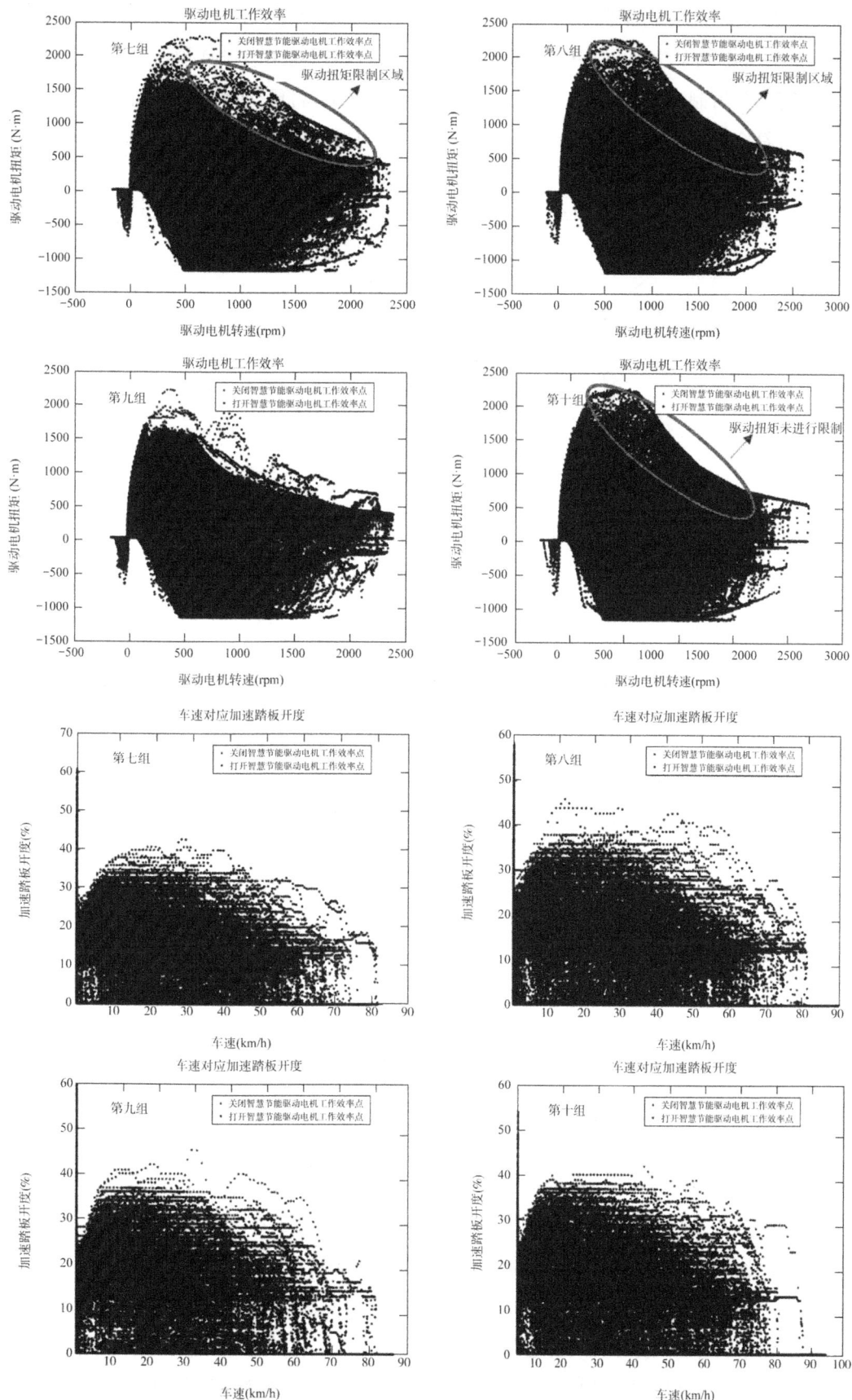

图12　第七至十组的驱动电机工作效率情况

在开启智慧节能功能后,车辆滑行能量回收转矩会增大,致使在该工况下的滑行时间以及滑行回收电量均将高于关闭智慧节能功能的工况,如图13a)所示,这一结果与策略设计预期相符。而由于滑行时间差异,在开启智慧节能后制动能量回收时间、制动能量回收电量均将低于关闭智慧节能的工况,从图13b)可以看出,该结论也符合策略设计预期。因此,开启智慧节能功能能够增加滑行回收能量,同时也会减少制动回收能量,而对于以上两种能量回收的协调控制仍待更科学地解释。

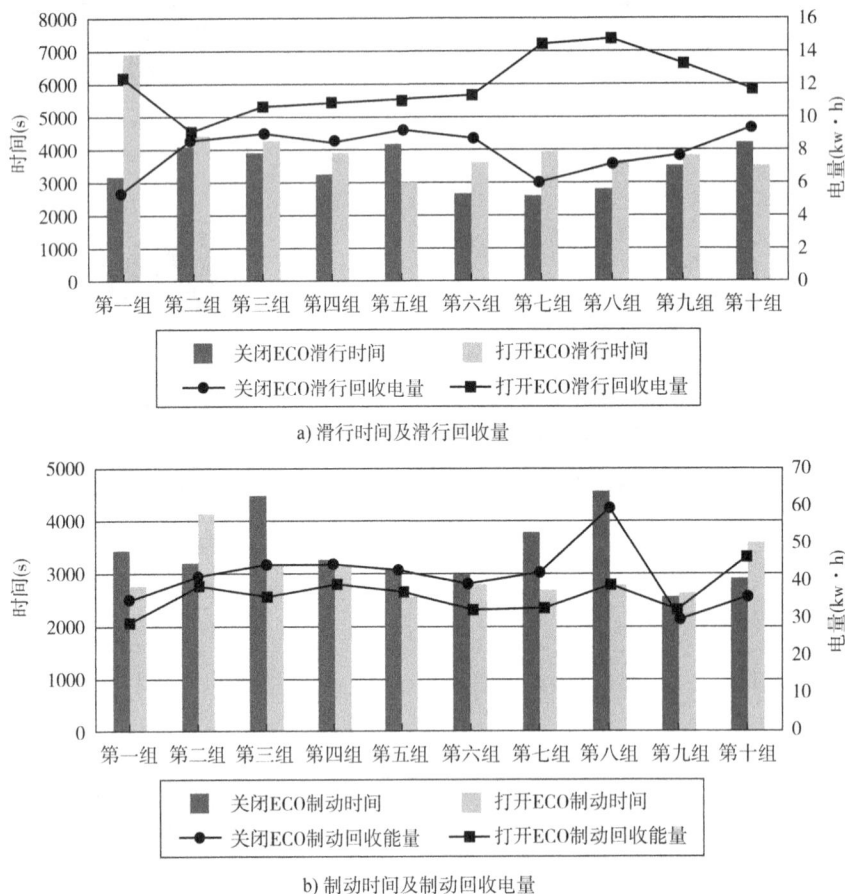

a) 滑行时间及滑行回收量

b) 制动时间及制动回收电量

图13　开/关智慧节能功能滑行回收电量和制动回收电量情况

3　结语

本研究创新性地提出一种基于环境感知技术的智慧节能策略,策略创新点为:能够依据前方路况限制驱动转矩、灵活切换制动模式、控制滑行模式、协调转矩衔接。具体实现方式为:该策略利用雷达、摄像头等环境感知设备,精确识别前方障碍物的距离。基于所识别的距离信息,系统能够在"远距离远离""远距离接近""近距离远离""近距离接近"这四种行车模式间灵活切换。在这四种模式下,当车辆识别前方障碍物较远而处于滑行状态时,此策略可执行能量回收操作;另外,在其他必要情形下,此策略还能对车辆驱动转矩的输出加以有效限制。通过一系列操作,最终实现车辆节能的目标。

为验证该策略的可行性,本研究着重展开了试验验证工作。首先,在既定工况下精心组织了九组试验。在每组试验过程中,针对开启与关闭智慧节能功能这两种状态,对车辆行驶里程、平均车速、最高车速等试验条件,以及加速踏板开度、平均制动踏板开度等驾驶员操作习惯方面的数据进行了采集。数据结果显示各组条件基本一致,证明了该试验具备良好的可对比性。然后,本研究对整车能耗以及关键零部件的能耗展开了全面的数据采集与深入分析,发现开启智慧节能功能能够切实达成车辆节能的目标,且在关键零部件 DCDC 方面的节能效果更佳。最后,为进一步深入探究该策略实现节能的核心要点,本研究从能量回收电量及放电量的角度进行了系统分析。研究结果表明,驱动电机在提升节能效果方面发挥了关键作用。这主要归因于该策略能够依据前方实际路况,对电机的输出转矩进行精准限制,同时根据路况增加滑行过程中的能量回收转矩,相应减少制动过程中的能量回收。

通过上述一系列试验分析,最终有力地证明了本研究设计的智慧节能策略具备相当的可靠性。尤其在城市等需要频繁起停的路段,该策略展现出了卓越的节能效果。

参考文献

[1] 张亮亮,谭效时,宋晓晓,等.车辆电动化替代的节能减碳效果研究[J].汽车电器,2021(11):8-10,13.

[2] 李明皓.基于电动车大数据的实时续航里程预测[D].北京:北京交通大学,2023.

[3] 李子奇.基于遗传算法的燃料电池汽车能量管理策略优化研究[J].专用汽车,2024,(12):59-61.

[4] 林元则,张军城,韦健林,等.纯电城市公交智慧节能的算法与实践验证[J].汽车电器,2022(10):7-11.

[5] 马好娜.基于工况识别及预测的燃料电池汽车能量管理策略研究[D].太原:太原理工大学,2023.

[6] 邱明明,虞伟,赵韩,等.考虑工况和驾驶风格耦合影响的插电式混合动力汽车制动能量回收策略[J].中国机械工程,2022,33(2):143-152.

[7] 曹水金.车路协同环境下基于路端的车辆目标智能感知研究[D].广州:华南理工大学,2022.

客车前碰撞试验假人伤害值研究

马丕军

(中国公路车辆机械有限公司,北京 100013)

摘 要: 本文进行了客车整车前碰撞试验和台车试验,通过对比不同试验状态下的假人伤害值数据,得出基于假人伤害值的整车碰撞影响因素,试验结果可为客车正面碰撞标准制定提供参考数据。

关键词: 客车;前碰撞;假人;伤害值;研究

0 引言

客车安全事故主要的形态是侧翻与碰撞,其中客车关于侧翻的客车上部结构强度已有标准《客车上部结构强度要求及试验方法》(GB 17578—2013)进行强度规定,而客车前部结构标准于 2015 年由全国汽车标准化委员会客车分技术委员会组织启动编制工作。由于国际上目前尚无可以直接借鉴的成熟法规体系,相关工作均处于摸索研究中,如何结合我国国情,制定既能检验客车产品结构强度又符合当前我国客车技术发展水平的试验方法,是具有一定挑战性的工作。本文以客车前碰撞中的乘员伤害值为研究方向,对比客车台车试验和整车碰撞试验的乘员伤害值,判断基于乘员伤害值的整车碰撞影响因素。

1 客车前碰撞试验方法概述

客车前碰撞试验的几个关键参数是碰撞速度、试验方法、评价方式。其中,碰撞速度参照《客车座椅及其车辆固定件的强度》(GB 13057—2023)[1],以(32±2)km/h 速度,碰撞试验方法可采用台车试验法、整车壁障试验、摆锤试验、计算机模拟碰撞试验四种方法,相关文献[2]对各种试验方法均进行了介绍。整个试验中最关键的环节是试验结果评价方式,文献[2]中采用了两种结果评价方式:乘员生存空间和乘员伤害值。在这两种方法中,乘员生存空间评价法简单易行,可直观判断,但乘员伤害值是评价乘员生存空间的前提和基础,只有在碰撞加速度满足乘员伤害值要求的前提下,讨论乘员生存空间才有意义,否则即使乘员生存空间满足要求,也可能因为碰撞冲击加速度过大引起乘员伤害值过高导致伤害过大。

乘员伤害值在《汽车正面碰撞的乘员保护》(GB 11551—2014)和 GB 13057—2023 标准中有明确的规定,详见表 1。

乘员伤害值数值表 表1

项目	GB 11551—2014	GB 13057—2023
头部性能指标(HPC、HIC)	≤1000	≤500
胸部性能指标(ThPC、ThAC)	≤75mm	≤30g
大腿性能指标(FPC、FAC)	≤10kN	≤10kN

表 1 中,两种试验方法的主要区别在于头部性能指标,GB 13057—2023 的指标值为 500,而 GB 11551—2014 中为 1000。两种指标值的主要区别在于头部性能指标,GB 11551—2014 是基于乘用车碰撞时,假人与

车内部件碰撞加速度折算后的性能指标,而 GB 13057—2023 中是假人与前排座椅后背发生碰撞,由于客车座椅有吸能效果,因此该指标值低于乘用车碰撞标准。

从客车碰撞分析,由于驾驶员安全带束缚,腿部和胸部与车内部件碰撞概率较低,而头部自由度较大,极易与车内部件接触。因此重点考核头部性能指标,结合客车碰撞和乘用车碰撞位置,头部性能指标采用 1000 作为上限更为符合客车碰撞要求。

HIC 由试验测量确定,确定方法如式 1 和式 2 所示:

$$HIC = (t_2 - t_1)\left[\frac{1}{t_2 - t_1}\int_{t_1}^{t_2}\gamma_\gamma dt\right]^{2.5} \tag{1}$$

$$\gamma_r^2 = \gamma_1^2 + \gamma_v^2 + \gamma_\tau^2 \tag{2}$$

式中:t_1、t_2——试验期间时间的任意值,单位为秒(s);

γ_r——头部中心位置的合减速度;

γ_1——垂直瞬时减速度;

γ_v——纵向瞬时减速度;

γ_τ——横向瞬时减速度。

2　试验方案

为对客车前碰撞试验乘员伤害值进行分析,选定了三台客车整车实车壁障碰撞和一台座椅用于对比分析。试验条件及各车型参数见表2。

客车前碰撞试验方案　　　　　　　　　　表2

车辆编号	碰撞形式	车身长度(mm)	整备质量(kg)	碰撞速度(km/h)	安全带约束
A1(全承载)	实车壁障	8995	8800	30	均为两点式
A2(半承载)	实车壁障	10490	10675	30	均为三点式
A3(全承载)	实车壁障	12000	12900	30	两点/三点式
A4	座椅台车	—	—	31	两点式约束
A5	座椅台车	—	—	31	无约束

其中,由于试验结果的不确定性,为避免对假人造成较大破坏,在实车碰撞时所有假人均布置于驾驶员后侧座椅上,此处位置与驾驶员座椅最为接近,有较大的参考价值。由于安全带对碰撞时乘员伤害的影响较大,因此考虑不同形式的安全带约束下的碰撞情况,更符合我国当前客车前部座椅形式。假人布置位置如图1和图2所示。

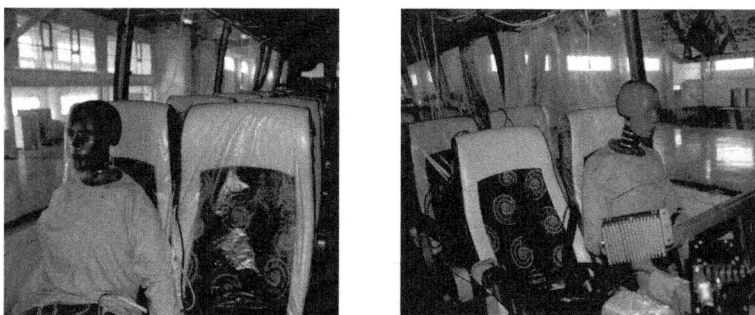

图1　实车碰撞假人布置位置示意图

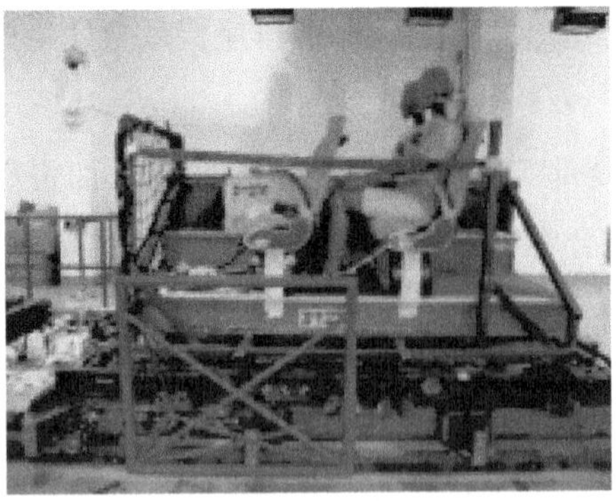

a) 无安全带约束 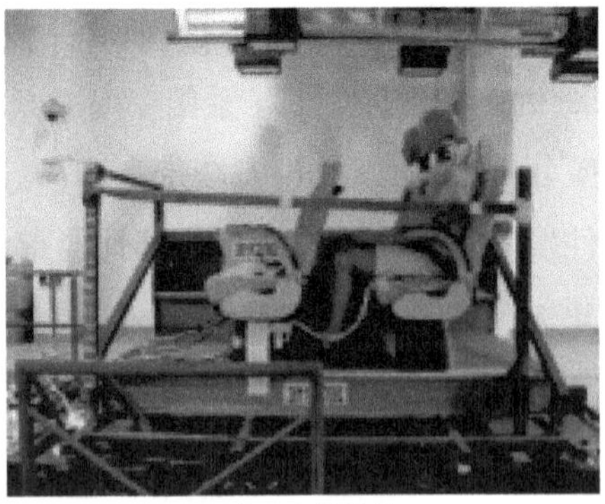   b) 有安全带约束

图2　台车碰撞假人布置位置示意图

3　试验结果

各项试验测得的数据见表3。

碰撞试验数据汇总　　　　　　　　　　　　表3

车辆编号	试验项目	试验结果(A)	试验结果(B)	试验说明
A1	头部性能指标(HIC)	1807	582	实车壁障碰撞试验,两假人均与车身金属部件碰撞
	胸部性能指标(ThAC)	0.05mm	48.67mm	
	大腿性能指标(FAC)	左1.2/右7.7kN	左1.38/右0.7kN	
A2	头部性能指标(HIC)	156	253	实车壁障碰撞试验,A、B位置均未发生碰撞
	胸部性能指标(ThAC)	35.53	(未取得数据)	
	大腿性能指标(FAC)	0.7/1.5	1.8/1.1	
A3	头部性能指标(HIC)	1586	128	实车壁障碰撞试验,位置A发生严重碰撞
	胸部性能指标(ThAC)	37.42	48.67	
	大腿性能指标(FAC)	0.7/1.2	1.2/0.8	
A4	头部性能指标(HIC)	409	356	台车试验,有安全带约束
	胸部性能指标(ThAC)	16.15g	14g	
	大腿性能指标(FAC)	左1.83/右2.32kN	左1.26/右1.88kN	
A5	头部性能指标(HIC)	384	379	台车试验,无安全带约束
	胸部性能指标(ThAC)	13.73g	12.2g	
	大腿性能指标(FAC)	左3/右3.3kN	左3.7/右5.1kN	

注:1.A1-A3样车中,试验结果A为驾驶员后侧假人数据,试验结果B为非驾驶员后侧第一排座椅的假人数据。

　　2.A4-A5样车中,试验结果A为靠走道侧假人数据,试验结果B为靠窗侧假人数据。

实车壁障试验的车身加速度见表4。

车身加速度值对比(g)　　　　　　　　　　表4

车辆编号	X方向加速度	Y方向加速度	Z方向加速度	加速度合速度
A1	24.38	31.70	189.23	193.41
A2	41.56	17	23.71	50.78
A3	6.7	8.36	12.35	16.35

试验结果如图3、图4所示,试验结果中:

(1)实车壁障碰撞试验中,假人与车内部件发生碰撞接触,头部HIC值均超过GB 11551—2014中的限值 1000 为不合格。而未发生碰撞接触,满足标准限值要求。

(2)台车试验,无论是否有安全带约束,均满足标准限值 500 的要求。

(3)所有试验的胸部、大腿性能指标均满足标准要求。

图3　三台实车壁障碰撞结果

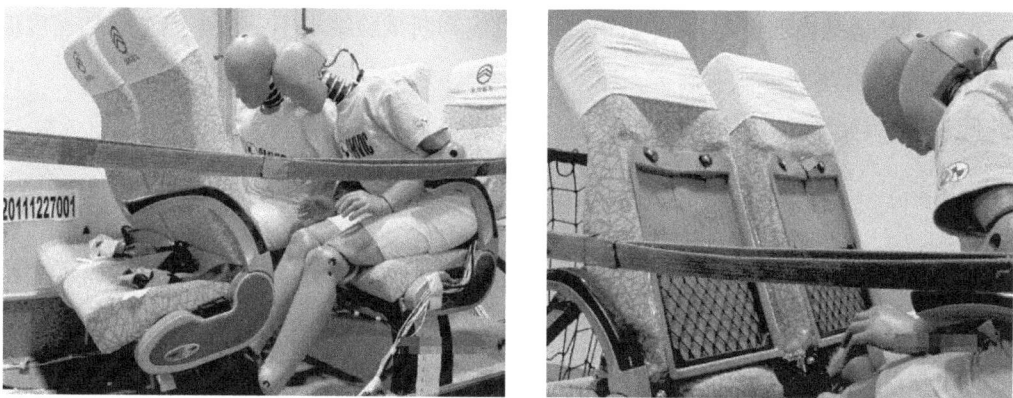

图4　台车动态试验碰撞试验结果

4　试验结果分析

对于上述实验结果进行分析,客车前碰撞影响因素主要有以下几点:

(1)座椅安全带。座椅安全带可有效约束试验假人,避免试验假人与车内部件发生接触碰撞。座椅安全带有两点式和三点式两种形式,两点式安全带只能约束假人腰部位移,对头部的约束差。在实车壁障碰撞试验中,采用三点式安全带约束的假人均未发生碰撞,而采用两点式安全带约束的假人均发生了碰撞。在发生碰撞的试验假人中,导致假人头部试验 HIC 数值高低不同的原因之一是与假人头部接触的部件不同,与金属部件接触的 HIC 伤害值较高(1807,1586),与其他类型材料接触的 HIC 伤害值较低(582)。

(2)车身结构。车身结构对试验结果也是有较大影响,在本轮试验中,选择非承载、半承载和全承载三种车身结构形式。从试验结果看,非承载式车身变形最小,但碰撞加速度较高,全承载式车身变形较大,但碰撞加速度较低,半承载式居于中间。非承载式车身结构由大梁承受主要撞击,无缓冲吸能区域,因此受到碰撞影响较大,样车 A1 的加速度合速度达到 $193g$,而全承载式车身结构 A3,主要碰撞能量由前部车身结构吸收,车身加速度合速度为 $16.35g$。A1 的碰撞能量只有 A3 的 75%,但 A1 车身加速度合速度是 A3 的 10 倍以上。

(3)座椅吸能效果。在台车试验中,试验假人无论是否有安全带约束,均与前部座椅发生接触,但伤害值均满足 GB 13057—2023 标准要求。该试验结果受两个因素影响:一是台车试验总体碰撞能量较低,与实车壁障碰撞试验相比,差距极大;二是由于客车座椅前部是软性材料,吸能效果好,因此对头部伤害较小。

5 结语

通过对以上试验验证分析,可以得出如下结论:

(1)客车前碰撞试验中,乘员伤害值是测量乘员生存空间的前提。在乘员伤害值满足要求的前提下,可用生存空间测量评价前碰撞结果。由于上述试验中,当试验假人未与车身部件发生碰撞接触时均可满足乘员伤害值要求,因此可以认为在前碰撞试验中,在30km/h的碰撞速度下,车内乘员生存空间未受到车内部件侵入,则可认为满足前碰撞试验要求。

(2)乘员伤害值的影响因素有车身结构形式、安全带布置形式。全承载、半承载形式车身加速度较低,驾驶员及前排座椅乘客应强制使用三点式安全带。

(3)如采用乘员生存空间测量法,建议测量车身加速度。车身加速度过高,对试验结果影响较大,建议在试验时,测量车身前部碰撞加速度,测量数值过高,也应判断试验结果不合格。但车身加速度值的合理范围还需要通过增加试验样本进一步明确。

(4)试验过程中,假人胸部、大腿指标完全满足标准要求,可不作为评价指标。

参考文献

[1] 中国国家标准化管理委员会.客车座椅及其车辆固定件的强度:GB 13057—2023[S].北京:中国标准出版社,2023.

[2] 赵东旭.客车前部结构强度标准试验研究与分析[C]//2012年中国客车学术年会论文集:175-180。

[3] 中国国家标准化管理委员会.汽车正面碰撞的乘员保护:GB 11551—2014[S].北京:中国标准出版社,2014.

客车底盘
与总成开发

钢板弹簧悬架客车的轴荷计算系统及方法

刘风旺[1,2]，邹月英[1,2]

(1.中通客车股份有限公司，聊城 252000；2.山东省新能源客车安全与节能重点实验室，聊城 252000)

摘 要：本文开发一款钢板弹簧悬架客车的轴荷计算系统及方法，涉及车载测量技术领域，包括形变传感器和电子控制器(ECU)控制单元；本系统对目前基于空气悬架的大中型客车的轴荷计算系统进行了针对性改进，在确保轴荷计算系统正常运行的同时，优化数据处理策略，保证轴荷系统显示的准确性和高效性，解决钢板弹簧悬架客车在不借助外界称重设备的环境下无法显示轴荷的问题。

关键词：钢板弹簧悬架；轴荷计算；形变传感器

0 引言

目前大中型客车的轴荷计算系统[1-2]，都是基于空气悬架系统，通过气压传感器测定气囊的压力，通过气囊曲线压力图找到对应的承载载荷，再加上簧下载荷，即为对应轴的轴荷。为克服上述现有技术的不足，解决钢板弹簧悬架客车在不借助外界称重设备的环境下无法显示轴荷的问题，本方案提供了一种钢板弹簧悬架客车的轴荷计算系统及方法，对目前基于空气悬架的大中型客车的轴荷计算系统进行了针对性改进，在确保轴荷计算系统正常运行的同时，优化数据处理策略，保证轴荷系统显示的准确性、可靠性、高效性。

1 传统空气悬架系统轴荷计算

空气悬架轴荷计算系统主要由气压传感器、ECU控制单元和显示单元三部分组成[3]。气压传感器数量根据系统需求制定，用于测量气囊内部气压信号并反馈至ECU中。ECU控制单元用于接收气压信号并将其转化为电位信号[4]，每个电位信号通过程序标定可对应相应的质量参数，即簧上质量。ECU控制单元上的数据处理原理如式(1)所示：

$$G_{总质量}=G_{簧上质量}+G_{簧下质量} \tag{1}$$

其中，$G_{总质量}$指车辆实时的总质量，单位为 kg；$G_{簧上质量}$指整车由悬架系统中弹性元件承载的质量，单位为 kg，可根据气囊压力曲线转化得到；$G_{簧下质量}$指整车不由悬架系统中弹性元件承载的质量，单位为 kg，该值为常数，可通过称重等方式测得[5]。

显示单元用于显示 ECU 处理的总质量，即轴荷信息。空气悬架客车的轴荷计算原理图如图 1 所示。

该项技术仅适用于纯空气悬架系统[6]，对钢板弹簧悬架系统的车辆无法起到称重的作用，局限性大，无法满足客户轴荷显示的使用需求。

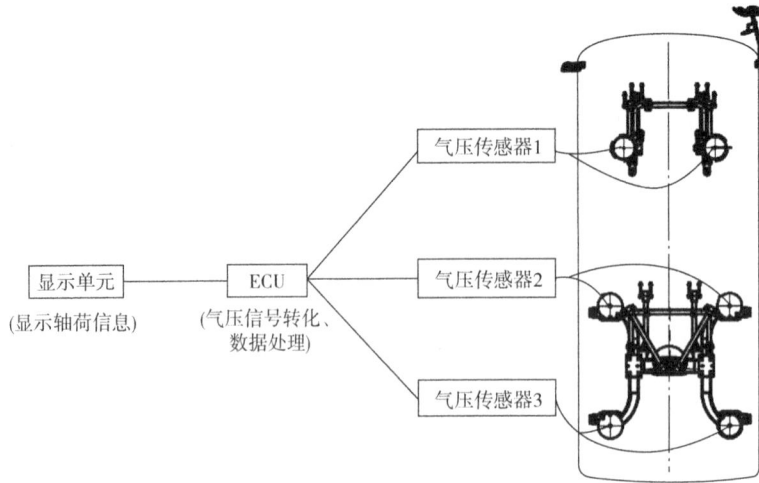

图1 空气悬架客车的轴荷计算原理图

2 钢板弹簧悬架轴荷计算系统

2.1 系统组成

钢板弹簧悬架轴荷计算系统由形变传感器、ECU 控制单元、显示单元、超载报警单元组成[7-8]。每根钢板弹簧设置一个形变传感器,安装在车架下翼面上,正对钢板弹簧的中心位置,用于实时测量钢板弹簧形变量(即钢板弹簧与车架下翼面的距离变化量),并发送给 ECU 控制单元;ECU 控制单元用于基于收到的钢板弹簧形变量,进行轴荷计算;显示单元用于实时显示计算得到的轴荷;超载报警单元用于监测轴荷的超载情况,在钢板弹簧超出许用应力时进行报警。钢板弹簧悬架系统结构图如图2 所示。

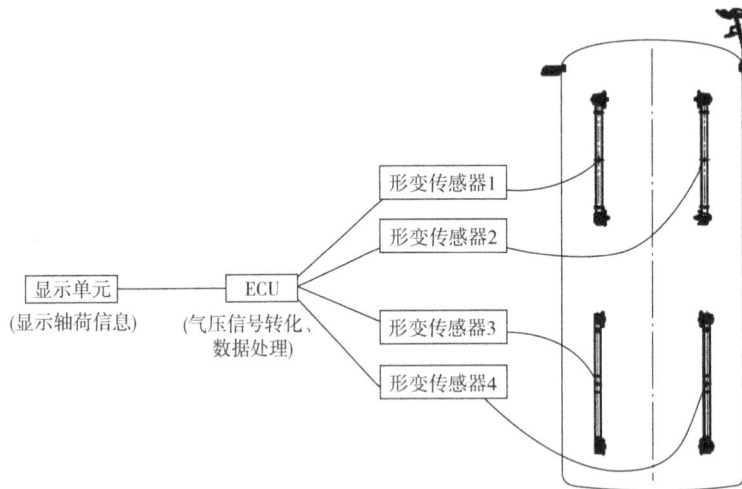

图2 钢板弹簧悬架系统结构图

2.2 系统参数

本文所述轴荷,为整备质量和载荷质量之和[9]。整备质量通过空车称重得到;载荷质量为钢板弹簧刚度和钢板弹簧形变量的乘积。轴荷分为前轴荷和后轴荷,前轴荷是前面两个车轮的轴荷,后轴荷是后面两个车轮的轴荷;两个车轮的轴荷,为两个车轮上的质量和对应的两个钢板弹簧的载荷质量之和。其中,钢板弹簧刚度在设计阶段预先测定。

2.3 系统优化方案

本系统方案在空气悬架客车基础上进行优化升级,其主要改进点在于:取消压力传感器,增加形变传感器[10],改进 ECU 控制单元中的数据处理方法。改进后的数据处理方法具体如式(2)和式(3)所示:

$$G = \sum_{i=1}^{n} G_{\text{第}i\text{轴轴荷}} \tag{2}$$

$$G_{\text{第}i\text{轴轴荷}} = G_{\text{第}i\text{轴整备质量}} + G_{\text{第}i\text{轴载荷质量}} \tag{3}$$

式中:　　n——该车的车轴数量;

　　　　G——车辆实时的总质量,单位为 kg;

　　　　$G_{\text{第}i\text{轴轴荷}}$——车辆第 i 轴实时的总质量,即该轴实时轴荷,单位为 kg;

　　　　$G_{\text{第}i\text{轴整备质量}}$——第 i 轴的空车重量,整备质量是指车辆在完备状态下,各种油液及装备齐全后未载人、货时的重量,也就是惯称的"空车重量",可通过空车称重测得;

　　　　$G_{\text{第}i\text{轴载荷质量}}$——第 i 轴人员及货物的重量,载荷质量可根据钢板弹簧形变量计算转化得到。因钢板弹簧刚度在设计阶段就已经确定,可以根据钢板弹簧刚度计算该钢板弹簧承载的载荷质量[11-12],载荷质量的计算公式为:

$$G_{\text{第}i\text{轴载荷质量}} = C \times f \tag{4}$$

式中:C——该轴钢板弹簧刚度,单位 kg/mm,为已知量;

　　　　f——在任意载荷下该轴的钢板弹簧形变量,即图3中的 $(H-h)$,单位 mm,是通过形变传感器实时测量的。具体数据处理公式为:

$$G_{\text{加载质量}} = (H-h) \times C/9.8 \tag{5}$$

$$G_{\text{轴荷}} = G_{\text{整备质量}} + G_{\text{加载质量}} \tag{6}$$

将形变传感器安装于正对钢板弹簧中心位置的车架下翼面上,测量不同载荷下的钢板弹簧与车架下翼面的距离变化量。钢板弹簧形变量示意图如图3所示。

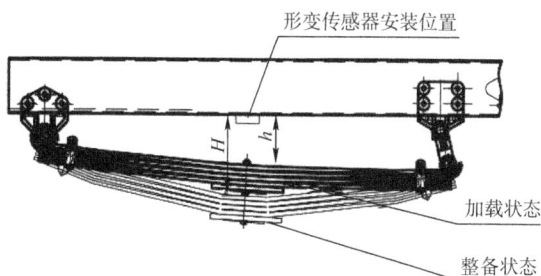

图3　钢板弹簧形变量示意图

ECU 控制单元按照上述改进后的处理方法进行数据处理,最终由显示单元显示计算得到的轴荷。在实际应用中,还可以分别计算前轴荷和后轴荷,即前面两个车轮的轴荷和后面两个车轮的轴荷,而两个车轮的轴荷,是两个车轮上的质量和对应的两个钢板弹簧的载荷质量之和。

2.4 系统工作方法

钢板弹簧悬架客车的轴荷计算系统的工作方法主要分为两个步骤:第一步,通过车架下翼面上的形变传感器,实时测量钢板弹簧的形变量;第二步,基于测量所得钢板弹簧形变量,进行轴荷计算。轴荷计算的结果通过显示单元在仪表台上进行实时监测[13-14]。钢板弹簧悬架系统工作方法流程图如图4所示。

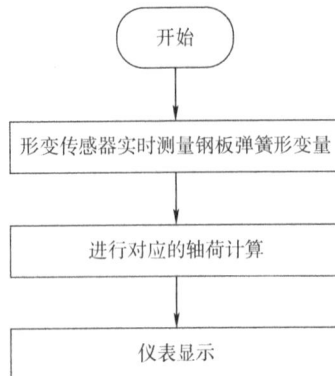

```
      ┌─────────┐
      │   开始   │
      └─────────┘
           │
           ▼
┌──────────────────────────┐
│ 形变传感器实时测量钢板弹簧形变量 │
└──────────────────────────┘
           │
           ▼
┌──────────────────────────┐
│      进行对应的轴荷计算      │
└──────────────────────────┘
           │
           ▼
┌──────────────────────────┐
│        仪表显示           │
└──────────────────────────┘
```

图4　钢板弹簧悬架系统工作方法

3　结语

本文以车载测量技术领域为基础[15-16],考虑到钢板弹簧结构在大中型客车轴荷显示的局限性,在原有结构上增加了形变传感装置,优化数据处理策略,通过上述的改进,装配钢板弹簧悬架的大中型客车可以实现测量轴荷并通过显示单元显示的功能,并可设置超载报警等功能,降低超载风险,从而有效降低钢板弹簧超出许用应力断裂的风险,保证整车运行的可靠性及驾乘人员的安全性。

参考文献

[1] 郭帅,南海峰,禹东方,等.多轴特种汽车轴荷模拟计算分析[J].建筑机械,2022(11):95-97,8.

[2] 关世伟,刘天贺,谭树梁,等.基于双转向桥载货汽车制动的轴荷分配[J].汽车实用技术,2023,48(7):104-108.

[3] 姚谢钧,陈德玲.宽体轻客车型电控式空气悬架开发[J].客车技术与研究,2016,38(3):29-32,41.

[4] 高钰.过程控制与自动化仪表应用与实践[M].南京:南京大学出版社,2021:150-200.

[5] 徐竟雯.新型电驱动车轮簧下质量轻量化设计分析[D].北京:北京化工大学,2019.

[6] 周荣炜.纯电动轻型客车传动及行驶系统布置方案[J].客车技术与研究,2019,41(4):30-32.

[7] 吕天启.悬架运动学与弹性运动学特性分析及试验装备关键技术研究[D].武汉:华中科技大学,2022.

[8] 龙先军.钢板弹簧刚度修正系数的取值分析[J].南方农机,2021,52(8):125-128.

[9] 李子龙,薛林君,韩莉洁.基于激光雷达的动态汽车衡车辆轴型识别方法与研究[J].衡器,2022,51(12):17-21.

[10] 王茂杰,童仁园,李青.基于平行传输线的拉伸形变传感器研究[J].传感器与微系统,2018,37(9):9-11.

[11] 陈一萌,夏甫根,李昊泽,等.一种优化的整车质量辨识方法及实车验证[C]//四川省汽车工程学会,成都市汽车工程学会,四川省第十七届汽车行业学术年会论文集.成都壹为新能源汽车有限公司,2013.

[12] HE R,NIU X,WANG Y,et al.Advances in nuclear detection and readout techniques[J].Nuclear Science and Techniques,2023,34(12):283-360.

[13] 张银,吕彦明,钱云杰.基于OpenCV的数字仪表字符提取及快速识别研究[J].自动化仪表,2023,44(5):46-50+55.

[14] 何筠琪,陈增起,冯铭浩,等.基于CAN总线的自制仪表及无线通讯自检系统[J].科技经济市场,2022(2):25-27.

[15] 张福强.轻小型车载移动测量系统的集成与应用研究[D].西安:长安大学,2023.

[16] 中通客车股份有限公司.一种钢板弹簧悬架客车的轴荷计算系统及方法:2023100971048[P].2023-06-23.

客车电气
与车身附件

基于传热机理的客车保温隔热涂料应用研究

郭　瑞,李　鑫,林志鹏,朱荣健,欧阳超群,陈　向

(比亚迪汽车工业有限公司,深圳　518118)

摘　要: 保温隔热涂料作为一种新兴节能材料,具有耐高温、低导热、施工便捷、适应性强等优点,因此被广泛应用于航天航空、交通运输、工业生产、家居建筑等领域。针对不同的应用场景,研究者开发出不同的保温隔热涂料以及多种测试手段。本文归纳总结保温隔热涂料的类型、作用机理、测试方法,并例举模拟客车封闭空间的盒子实验,结合有限元仿真方法阐明了保温隔热涂料在客车上应用的方向和重点。

关键词: 保温隔热;涂料;传热;测试方法;有限元仿真

0　引言

在温室效应和环境保护受到全球重点关注的今天,节能减排逐渐成为技术创新的核心方向。近年来,随着国家推动各项新能源政策的实施,新能源汽车逐渐成为主流销售车辆,正在引领节能减排新时代的浪潮。在科技快速发展的大背景下,制造行业对节能减排提出了更高的要求,具有优异节能特性的汽车零部件成为客车的首选对象。

在这样的时代背景下,保温隔热涂料作为一种新型多功能涂料[1],从众多节能材料中脱颖而出。保温隔热涂料具有涂料施工简单、适应性强、美观等优点,又兼具耐高低温和低热导率等特性,已广泛应用于建筑物、工业管道、高温锅炉以及军事航空等领域[2]。在电动客车行驶过程中,在车内区域使用具有超高保温隔热效果的涂料,能够很好地避免车内温度因外界环境温度差异而迅速变化,从而节省频繁调节车内空调所消耗的电力。此外,走在技术前沿的保温隔热涂料具有超低的密度,在轻量化的大目标下,甚至相比传统保温棉和发泡工艺也具有一定的竞争力。

目前,保温隔热涂料在汽车行业的应用仍处在理论阶段,隔热性能的测试体系也不成熟。本文将基于传热机理分析保温隔热涂料的作用方式,并梳理保温隔热涂料的性能测试方法,最后结合模拟客车封闭环境的盒子实验和有限元仿真方法探究保温隔热涂料应用的方向和关键点。

1　保温隔热涂料作用机理

在开发保温隔热材料之初,研究者就对热传递方式进行了深入分析。传热机理[3-6]分为热传导、热对流和热辐射,热传导主要是通过微观颗粒之间的相互作用而使热量扩散,热对流是通过冷热流体的流动产生的热量传递,而热辐射则是以电磁波的形式向外传递能量[7]。

每个热源热量的传递都会伴随着这三种形式,然而侧重点有所不同,如太阳光主要以辐射为主,水蒸气以对流为主,而锅炉管道上的传递则以热传导为主。因此,针对不同的传热方式,研究人员开发出相对应的保温隔热涂料,主要分为反射型、辐射型、隔绝传导型[8],不同类型的保温隔热涂料的作用机理有所不同。

1.1 反射型隔热涂料

反射型隔热涂料是基于铝基反射涂料而发展起来的新型隔热材料，主要原理是将可见光区域和红外光区域波段的太阳热辐射反射到大气中，避免热量通过涂层传到基材内，使得被覆盖物的表面或内部温度不至于过高。

反射型涂料主要由基料、热反射颜填料以及助剂组成[9-10]。常用的基料有丙烯酸树脂和改性丙烯酸树脂等，其要求透光率达到 80% 以上且辐射吸收率低，分子结构中 C=O、-OH 以及 C-O-C 等吸能官能团尽量少[10]。基料主要起着黏接填料、助剂和基材的作用。填料则是主要发挥反射能量的作用，这就要求填料具有高反射率、高气孔率以及低热导率，其内部具有封闭的孔隙结构，当外界热量进入涂层内与这些封闭的孔隙结构接触时，发生反复的反射和散射后，把大部分热量反射出涂层外，因此填料的大小、形状和用量等方面都会影响其反射性能[1-2]。目前常用的填料有钛白粉、二氧化硅、空心玻璃微球以及陶瓷微球等，其中二氧化硅气凝胶具有微孔、中孔、大孔结构且具有低热导率，而被广泛应用[10-11]。助剂则辅助和改善涂料的性能，避免涂层缺陷，利于施工和控制等，约占总量的 1%，如分散剂、增稠剂、消泡剂等[10]。王莹等[12]以磷酸钾镁为主要成分，通过掺杂钛白粉和玻璃微珠，使材料隔热温差和反射率分别提高 84.1% 和 78.8%，并且具有良好的耐候性和黏接性能。

1.2 辐射型隔热涂料

辐射型涂料是从外界吸收的热量之后，再以电磁波的形式将热量辐射回外界，达到降低基材表面或内部温度的效果。即当涂料中的物质分子吸收了光子的能量后，其晶格和键团不断振动伴随着碰撞，从而使分子从高能态跃迁到低能态，产生热辐射，将热量以红外辐射形式返送回外部[2]。因此在这些涂料中通常采用 Fe_2O_3、MnO_2、CuO 等具有高反射率的金属氧化物填料[2,7]。辐射型隔热涂料的组成成分与反射型涂料相似，都是由基料、功能性填料及助剂等。余龙等[13]以硅丙乳液为基料，陶瓷、玻璃微珠、MnO_2 等为功能性填料，以润滑剂、增稠剂和防腐防冻剂等为助剂，研究表明，玻璃微珠在用量 8%~10% 时反射率达到 82% 以上，在 Al_2O_3 基体粉末中分别加入 20% 的 MnO_2 和 10% 的 TiO_2 的红外辐射填料，相比单一填料可实现更高的热辐射率。

1.3 隔绝传导型隔热涂料

隔绝传导型隔热涂料是在 20 世纪 80 年代才逐渐发展起来的，主要依靠的是自身的高热阻抗，即低热导率来实现隔热的一种被动式涂料。涂层内部通常有高气孔率，迫使热量通过涂层气孔中的空气传导，从而大幅降低涂层的导热系数；当气孔小到纳米级别时，空气分子不能热运动，气孔相当于真空状态，导热系数甚至比空气更低[4]。

隔绝传导型隔热涂料通常需要填入低导热系数的材料，如空心玻璃微珠、真空陶瓷微珠、气凝胶和硅藻土粉以及在涂膜中加入空气等作为隔热骨架，以密度小、孔隙率高的无机矿物材料作为功能填料，并加入性能优良的助剂加工而成，因此隔热效果取决于涂料内各组分本身的导热系数大小[1-2]。气凝胶保温隔热涂料作为一种新型涂料，依靠无穷遮挡效应、无对流效应、无穷长疏松路径效应，具有优良的阻隔隔热性能。张志华等[14]以水玻璃、多聚硅氧烷为硅源，三甲基氯硅烷和六甲基二硅胺烷为表面改性剂，并以硅油等作为干燥助剂,通过常压干燥方法制备了疏水 SiO_2 气凝胶,其热导率低至 0.029 W/(m·K),为了进一步改善其隔热性能,在其中掺入 TiO_2 粉末作为红外阻隔剂可以很好地抑制 SiO_2 气凝胶在高温下的热导率。

2　保温隔热涂料测试方法

导热系数是反映涂料保温隔热性能的重要参数之一,指在稳态下单位厚度的材料,在单位时间内、变化单位温度时通过单位面积传递的热量,其与组成成分、物理结构以及物质状态等有关。目前测试材料的导热系数通常分为稳态法和非稳态法[15]。

2.1　稳态法

稳态法的主要原理是利用热源对实验样品进行加热,在样品内部热量由高温处传导至低温处过程中,其各点温度随着加热速率及传热速率变化而变化,因此通过控制相关条件和参数使其加热和传热达到平衡,形成稳定的温度分布,就可计算出导热系数。

稳态法测定导热系数原理可用 Fourier 方程[16]表示:

$$Q = \lambda \frac{\Delta T}{\Delta X} \tag{1}$$

式中:λ——材料的导热系数[W/(m·K)];

ΔT——物体与导热面垂直方向上两平行平面温度差℃;

ΔX——两平行平面的距离(m);

Q——从一个平面传到另一个平面的热量值(W)。

2.2　防护热板法

防护热板法是测量绝热材料导热系数的常用方法之一,其原理是在两块样品的中间放置热板,通过加热器对热板进行能量输入,调整热板和冷板间的测量温度及温度梯度,并测量加热到热板上的最终能量、样品厚度,由式(2)计算出材料的导热系数[17]。

$$\lambda = \frac{I \times U \times d}{S \times \Delta T} \tag{2}$$

式中:I、U——热极电流(A)和电压(V);

d——样品厚度(m);

S——样品受热面积(m^2);

ΔT——冷热板间温度差(K)。

2.3　防护热箱法

防护热箱法[18]在保温隔热材料两侧热箱和冷箱达到稳态后,测量两侧热箱和冷箱的表面温度、空气温度、表面流速以及输入风扇和电加热器耗电量,从而计算出材料的导热系数。试验墙侧面热平衡方程[19]如式(3)和式(4)所示:

$$\frac{Q}{A} = \varepsilon h_r(T_r - T_s) + h_c(T_a - T_s) \tag{3}$$

$$K = \frac{Q}{A(T_{n1} - T_{n2})} \tag{4}$$

式中：Q——试墙表面与热环境交流总热流量（W）；

  A——试验墙面积（m^2）；

  T_r——导流板平均辐射温度（K）；

  T_a——导流箱内流动空气温度（K）；

  T_s——试验墙表面温度（K）；

  T_{n1}——热箱环境温度（K）；

  T_{n2}——冷箱环境温度（K）；

  ε——辐射率（%）；

  h_r——辐射换热系数$[W/(m^2 \cdot K)]$；

  h_c——辐射换热系数$[W/(m^2 \cdot K)]$；

  K——试验墙传热系数$[W/(m^2 \cdot K)]$。

2.4 热流计法

热流计法，操作简单，是基于一维稳态导热原理的方法，将试验样品置于两块平行板之间并在垂直方向上通入恒定的单向热流，达到稳定后，使用热流传感器测量通过该样品的热流，以及测量上下板的温度梯度，从而测出样品的导热系数。热流计法具有测量速度快、精度高的特点，然而该方法测量温度和范围有限以及校正复杂，适用于低导热材料的测试[16,18]。

$$Q = \lambda \frac{\Delta T}{\delta} \tag{5}$$

式中：Q——通过热流计的热流量（W）；

  δ——样件厚度（m）；

  ΔT——上下板温度差（K）。

2.5 瞬态法

瞬态法的主要原理是通过接触式传感器或非接触式光源对样品进行加热，以 HOT DISK 法[15]为例，通过检测传感器和样品前后表面的温度响应，从而计算得到热导率。瞬态法是具有对称性的绝对测试方法，与样品进行直接接触，因此得到普遍应用，然而接触热阻是需要考虑的问题。

3 保温隔热涂料的应用

3.1 保温隔热性能测试

第 2 节所述的几种测试方法主要是测量材料本身固有导热系数，以此来评价材料隔热性能，然而在实际应用过程中，用导热系数并不能很好评价其涂料保温隔热性能。因此，研究人员采用温差法来进行测量，直接评价涂料在实际应用中的保温隔热性能。将涂料覆盖在样板上对其一侧进行加热，使用表面温度计测量另一侧的实时温度，即可了解实际涂料隔热性能。也有许多其他类似的衍生方法，温差法是目前测试涂料实际应用的保温隔热性能的主要方法[20-21]。

为了进一步模拟客车内封闭环境,制作一个尺寸为 200mm×200mm×200mm、厚度 1mm 的铝方盒用以代替,并在铝盒表面贴保温棉(厚度 25mm)和涂覆保温隔热涂料(厚度 3mm)分别探究传统保温隔热工艺和涂料新工艺的保温隔热效果。如图 1 所示,将两个盒子放置在烘箱中由室温加热至 55℃,并绘制升温曲线。由于由外向内的热传导过程可视为保温材料与铝盒的串联结构,且盒子内表面贴棉和涂覆涂料较难实现,因此在内表面或外表面贴棉及涂覆涂料是等效的。

图1　盒子升温实验

本文使用保温隔热涂料的导热系数约为 0.03 W/(m·K),将温度计固定在盒子外表面及内部中心点测量温度,每 3min 记录一个读数,两组盒子升温曲线如图 2 所示,其中横坐标 t 为时间,纵坐标 T 为温度。

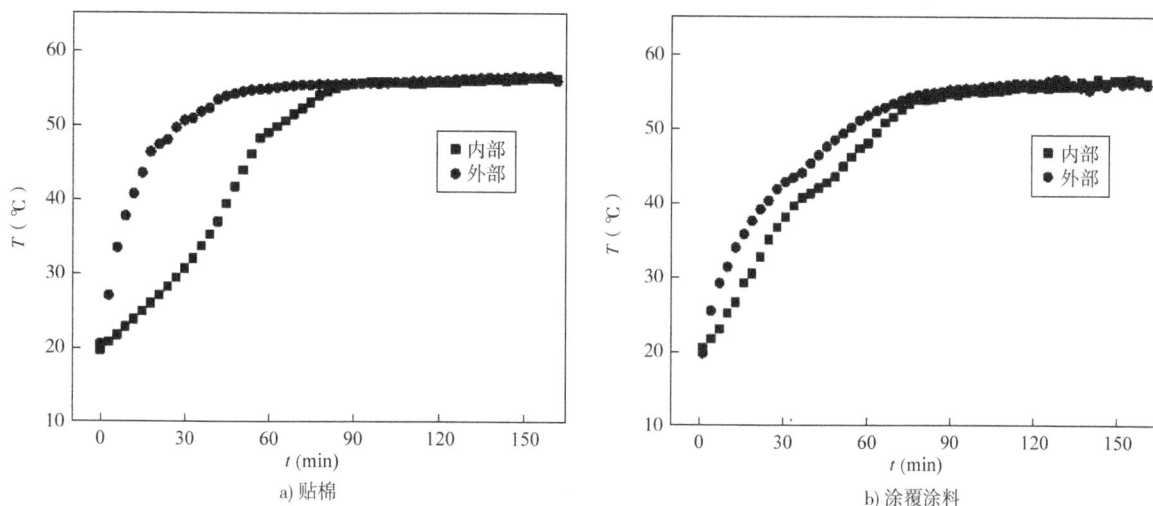

a) 贴棉　　　　　　　　　　b) 涂覆涂料

图2　盒子升温曲线

由于涂料的厚度较薄,尽管具有较低的导热系数,其隔热的效果显著低于保温棉的效果。在 15~60min 内,保温棉的内外温差在 5~27K 范围内,而涂料的内外温差在 3~7K 范围内,因此该涂料的保温性能还有待提高,宜寻找具有更低导热系数的涂料或采用更厚的涂层。

3.2　保温隔热有限元仿真

由于目前超低导热系数的涂料具有较大的开发难度,而厚涂层的涂料会面临固化困难的问题,因此理想化的仿真模拟是代替保温隔热性能测试的有效手段。鉴于当前涂料不满足代替保温棉使用的要求，本文分别从涂料导热系数和涂层厚度两方面进行探究，以预估保温隔热涂料所需满足的条件。

保温隔热的有限元仿真基于 ABAQUS 的 Heat transfer（Transient）分析，模型来自 3.1 节中的保温盒子，如图 3 所示。模型的铝方盒内部为均布空气，外表面设置一定厚度的涂层。基础的材料性能参数见表 1，单位采用 ABAQUS 的毫米制。

材料性能参数 表1

材料	密度(t/mm³)	导热系数[mW/(mm·K)]	比热容[mJ/(t·K)]
空气	1.29×10^{-12}	0.025	1×10^9
铝	2.7×10^{-9}	150	0.88×10^9
涂料	0.57×10^{-9}	0.03	1.2×10^9

在盒子外表面施加随时间逐渐减小的均布热流载荷，以模拟烘箱内逐渐降低的加热功率，如图 4 所示，其中图 4 中曲线为热流载荷的增量-热流密度幅值曲线。

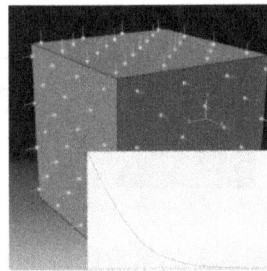

图3　盒子模型　　　　　　图4　盒子的热载荷设定

取盒子外表面中心节点和空气中心节点作为外部和内部的参考点，绘制其升温曲线，并与实验结果对比分析。

3mm 厚的不同导热系数涂层的盒子升温曲线如图 5 所示。导热系数为 0.01W/(m·K) 时，仿真的升温曲线与图 2b) 的实验结果相当吻合，证明了仿真的有效性；当导热系数降低至 0.01W/(m·K) 后，15~60min 内外温差被拉大到 3~15K，隔热效果提升，但仍不如保温棉；当导热系数降低到 0.005W/(m·K) 后，由于优异的超低导热率，15min 内的内温出现平台期，内部完全保持恒温，15~60min 内外温差被拉大到 5~25K，接近保温棉效果；当导热系数降低到 0.002W/(m·K) 后，保温平台拉长到 30min，外部因涂料热阻而聚集热量，急剧升温至 80℃，90min 以后内外温差才逐渐降低至 10K 以下，隔热效果达到极高水平，已超越保温棉。若希望 3mm 厚涂料能代替 25mm 厚保温棉效果，导热系数须不高于 0.005W/(m·K)。

不同厚度 0.03W/(m·K) 涂层的盒子升温曲线如图 6 所示。当厚度增加至 5mm 后，15~60min 内外温差被拉大到 5~15K，隔热效果提升，但不如保温棉；当厚度增加至 7mm 后，15~60min 内外温差被拉大到 5~23K，隔热效果明显提升，逐渐接近保温棉效果；当厚度增加至 9mm 后，外部因涂料热阻而聚集热量，15~60min 内外温差被拉大到 7~30K，隔热效果达到高水平，与保温棉效果几乎持平。若希望 0.03W/(m·K) 涂料能代替保温棉效果，厚度须接近 9mm。

由于隔绝传导型涂料的隔热方式仅通过热传导实现，不涉及热对流与热辐射，仿真模拟方法能够准确预测不同条件下涂料的保温隔热效果。基于 3mm 厚、0.03 W/(m·K) 涂料的盒子升温实验，本文预测了导热系数降低到 0.005W/(m·K) 以下或增厚到约 9mm，有望实现将对车内部分区域使用保温棉的方案替换为涂料的可能性。

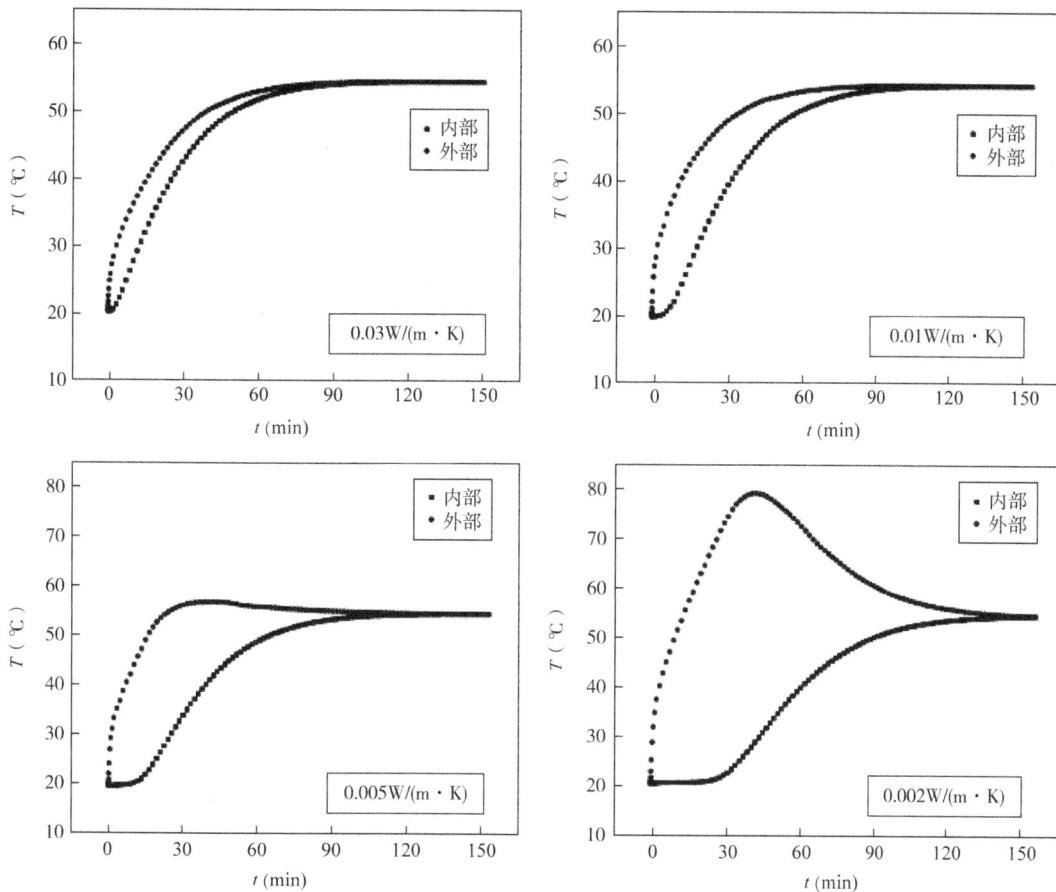

图5　3mm厚不同导热系数涂层的盒子升温曲线

3.3　客车领域的应用

保温隔热涂料在客车领域已体现出强大的优势,特别是在炎热的夏季,阳光透过玻璃直射在汽车内部仪表盘、座椅以及转向盘等塑料件部位,不仅引起车内温度过高,而且在高温下,塑料件等还会散发出异味,超出让人们感到舒适的环境温度。因此,用保温隔热涂料代替塑件表面的炭黑颜料,使其具有反射、隔热等性能,不仅能降低车内温度,还能降低空调的能量的损耗,给乘客带来更好的体验,并在一定程度上起到节能减排的作用[22]。当前,随着纳米材料的飞速发展,玻璃用透明隔热涂料由于透明性好、工艺简单、成本低等特点,为汽车风窗玻璃隔热涂料提供新的选择。此外,汽车用的遮阳板、汽车外漆、电池、发动机舱等部位上使用保温隔热涂料也成为热门话题[20,22]。

与此同时,在保温隔热涂料的应用开发中,需要重点关注的是其质量、成本、耐久性、环保性等方面可能出现的问题。对于部分使用场景,例如需要适应高温或极寒环境的客车侧墙板,其厚涂层的使用很可能会给整车轻量化带来一定的阻力。具有更优异隔热效果或反射效果的涂料将面临高昂技术成本的压力,亟待开发涂料保温隔热新技术。耐久性是涂料应用需要考虑的一个重要问题,具有更长使用周期的涂料可以避免频繁的修补工作,间接降低了保温隔热模块的维护成本。绿色科技创新也是技术创新的一大主题,零挥发性有机化合物(VOC)、低污染性将成为保温隔热涂料的开发应用方向。

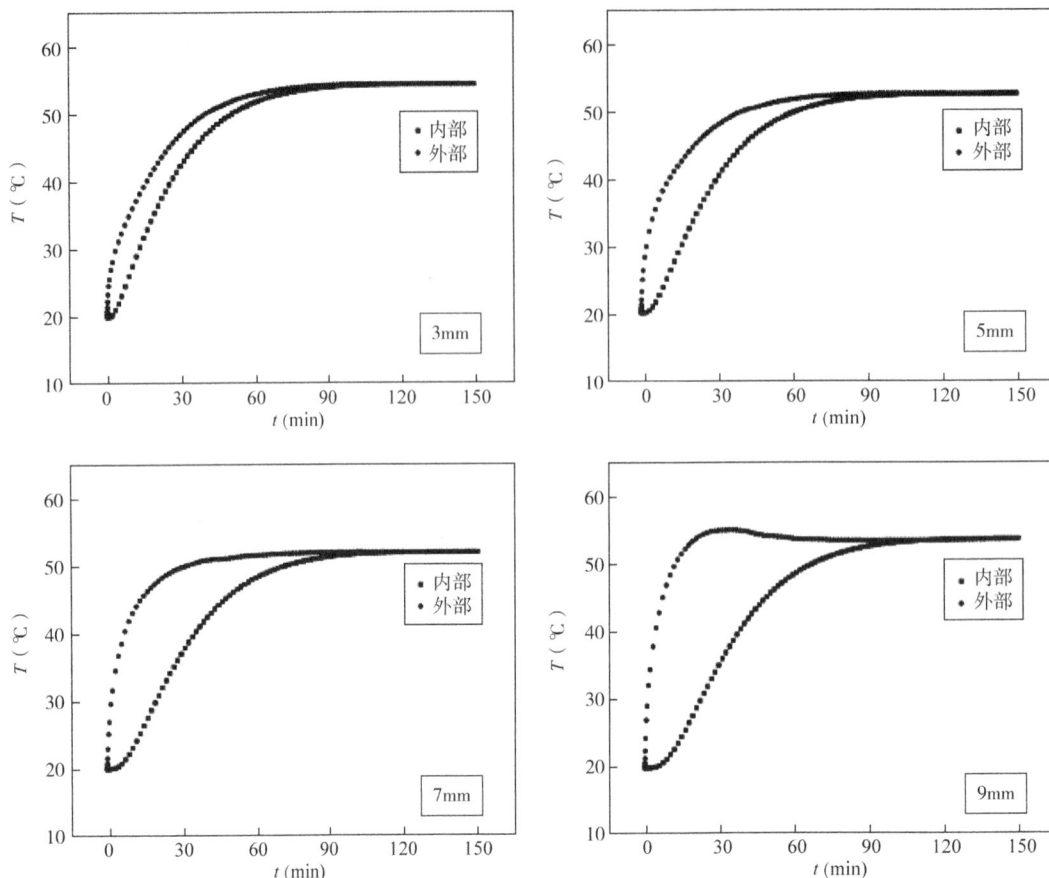

图6　不同厚度0.03W/(m·K)涂层的盒子升温曲线

4　结语

节能减排已引起了世界各国的重视,新能源汽车也蓬勃发展,成为引领节能减排先锋。保温隔热涂料作为节能减排技术的重要补充,因其环保、施工便捷、应用范围广、保温隔热效果好等优点,在新能源客车领域具有广阔的应用前景。

本文总结了涂料相关技术研究、作用机理以及隔热性能测试方法,并以盒子实验为例,结合有限元仿真方法对保温隔热涂料的应用进行了可行性及难点的分析,为客车选择适配的保温隔热涂料提供了可借鉴的理论和方法。

参考文献

[1] 姚梦佳,李春福,何俊波,等.隔热保温涂料的研究发展及应用[J].表面技术,2015,44(7):61-67.

[2] 海晨晨,刘新状,刘晓通.保温隔热涂料的应用与研究进展概述[J].住宅产业,2021,8:10-12.

[3] 豆新丰,何方,李荣春,等.二氧化硅气凝胶隔热涂料的性能评价[J].河南化工,2014,1:31-34.

[4] 李克.建筑外墙隔热涂料的隔热机理及研究进展[J].云南化工,2013,40(3):35-37,41.

[5] 张震宇,杭建忠,施利毅,等.纳米材料在汽车涂料中的应用研究进展[J].材料导报,2007,21:5-10.

[6] 马一平,杨帆,覃畅,等.隔热涂料研究现状[J].材料导报,2015,29(25):300-304.

[7] 吴国坚,金骏,蔡玉斌.隔热涂料的研究现状及发展趋势[J].建筑节能,2011,39(4):56-58.

[8] 王加.世界隔热涂料对比[J].现代涂料与涂装,2018,21(7):27-30.

[9] 苏孟兴,庄海燕,陈翔,等.反射隔热涂料的研制和应用[J].涂料技术与文摘,2015,36(9):47-51.

[10] 孙荣龙,周龙,包丞玉,等.新型节能材料—热反射隔热涂料[J].科技创新与应用,2014(36):26-28.

[11] 向佳瑜,万小梅.反射隔热涂料研究进展及应用[J].上海涂料,2011,49(10):28-31.

[12] 王莹,崔棚,徐沐睿,等.无机反射隔热涂料的热学性能研究[J].涂料工业,2020,50(5):30-35.

[13] 余龙,何海华.新型水性高反射高辐射隔热涂料的制备及性能研究[J].上海涂料,2012,50(7):13-16.

[14] 张志华,王文琴,祖国庆,等.SiO_2气凝胶材料的制备、性能及其低温保温隔热应用[J].航空材料学报,2015,35(1):87-96.

[15] 齐玉宏,张国梁,夏金洋,等.隔热保温涂料的技术进展[J].涂料工业,2019,49(3):80-87.

[16] 王法云.建筑外墙保温绝热材料隔热性能影响因素及测试方法[J].广东建材,2012,28(10):42-44.

[17] 郭江川,赵立新,王玉石.降低保温材料导热系数的测试误差[J].石油石化节能,2016,6(4):53-55.

[18] 聂玉强,翼兆良.防护热箱法测试试验装置的设计[J].节能技术,2002,20(113):3-5.

[19] 潘立.热流计法在建筑节能检测中的应用分析[J].新型建筑材料,2019,46(11):99-101.

[20] 袁吉昌,郭皓然,唐流勇,等.汽车隔热涂料的制备及性能研究[J].中国涂料,2021,36(7):16-21.

[21] 花蕾.绿色涂料保温隔热性能的对比研究[J].粉煤灰综合利用,2021,35(1):66-70,74.

[22] 靳玉涛,冉浩.隔热涂料在汽车领域的应用研究[J].上海涂料,2015,53(6):19-22.

以北京通学车为例浅论客车后视镜的研究设计及视野校核

姚　晗,周红运,李素华,祸　力,冯　健,全　振

(北京福田欧辉新能源汽车有限公司技术研究院车身附件所,北京　102200)

摘　要:本文以北京福田欧辉新能源汽车有限公司(简称"公司")设计的北京市新型通学车外后视镜为例,介绍了客车后视镜设计的基础内容,主要包括后视镜的总体设计原则与要求、镜面材料及选择依据,以及后视镜视野校核的方法与原理。本文详细阐述了后视镜设计需要遵循的安全性、舒适性和耐用性原则。同时,本文也探讨了玻璃镜面、塑料镜面及其他特殊材料的优缺点。在视野校核方法部分,本文介绍了几何作图法和三维校核法,并强调了校核的重要性。本文还结合通学车的实际设计实践,探讨了客车后视镜的设计目标、约束条件、镜面形状与尺寸的确定,以及安装位置与角度的优化策略。最后,本文总结了研究成果和创新点,并展望了智能化后视镜、融入个性化定制和环保理念等未来研究方向。本文可为客车后视镜的设计提供参考和依据。

关键词:客车后视镜;设计原则与要求;视野校核;实际设计实践

0　引言

客车后视镜设计及其视野校核是当前汽车工业和交通安全领域中的重要课题。在客车行驶过程中,后视镜扮演着至关重要的角色,它不仅为驾驶员提供对车辆后方和侧方道路的视野,同时也是驾驶员获取信息的重要渠道。因此,后视镜的设计合理性和视野范围直接关系到驾驶员的驾驶体验和行车安全。

客车作为公共交通的重要组成部分,其行驶安全对于保障乘客和道路交通安全至关重要。随着交通运输业的快速发展,客车数量不断增加,道路环境也日益复杂。在行驶过程中,客车驾驶员需要面对各种道路条件和交通状况,而后视镜的设计和视野范围直接影响着驾驶员对道路情况的判断和决策。因此,对客车后视镜设计及其视野校核进行研究具有重要意义。

客车后视镜的设计需要考虑到多个因素,包括后视镜的形状、大小、安装位置、调整方式等。这些因素都会直接影响后视镜的视野范围和驾驶员的视线。同时,客车后视镜还需要满足一定的法规要求,如后视镜的反射率和视野范围等。因此,在设计客车后视镜时,需要综合考虑这些因素,并进行专业的设计和校核。客车后视镜的视野校核也是至关重要的。通过视野校核,可以评估后视镜的视野范围和驾驶员的视线是否满足安全要求。这不仅可以提高驾驶员的驾驶体验和行车安全,还可以减少因视野盲区导致的交通事故风险。因此,对客车后视镜进行视野校核是必要的。本文结合公司开发的北京市新型通学车外后视镜,简要论述客车后视镜的设计及视野校核方法。

1 国内外研究现状

在国内,客车后视镜设计及其视野校核研究逐渐受到重视。各大车企和科研机构纷纷投入大量人力物力,开展相关研究。研究内容主要包括后视镜的造型设计、视野优化、校核方法等。通过不断研究,国内学者在客车后视镜设计方面取得了一些成果,如后视镜的曲率设计、视野校核算法的优化等。然而,相较于国外,国内在研究深度、广度以及技术创新方面仍存在一定差距。这主要体现在后视镜材料的选用、制造工艺以及技术创新等方面。国内后视镜市场存在着产品质量参差不齐、标准化程度不高等问题,制约了客车后视镜设计水平的提高。

在国外发达国家,客车后视镜设计及其视野校核研究相对成熟。国外学者和科研机构对后视镜的研究较早,积累了丰富的经验和数据。他们的研究重点主要集中在后视镜造型设计、视野优化以及标准化等方面。同时,国外在后视镜材料、制造工艺和技术创新方面也走在前列,例如采用先进的材料和技术制造后视镜,使得后视镜具有更好的抗疲劳性能和视野清晰度。国外后视镜产品的标准化程度也较高,为高品质后视镜的广泛应用提供了保障。

2 研究内容与方法

本文致力于以北京市新型通学车(图 1)后视镜为标杆样板,深入探讨客车后视镜的设计与视野校核,旨在通过综合研究提升后视镜的性能和品质。研究内容涵盖多个方面,并采用多样化的研究方法以确保研究的全面性和深入性。

图1 北京市新型通学车

在研究内容上,本文将全面剖析客车后视镜设计的各个环节。其中,后视镜的造型设计是研究的重点之一,旨在创造出既符合美学标准又能满足功能需求的后视镜形态。同时,视野范围的优化也是本研究的核心内容,通过科学分析和试验验证,确定最佳的后视镜安装位置和角度,以扩大驾驶员的视野,提高行车安全性。

在研究方法上,本文将综合运用文献综述、试验研究、人机工程模拟等多种手段。文献综述将帮助我们全面了解国内外在后视镜设计领域的最新研究成果和发展动态,为本文提供理论支撑和参考依据。试验研究则是验证后视镜设计可行性和效果的重要环节,通过模拟实际使用场景对后视镜进行实地测试,以确保其性能达到预期标准。人机工程模拟技术的应用将进一步提高研究的精确度和效率,通过构建 CAD 模型,对后视镜的结构和视野范围进行优化设计。

为了更广泛地收集信息和数据,公司还采用了问卷调查、实车评审访谈的方法对所设计的后视镜初始方案进行评估。问卷调查针对客车驾驶员、乘客等不同群体展开,以获取他们对后视镜使用体验和需求的真实反馈。实地访谈则深入公司生产车间和后视镜供应商等一线单位,与行业专家进行面对面交流,探讨后视镜品质提升过程中的痛点和难点,共同寻求解决方案。

3 客车后视镜总体设计原则与要求

后视镜作为客车的重要组成部分,对于驾驶员的安全驾驶至关重要。在设计后视镜的过程中,必须遵循一系列的原则和要求,以确保其在实际使用过程中发挥出最佳的性能。这些原则和要求主要包括安全性、舒适性和耐用性。

3.1 安全性原则

后视镜作为驾驶过程中的重要辅助设备,其首要原则就是安全性。设计师在设计后视镜时,必须考虑到驾驶员的视线范围,确保后视镜能够全面、清晰地反映出车辆周围的情况。这要求后视镜的设计不仅要避免盲区,还要避免图像失真,以便驾驶员能够准确判断车辆与周围物体的距离和关系。同时,后视镜的材质也必须具有防眩光、防反射等功能,以减少驾驶员在行驶过程中受到的干扰。

3.2 舒适性原则

除了安全性外,舒适性也是后视镜设计的重要原则。驾驶员在长时间驾驶过程中,需要不断调整后视镜的位置和角度,以适应不同的驾驶姿势和路况。因此,后视镜的设计必须考虑驾驶员的舒适性,使其能够轻松调整到最适合自己的位置和角度。后视镜的材质也必须具有良好的触感和耐磨性,以提高驾驶员的使用体验。

3.3 耐用性原则

后视镜作为车辆的重要部件,其耐用性也是不可忽视的。在恶劣的行车环境中,后视镜可能会受到风雨、振动等外部因素的影响,因此其设计必须具备足够的强度和稳定性。后视镜的材质也必须具有抗老化、耐腐蚀等特性,以确保其长期稳定的性能表现。同时,对于后视镜的维护和更换,也需要考虑其便捷性和成本,以便在需要时能够以较低成本及时更换。

4 镜面材料及选择依据

在后视镜设计中,镜面材料的选择是至关重要的,它直接关系到后视镜的清晰度、耐磨性、抗冲击性等方面。目前,市场上主要的镜面材料有玻璃镜面、塑料镜面以及其他特殊材料。

玻璃镜面因其高硬度和耐磨性成为后视镜的首选材料。它能够在长期的使用过程中保持较高的图像质量,且能够准确反映周围环境的情况。同时,玻璃镜面还具备较好的光学性能,如透光率高、畸变小等,为驾驶员提供了更为准确的视觉信息。然而,玻璃镜面也存在易碎、易被划伤的缺点,一旦破损或划伤,会对驾驶员的视线造成严重影响。因此,在使用玻璃镜面的后视镜时,驾驶员需要特别小心,避免与硬物碰撞或划伤镜面。

塑料镜面则因其轻便、韧性好、抗冲击性强的特点而得到广泛应用。它能够在一定程度上减少后视镜的振动和模糊现象,提高驾驶员的视野清晰度。同时,塑料镜面还具备较好的抗冲击性能,能够在碰撞时有效保护镜面不破损。然而,塑料镜面也存在易被污染、易老化的缺点,需要定期清洁和养护。塑料镜面的透光率相对较低,可能会影响驾驶员的视线。因此,在选择塑料镜面的后视镜时,需要综合考虑其优缺点,选择性能优良的产品。

除了上述两种常见的镜面材料外,还有一些特殊材料如电镀镜面、合金镜面等也被用于后视镜的设计中。这些材料具有独特的性能和优点,如电镀镜面能够提供更好的反射效果,合金镜面则具有更好的耐磨性和抗冲击性。然而,这些特殊材料的成本较高,且加工难度也较大,因此在实际应用中需要根据具体情况进行综合考虑。在选择镜面材料时,需要充分考虑使用环境、车辆类型、驾驶员需求等因素,选择最合适的镜面材料。

5　客车后视镜视野校核方法及原理

校核后视镜的视野是确保车辆行驶安全的重要环节,其方法和原理主要包括 CAD 作图法、三维软件校核法等。

几何作图法是一种通过几何作图原理来标注后视镜视野范围的方法。在校核过程中,需要使用二维 CAD 软件,结合光线追踪原理,在图纸的后视镜上绘制出不同方位的直线或圆弧。这些几何元素与后视镜的镜面形状、尺寸以及安装位置有关,能够准确地反映出后视镜的视野范围。通过对比标准法规视野范围与实际视野范围,可以判断后视镜的视野是否合格。几何作图法操作略微复杂,成本较低,需要较高的作图精度和专业知识。

三维软件校核法则是通过现如今广泛采用的三维模型设计工具,如 CATIA、UG 等,用专门的模块进行后视镜的视野校核,操作简便,只需要确定好法规视野范围、车身 H 点坐标、外镜片的位置、地面参数、车身宽度、镜片尺寸及曲率半径,就可以校核后视野是否达标。

6　北京通学车外后视镜设计实践

北京通学车是北京市 2023 年 9 月 1 日推出的一项创新服务,旨在为义务教育阶段中小学生通学提供新选择。它不同于常规公交车,是由学校组织家长定制的方式,在社区端和学校端设置站点,突出乘车方便和快速到达。由北汽福田研发的新型通学车着重突出"安全、环保、美观、智慧、舒适"的特点,开发的新型通学车后视镜也遵循这五点进行设计。

6.1 设计目标与约束条件

在设计目标方面,首要考虑的是相较基础车型,新型通学车后视镜应提供更广阔的视野范围,这意味着设计时需要确保后视镜能够覆盖驾驶员在驾驶过程中需要观察的各个角度,特别是车辆后方和侧方的区域。通过优化镜面的形状和尺寸,以及合理布置后视镜的位置,可以最大限度地减少视觉盲区,提高驾驶员对周围环境的感知能力,如图2、图3所示。全新开发的第二代通学车后视镜,主镜面采用加宽型,宽度由第一代通学车的198mm增加到218mm,同时配备前视镜、补盲镜,扩大驾驶员间接视野范围,减少盲区范围,提升行车安全性。

a) 旧后视镜　　　　　　　　　　　　　b) 新后视镜

图2　后视镜镜片对比

a) 旧后视镜镜壳　　　　　　　　　　　　b) 新后视镜镜壳

图3　后视镜镜壳对比

除了视野范围,后视镜的美观性也是设计中不可忽视的因素。作为车辆外观的一部分,后视镜的设计应与整车风格相协调,既要实用又要美观。同时,耐用性也是评价后视镜设计好坏的重要指标。优质的材料和可靠的制造工艺能够确保后视镜在各种恶劣环境下都能保持稳定的性能,从而延长使用寿命。

成本控制也是设计过程中必须考虑的因素之一。在满足性能要求的前提下,通过合理的材料选择和制造工艺优化,可以降低生产成本,提高产品的市场竞争力。

在约束条件方面,车辆本身的参数对后视镜设计构成了基本的限制。例如,车辆的宽度和高度决定了后视镜的最大尺寸范围,而车辆的重量则会影响到后视镜安装位置的选取。法规要求也是设计过程中必须严格遵守的约束条件。市场需求同样是影响后视镜设计的重要因素。客户对后视镜的偏好和需求多样化,如有的更注重视野的广阔性,有的则更看重外观的时尚感。因此,在设计时需要对市场需求进行细致分析,以便开发出更符合消费者期望的产品。

镜面材质和安装方式等细节因素也会对后视镜的视野效果产生影响。选择合适的镜面材质可以确保图像清晰、不失真,而合理的安装方式则能够确保后视镜在使用过程中的稳定性和可靠性。这些因素都需要在设计阶段进行充分考虑和测试验证。

6.2 镜片形状、尺寸确定过程

在客车后视镜设计中,镜面形状与尺寸的确定是影响后视镜性能的关键因素之一。这一过程涉及多个方面的考量,以确保后视镜能够提供最佳的视野效果,提高行车安全水平。

6.2.1 镜面形状的选择

新型通学车后视镜的镜面形状主要为凸面镜。凸面镜具有扩大视野的特性,能够减小盲区,提高行车安全。凸面镜的设计使得其能够反射来自更广范围的光线,使得驾驶员在观察后视镜时能够看到更多的道路情况。同时,凸面镜还能够将远处的物体拉近,使得驾驶员能够更早地发现潜在的危险。

在选择镜面形状时,还需要考虑车辆外观和实际需求。镜面形状应与车辆整体造型相协调,以保证美观性。镜面形状还应考虑驾驶员的视野习惯和需求,以确保驾驶员在行驶过程中能够自然地观察后视镜,减少视觉疲劳。

6.2.2 镜面尺寸的确定

镜面尺寸的大小对后视镜的视野范围有直接的影响。过大或过小的镜面都会影响到后视镜的视野效果。因此,在确定镜面尺寸时,需要综合考虑多个因素。

镜面尺寸应根据车辆尺寸来确定。车辆的高度、宽度和长度都会影响到后视镜的视野范围。一般来说,车辆越大,所需的镜面尺寸也就越大。驾驶员的身高和座椅位置也是确定镜面尺寸的重要因素。驾驶员的视线高度和角度会直接影响到后视镜的视野效果。因此,在设计后视镜时,需要考虑到驾驶员的身高和座椅位置,以确保驾驶员能够清晰地看到后视镜中的道路情况。后视镜的安装位置和角度也会影响到其视野范围,因此也需要考虑。在设计后视镜时,需要综合考虑以上因素,以确定最佳的安装位置和角度。

6.3 安装位置与角度优化策略

在安装后视镜时,选择合适的安装位置和调整适当的镜面角度是至关重要的,这不仅关乎驾驶员的行车安全,也影响着整车的外观设计和行驶性能。

关于后视镜的安装位置,需要综合考虑多个因素以确保其科学合理。首要的是确保驾驶员能够轻松且自然地观察到后视镜中的影像,这就要求后视镜必须安装在驾驶员视线范围内易于调整的位置。同时,安装位置不应妨碍驾驶员进行其他驾驶操作,如换挡、调节空调等,以保证行车过程的安全与顺畅。后视镜的安装也要与车辆的外观设计相协调,避免破坏整车的流线型造型,以减小风阻,提高燃油经济性。

而后视镜的角度的优化,则能显著提升驾驶员的观察效率。需要根据驾驶员的坐姿和视线高度,调整后视镜的角度,以便清晰地反映后方和侧方的交通情况。在实际驾驶过程中,车辆会产生振动和颠簸,这就要求后视镜的角度具有一定的稳定性,避免因车辆动态变化而影响观察效果。通过精细的角度调整,可以确保在不同路况和行驶状态下,后方车辆和行人的动态都能被驾驶员准确捕捉,从而做出及时的判断和应对。

后视镜的安装位置和角度优化是提升行车安全水平的重要措施。科学合理的安装位置能够确保驾驶员在舒适自然的姿态下获取后方视野,而恰当的角度调整则能让驾驶员在任何行驶状态下都能对后方情况一目了然。这两者的结合,不仅提高了行车的便捷性和安全性,也体现了车辆设计的人性化和精细化。开发的后视镜实车视野如图 4 和图 5 所示

图4　右侧后视镜　　　　　　　　　　图5　左侧后视镜

7　结语

7.1　开发成果总结

针对北京市通学车后视镜设计优化研究取得了显著的成果。在后视镜设计优化方案方面,我们综合考虑了实际应用需求和用户体验,提出了切实可行的优化方案。针对镜片材质,我们选择了具有高透光率、低折射率和抗磨性能的优质材料,确保了后视镜在恶劣天气下的清晰度和耐用性。同时,我们对镜片宽度、镜片曲率和安装角度进行了优化,使得后视镜能够提供更广阔的视野范围,减少了盲区。在外观设计上,我们采用全新造型设计,与整车春辰绿的色调相协调,设计了特别的流水效果灯带造型,如同孩子明亮的眼睛映出满满的纯真与欢愉,提高了后视镜的实用性和美观性。

在视野校核方法及标准方面,我们按照《机动车辆　间接视野装置　性能和安装要求》(GB 15084—2022),确立了严格的后视镜视野校核方法和标准。通过实地测试和数据分析,我们得出了精确的视野范围

和数据,这些数据为后视镜的设计优化提供了重要依据。同时,我们还建立了后视镜视野校核的标准化流程,确保了每次校核的准确性和一致性。

我们还深入分析了影响后视镜视野的因素,发现车辆尺寸、驾驶位置、镜片质量等因素都会对后视镜视野产生影响。针对这些因素,我们提出了相应的优化建议,如调整镜片尺寸、优化驾驶位置等,以提高后视镜的实用性和安全性。同时,我们还建议后视镜制造商在生产过程中加强质量控制,提高镜片质量和安装精度,以确保后视镜的视野效果。

7.2　创新点归纳

本研究在客车后视镜设计优化方面,进行了全面而深入的创新,主要体现在以下三个方面。

7.2.1　综合性设计优化

本研究综合考虑了客车后视镜的实用性和美观性,提出了综合性的设计优化方案。在实用性方面,我们重新设计了后视镜的形状和曲率,使其能够更全面地反映后方的交通情况,减少了盲区。同时,我们还对后视镜的安装位置进行了优化,使其更符合驾驶员的视线习惯,提高了驾驶的安全性和舒适性。在美观性方面,我们采用了流线型的设计,使后视镜与车身完美融合,提升了整车的外观美感。这种综合性的设计优化,不仅满足了用户的需求,也提升了客车的市场竞争力。

7.2.2　视野校核方法创新

传统的视野校核方法主要依赖于驾驶员的主观感受和经验判断,存在较大的误差和不确定性。为了解决这个问题,本研究采用了实地测试与数据分析相结合的方法,创新了视野校核的手段。我们在路试跑道设置了多个测试点,模拟了不同驾驶场景和道路条件,对后视镜的视野进行了全面的测试。同时,我们还引入了三维软件数据分析技术,对测试数据进行了深入的分析和处理,得出了准确的视野范围。这种方法不仅提高了校核的准确性和效率,也为后续的设计优化提供了可靠的数据支持。

7.2.3　影响因素深入分析

本研究深入分析了影响后视镜视野的多种因素,包括后视镜的形状、曲率、安装位置、驾驶员的身高、坐姿等。通过对这些因素的综合分析,我们找出了影响后视镜视野的主要因素,并提出了相应的优化建议。这些分析不仅为本研究提供了有价值的参考和思路,也可为后续研究提供有益的借鉴和启示。同时,我们还对这些因素进行了敏感性分析,评估了它们对后视镜视野的影响程度,为后续的设计优化提供了重要的依据。

7.3　未来研究方向预测

随着汽车工业的不断进步和科技的飞速发展,后视镜的研究和开发呈现出了许多新的趋势。以下将针对智能化后视镜研究、个性化定制研究和环保理念融入研究三个方面进行详细的分析和探讨。

7.3.1　智能化后视镜研究

智能化后视镜是未来后视镜技术的重要发展方向。随着智能驾驶和车联网技术的不断推进,后视镜的功能将逐渐从单一的观察转变为集多种功能于一体的智能设备。其中,智能识别技术将成为智能化后视镜的重要组成部分。通过图像识别、物体追踪等技术,后视镜可以实现对周围环境的智能感知和识别,包括车辆、行人、交通标志等,为驾驶员提供更加全面、准确的道路信息。智能后视镜还可以根据驾驶员的喜好和习惯，自动调整后视镜的角度、亮度、对比度，提高驾驶的舒适性和安全性。

7.3.2　个性化定制研究

不同用户对后视镜的需求存在差异，因此，个性化定制成为后视镜研究的另一个重要方向。通过对用户的驾驶习惯、身高、视角等进行分析，可以设计出符合用户需求的个性化后视镜。例如，对于喜欢高速驾驶的用户，后视镜可以设计成更加宽大、视野更广阔的样式；对于驾驶技术较为熟练的用户，后视镜可以提供更多的驾驶辅助信息，如盲区监测、车道偏离预警等。后视镜的材质、颜色、造型等也可以根据用户的喜好进行定制，满足个性化需求。

7.3.3　环保理念融入研究

环保理念在车辆设计中的应用越来越受到重视，后视镜的设计也不例外。未来的后视镜将更加注重环保和轻量化。后视镜的材质将采用更加环保、可回收的材料，减少对环境的污染。

参考文献

[1] 黄天泽.大客车车身[M].长沙:湖南大学出版社.1988.

[2] 曾正明.机械工程材料手册[M].北京:机械工业出版社,2004.

[3] 刘开春.汽车车身设计[M].北京:机械工业出版社.2015.

[4] 孙凌玉.车身结构轻量化设计理论、方法与工程实践[M].北京:国防工业出版社.2011.

[5] 顾柏良.汽车工程手册[M].北京:北京理工大学出版社.2005.

[6] 全国汽车标准化技术委员会.机动车辆间接视野装置性能和安装要求:GB 15084—2022[S].北京:中国标准出版社,2022.

新能源客车高压线束设计与布置研究浅析

程丹华

(南京金龙客车制造有限公司,南京 210000)

摘 要:为响应国家绿色出行倡议,各大城市及农村地区近几年普遍引入新能源客车,并逐步取代传统燃油客车。随着新能源客车技术的快速发展,车辆电气系统日趋复杂与完善,高压线束作为车辆动力供电与功能控制的核心传输介质,其设计与布置对整车安全性、可靠性和空间利用效率方面具有重要影响。如何合理进行高压线束的布局与路径规划,成为当前设计过程中的关键技术挑战之一。

关键词:新能源客车;高压线束;绝缘电阻;屏蔽设计;布置设计

0 引言

在新能源客车的复杂系统中,高压线束主要负责整车高压能量的传输,因为需要承载高电压、大电流的重任,所以高压线束性能的优劣及布置方式直接关乎整车的安全性、可靠性及动力表现。本文就新能源客车高压线束设计及布置做如下分析。

1 新能源客车高压线束种类

新能源客车高压线束主要包括电池动力线、电机高压线、充电线、空调线、打气泵线束、转向泵线束、电除霜线束及动力配电盒与多合一控制器之间连接的直流母线等。各类高压线束均作为整车高压电器功能件的高压电力传输导线,根据传输功率的不同,线束的线径及连接方式也不同。

2 高压线束的设计方案

目前,新能源客车主要有纯电动客车、混合动力客车、氢燃料客车三种形式,区别于传统汽油车的整车线束,新能源汽车有高压线束和低压线束,且不同形式新能源车辆的线束设计方式和布置方案也存在区别。

2.1 高压线束设计原则

新能源客车上高压线束的主要作用是提供和传输高压强电,因此线束的设计及布置尤为重要,主要遵循以下几个原则:

(1)安全性:线束布置应远离热源、运动部件,以防损坏引发火灾。

(2)可靠性:连接稳定,不易受振动、温度、湿度等环境因素影响。

(3)经济性:在满足性能要求前提下,尽可能减少线束长度和材料用量,降低成本。

(4)可维护性:线束布置整洁、标识清晰,便于检修更换。

2.2 高压连接器选型

2.2.1 高压连接器功能

高压连接器主要负责高压电流的连接和传输,是整车上保障人体安全的重要部件。因此客车高压连接器在选型时需要充分考虑耐高压、防护等级、高压互锁、屏蔽等功能。目前在高压连接器的选型上首先使用行业内技术较为前端、成熟、可靠的供应商。

2.2.2 高压连接器耐压及绝缘要求

高压连接器的额定电压应满足新能源客车电压要求,目前新能源客车电压平台一般是750V,高压连接器必须能承受高电压和高电流冲击,确保在高压环境下安全、稳定工作。绝缘电阻是衡量高压连接器电气性能的重要指标,确保高压连接器在高压环境下不发生漏电和短路现象,其绝缘电阻应符合相关标准。高压连接器在设计上采用高性能的绝缘材料,如聚酰亚胺(PI)、聚四氟乙烯(PTFE)等,这些材料的绝缘性能均较出色,能够有效防止漏电,保障高压连接器在高电压环境下稳定运行。

2.3 高压线束屏蔽设计

2.3.1 高压线束屏蔽材料选择

为防止电磁干扰(EMI)对车辆其他电子系统的影响,高压线束采用屏蔽材料,有效吸收电磁波,减少干扰,常见屏蔽材料包括金属编织网、铝箔、导电布等。

2.3.2 高压线束屏蔽结构设计

常见的高压线束屏蔽结构有单独铜丝屏蔽、铜带屏蔽、"绕包铝塑复合带+镀锡铜丝编织"复合屏蔽、"挤塑半导电层+铜丝编织"屏蔽等。目前,在新能源客车上使用较为广泛的屏蔽方式是"绕包铝塑复合带+镀锡铜丝编织"复合屏蔽,经过制样测试,发现"挤出半导电屏蔽层+镀锡铜丝编织"复合屏蔽结构组合,在满足寿命和屏蔽率两种要求的前提下表现更优良,有较为广阔的发展空间。

3 高压线束布置

3.1 高压线束布置原则

(1)就近原则:在布置新能源客车高压线束时要尽可能减少高压线束的路径,这样既能避免因路径过长产生压降,也符合降本减重的设计目标。

(2)安全原则:高压线束布置除了要满足就近原则外,还要满足安全原则,同时需要对高压线束进行有效的防护。高压线束的不合理布置可能导致漏电,甚至引发火灾,危及驾乘人员安全。

3.2 高压线束布置类型

高压线束布置类型目前普遍采用的是分层布置和并列布置两种方式。这两种方式都是将高压线束和低压线束分开布置,以减少高压对低压通信的电磁干扰。

(1)分层布置。

分层布置顾名思义就是将高压线束和低压线束隔开一定距离进行布置,避免高压产生的电磁场干扰低压线束。

（2）并列布置。

并列布置就是线束走向相同但依附车架或车身并列布置。采用并列式布置,可以保证高低压线束并列不交叉。

由于不同车型整车结构、电器件布置形式的差异和布置空间的局限,以上两种布置形式在日常的新能源客车线束布置设计中都会有体现,通常将两种布置形式结合应用,从而最大限度地减少或避免高压对低压线束通信的干扰。

3.3　高压线束布置注意点

3.3.1　高压导线最小弯曲半径设计

高压线束的弯曲半径对于高压线束的电阻影响很大,若高压线束被过分弯曲,线束弯折部分的电阻变大,将造成线路压降增大;同时过分弯曲时间久了还会造成线束绝缘胶皮老化和开裂,影响高压线束使用寿命,一般高压线束最小的内弯曲半径不应小于导线外直径的 4 倍。

因此无论在前期设计时还是在装配的过程中,都需要避免在接头中存在导线过度弯曲的现象,否则接头后装密封件可能出现漏电通路。高压连接器尾部出线的高压线束需保持直式出线,靠近连接器尾部的高压导线不得弯曲受力,不得旋转走向。

3.3.2　避免高温区域

在新能源客车上也有多处高温区域,例如转向油泵及油管、打气泵等,布置线束时应避开整车上的高温部件,避免高温使导线融化或加速老化,造成芯线外漏与车架短接的情况。

3.3.3　避免振动区域

因高频振动容易引起高压线束固定点位错动、脱落,甚至插件松动,进而导致高压动力传输报警等风险,因此高压线束布置设计时应尽量避开整车振动区域,当因结构布置等因素无法避开时,应根据线束布置部位的振动幅度、运动件的最大运动包络等参数,留有足够余量的高压导线,避免使线束受力。并且高压导线长度控制要合理,长度既要留有富余,以抵消运动拖拽带来的应力,又要避免过长导致线束扭曲。

3.3.4　避免涉水区域

因高压线束传导的是高电压、强电流,超出人体所能承受的电压强度,高压线束或插件一旦涉水,很容易造成漏电、触电风险,所以新能源客车高压线束布置一般要求在车身涉水高度以上。

3.3.5　高压线束密封设计

为防止灰尘、水汽等进入连接器,造成接触件之间短路、漏电等,可在接插的连接器间以及连接器连接电缆的位置均采用密封圈等防护措施,高压导线与高压连接器之间采用导线密封件、热缩管、橡胶件等多种方式进行密封,以达到 IP67 等级的防水防尘要求。

4　结语

高压线束作为新能源客车上的重要零部件,承担着整车高压电能的传输任务,为新能源客车安全平稳运行提供能量,所以高压线束设计及线束布置是决定着新能源客车能否正常运营的关键因素。

参考文献

[1] 全国电气安全标准化技术委员会.外壳防护等级(IP代码):GB/T 4208—2017[S].北京:中国标准出版社,2017.

[2] 中华人民共和国工业和信息化部.电动汽车安全要求:GB 18384—2020[S].北京:中国标准出版社,2020.

[3] 全国汽车标准化技术委员会.电动汽车用高压大电流线束和连接器技术要求:GB/T 37133—2018[S].北京:中国标准出版社,2018.

[4] 徐德欣.新能源汽车高压线束设计及接插件选型研究[J].电子乐园,2019(28):372.

制造工艺
与质量管理

客车车身基材打磨工艺优化及油漆外观提升研究

刘　丹,欧阳超群,朱荣健,李　鑫,林志鹏

(比亚迪汽车工业有限公司,深圳　518118)

摘　要:客车涂装需要多道打磨工序来获得理想喷漆表面。本文研究了基材[普碳钢板、镀锌钢板、铝板、拉挤玻璃钢(P-FRP)、双环戊二烯(DCPD)、真空袋压玻璃钢(V-FRP)、片状模塑料(SMC)]打磨对油漆外观性能的影响。研究表明,漆膜粗糙度的内在演化是低阶的,基材表面粗糙度仅对底漆粗糙度产生影响,对中涂漆和面漆粗糙度无影响。漆膜表面粗糙度的内在演化与涂层数有关,增加涂层数可减小表面粗糙度。基材打磨对面漆外观无影响,油漆外观与面漆粗糙度直接相关。面漆粗糙度对油漆光泽特性影响显著,对油漆的光泽度、橘皮、鲜映性有不同的影响,粗糙度阈值均为 0.2μm。本研究指出面漆粗糙度对油漆外观有重要影响,可通过工艺优化减小面漆粗糙度来提升油漆外观,为客车油漆外观提升提供了理论支持。

关键词:车身基材;打磨;粗糙度;油漆外观

0　引言

随着客车市场的全球化发展,具有优异外观品质的客车具有更强的竞争实力,在一众同行中脱颖而出。然而,客车制造自动化水平较低,白车身尺寸精度和表面质量较差,是客车外观提升的巨大阻力来源。客车涂装需要多道打磨工序来获得理想的喷漆表面,打磨是客车涂装工艺独有的工序[1-3]。目前,客车车身材质较多,其中有普通碳钢、镀锌钢、铝合金、DCPD、拉挤玻璃钢、SMC、真空袋压玻璃钢。由于不同材料来料的表面粗糙度不同,在采用相同打磨工艺(打磨砂纸和打磨手法)时会产生不一样的打磨效果,打磨后的目标表面的粗糙度有较大差异,在实际生产过程中导致油漆外观质量问题[4-6]。

本文研究不同基材的打磨性质,并从表面粗糙度与油漆外观的机理层面,深入分析基材以及中间膜层的粗糙度对油漆外观的影响机制,明确基材的粗糙度差异是否对油漆外观品质有影响,并探索基材免打磨工艺或差异化打磨工艺,以期来降低作业强度,并为提升客车车身油漆外观提供理论依据。

1　试验部分

1.1　试验原料

选取普碳钢、镀锌钢、铝合金、拉挤玻璃钢、真空袋压玻璃钢、DCPE、SMC 七种试验基材,加工制成尺寸为 250mm×200mm(长×宽)的试验样件(图 1)。

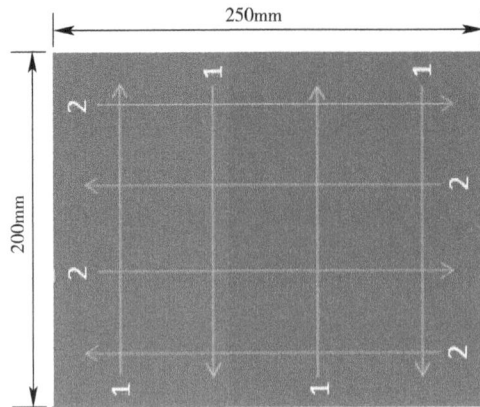

图1 样件尺寸示意图

1.2 试验方法

(1)打磨试验。

将样件固定到平整的水平台上,用气磨机横竖两道压边式整面打磨样件表面。基材采用 120 号、180 号、240 号、320 号和 600 号五种砂纸打磨,底漆采用 240 号砂纸打磨,中涂漆采用 400 号砂纸打磨。将不打磨、120 号、180 号、240 号、320 号和 600 号打磨的样件分别命名为 0 号、1 号、2 号、3 号、4 号和 5 号试样。

(2)喷漆试验。

将打磨好的样件固定在水平台上,置于车间喷漆房中,进行底漆(环氧水性漆)、中涂(水性漆)和面漆(水性双组分素色漆)喷涂试验,喷涂温湿度分别控制在 20~30℃,60%~70%。底漆、中涂和面漆膜厚度分别控制在 25~35μm、50~70μm、35~45μm 范围内。样件喷漆完成后,先进行闪干,闪干时间为 30 min 左右,然后送入烘房烘干,烘烤温度为 70~80℃,烘干时间为 1.5h。图2 分别为铝基材来料、打磨后、喷底漆、喷面漆的试样照片。

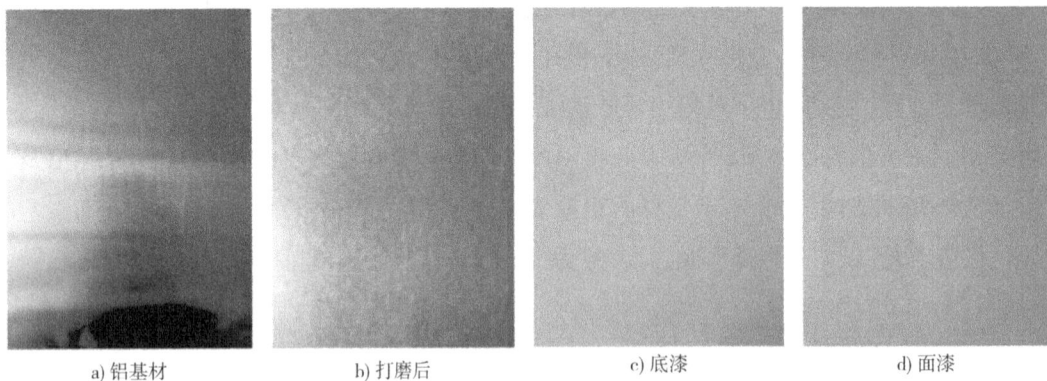

a) 铝基材　　　　b) 打磨后　　　　c) 底漆　　　　d) 面漆

图2 试验样件照片

1.3 测试方法

样件表面粗糙度采用粗糙度仪(TR200/吉泰科仪)进行测试,每个样件测试 5 个区域;样件表面硬度采用硬度仪测试(洛氏硬度仪/知金),每个样件测试 5 个区域;漆膜膜厚采用膜厚仪(DR380/东如)测试,每个样件测试 5 个区域;光泽度采用多角度光泽仪(HG268/三恩时)测试,每个样件测试 5 个区域;橘皮和鲜映性采用橘皮仪(7400/BYK)测试,每个样件测试 5 个区域。

2 结果与讨论

2.1 打磨对基材粗糙度的影响

2.1.1 金属基材打磨粗糙度变化

图3为普碳钢板、镀锌钢板、铝板三种金属基材打磨前后的粗糙度变化。从图3a)看出,普碳钢板来料粗糙度在0.8~1.0μm范围内,砂纸打磨后,表面粗糙度明显降低,最小到约0.3μm。采用120号、180号、240号、320号砂纸打磨时,随着砂纸目数的增加,普碳钢板表面粗糙度明显降低,但采用600号砂纸打磨,粗糙度较320号打磨时增加,这主要是因为600号砂纸更细(在相同面积内,磨粒粒子数较多),在相同的打磨操作下,对磨粒基材表面的打磨效果较差[7]。

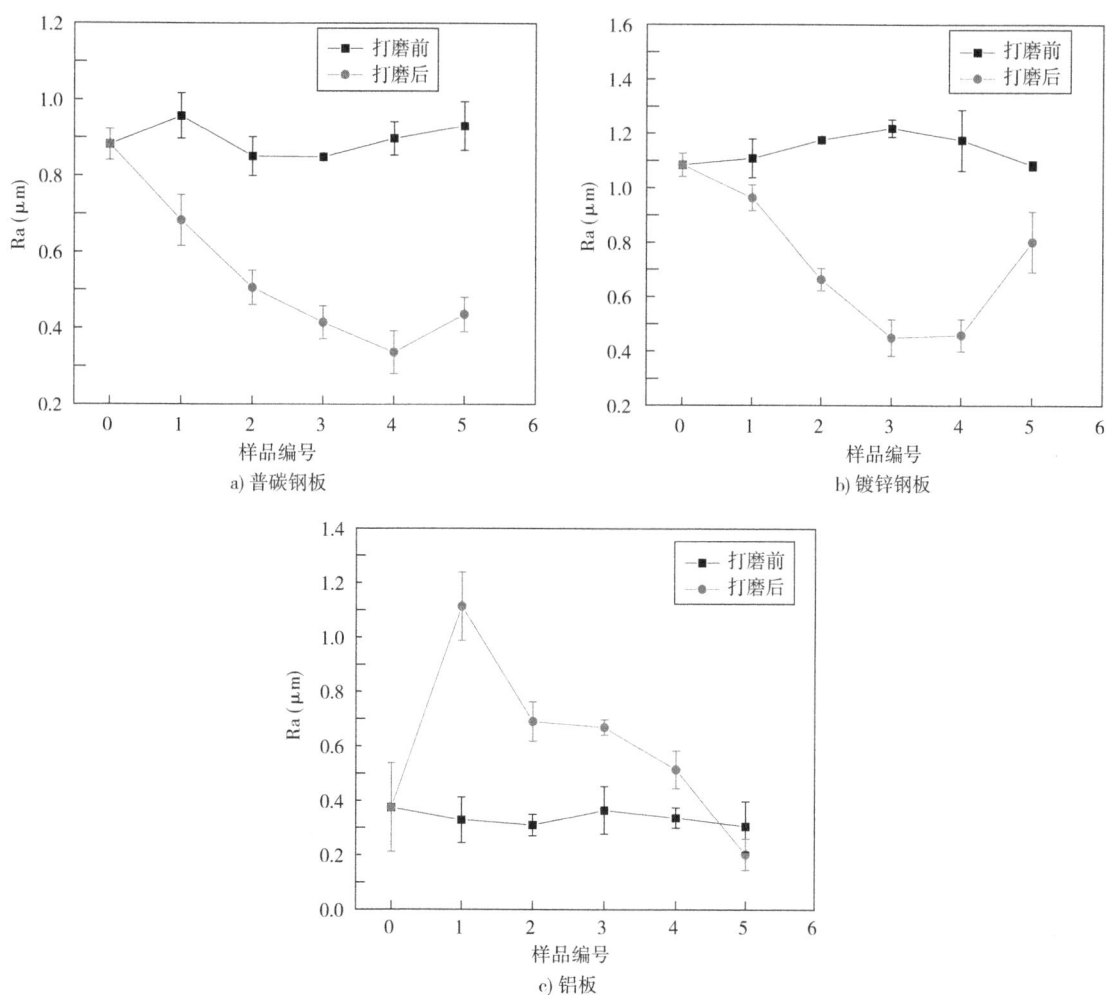

a) 普碳钢板

b) 镀锌钢板

c) 铝板

图3 基材打磨前后表面粗糙度

从图3b)看出,镀锌钢板来料粗糙度在1.0~1.2μm范围内,较普碳钢板更为粗糙。砂纸打磨后,粗糙度最小为0.4μm左右。镀锌钢板打磨后粗糙度的变化趋势与普碳钢板相似,表明它们有相同的表面打磨性质。但相比于普碳钢板,用同种型号砂纸打磨后,表面粗糙度较大,这与其本身表面粗糙度和表面特征有关。一般镀锌钢板的表面硬度较普碳钢稍大(表1),所以镀锌钢板的打磨性更差一些。

基材表面洛氏硬度　　　　　　　　　　　　　　表1

基材	洛氏硬度(HRA)					
	S1	S2	S3	S4	S5	平均值
普碳钢	35.6	35.7	35.6	35.6	34.9	35.5
镀锌钢	35.1	34.3	34.1	34.0	35.0	34.5
铝合金	29.6	26.7	27.2	27.4	27.3	27.6

从图3c)可看出,铝板来料粗糙度在0.3~0.4μm范围内,较普碳钢板和镀锌钢板更为光滑。铝板打磨后粗糙度的变化趋势与普碳钢板和镀锌钢板趋势完全相反,打磨后粗糙度增加,表明铝板具有不同的表面打磨性质。因为铝板质地较软,在用砂纸打磨时,磨粒易在表面产生犁沟,导致粗糙度增加[8]。从表1基材表面洛氏硬度测试数据来看,铝合金的硬度要比普碳钢和镀锌钢低,进一步说明了这一点。注意到,只有600号砂纸打磨不会导致表面粗糙度增加,这是因为600号砂纸更细,不会对铝材表面产生明显的砂磨作用。

2.1.2　非金属基材打磨粗糙度变化

图4为四种非金属基材打磨前后的粗糙度变化。四种非金属基材来料粗糙度大小依次为:DCPD(0.229 μm)<SMC(0.593 μm)<V-FRP(1.865 μm)<P-FRP(3.114 μm)。对于拉挤玻璃钢,随着砂纸目数的增加,打磨后的粗糙度下降;对于其他非金属材料,随着砂纸目数的增加,粗糙度先增加后减小,即采用120号砂纸打磨后粗糙度增加,采用180号砂纸及以上打磨后粗糙度减小。对于真空袋压玻璃钢,采用180号砂纸及以上打磨后,粗糙度低于来料粗糙度;对于DCPD,打磨后粗糙度均高于来料;对于SMC,采用180号、240号、320号砂纸打磨后,粗糙度均高于来料,但用600号砂纸打磨后,粗糙度低于来料。

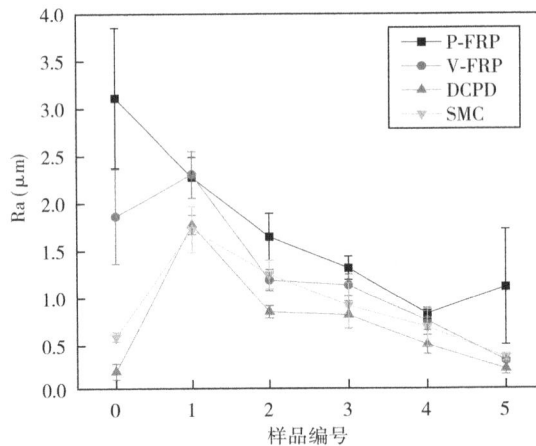

图4　非金属材料基材打磨前后粗糙度变化

非金属材料采用相同的砂纸打磨后,表现出不同的粗糙度变化,这主要与材料的可打磨性有关,主要原因与金属基材类似。同时,玻璃钢非金属材料的打磨特性还与所采用的树脂基体特征和复合材料中的纤维占比有很大关系[9]。比如,对于粗糙度较大的拉挤玻璃钢,由于纤维占比较大,其打磨特性和打磨后的表面特征与其他非金属材料完全不同。结合金属基材粗糙度变化,得出基材打磨的最佳砂纸型号为320号。

2.1.3　基材打磨粗糙度变化理论分析

基于等切削磨削理论,可以用式(1)来描述基材打磨表面粗糙度变化规律[10]:

$$H = \left(\frac{15}{16} \cot\theta \frac{v}{V} \sqrt{\frac{d \pm D}{Dd}} \right)^{0.4} e^{1.2} \tag{1}$$

式中：H——基材表面被砂纸磨粒磨削的最大深度；

　　　　θ——磨粒顶圆锥半角；

　　　　v——砂纸-打磨表面相对速率；

　　　　V——气磨机打磨速率；

　　　　d——打磨表面曲率直径（平面为∞）；

　　　　D——气磨机直径；

　　　　e——磨粒空间平均间隔。

通过分析理论公式可知，对于砂纸打磨基材平面，打磨轮廓的最大深度与磨粒顶角 θ、砂纸-打磨表面相对速率 v、磨粒间隔 e 成正相关关系，与气磨机打磨速率 V、气磨机直径 D 成负相关关系。该理论公式假定打磨过程中打磨表面不发生耕犁塑性变形。

实际上，假设打磨过程中气磨机相关变量保持恒定，打磨轮廓最大深度仅取决于磨粒顶角 θ 和磨粒间隔 e。也就是说，随着砂纸目数增加，磨粒变细，砂纸磨粒顶角 θ 将减小，而单位面积的磨粒增多，磨粒间隔 e 也减小，两方面都会使得打磨轮廓深度减小，最终使表面粗糙度降低。

基材打磨试验证明了钢板（包括普碳钢和镀锌钢）和铝板有不同的打磨特性。为了尽可能保证喷漆表面的光滑性，钢板适宜用 320 号砂纸打磨，而铝板推荐不打磨，因为铝板来料表面粗糙度与钢板打磨后最好的情形（普碳钢 0.3~0.4μm，镀锌钢 0.4~0.5μm）的表面粗糙度相当。在非金属材料中，拉挤玻璃钢由于其纤维占比较大，树脂层较薄，采用较粗的砂纸打磨会破坏树脂层而使得其表面粗糙，采用较细的砂纸打磨才能获得理想的喷漆表面。对于其他非金属材料，由于表面树脂层较厚且本身为塑料，与铝板具有相似的打磨特性。

2.2　基材打磨对底漆粗糙度的影响

图 5a）所示为金属基材底漆粗糙度变化，所有金属样件的底漆粗糙度较基材打磨前后的粗糙度减小。对于未打磨的样件，底漆粗糙度大小与基材打磨后的表面粗糙度关系一致，即镀锌钢板>普碳钢板>铝板。对于普碳钢板和镀锌钢板，120 号和 180 号砂纸打磨样件的底漆粗糙度与基材打磨后表面粗糙度变化一致，当砂纸目数为 240 号或更高时，这种关系不再适用。

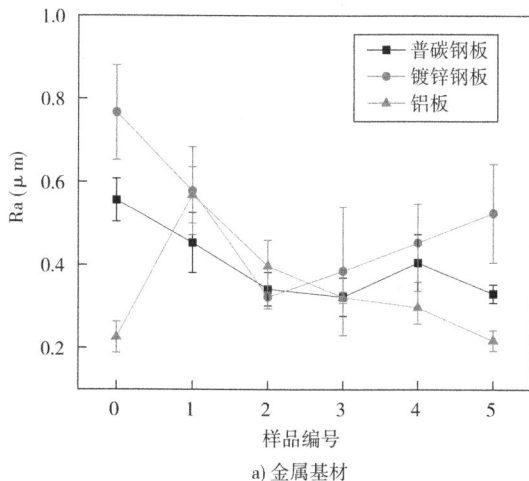

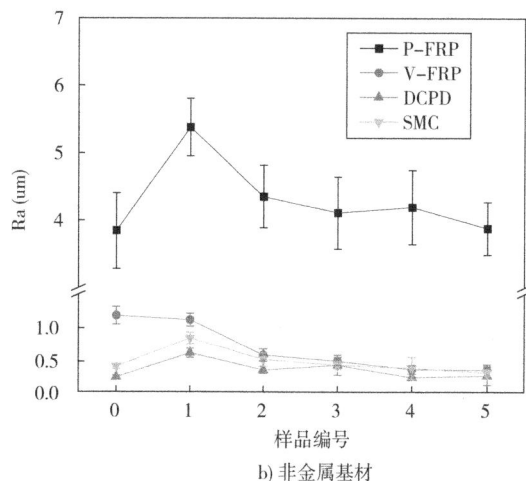

a) 金属基材　　　　　　　　　b) 非金属基材

图5　底漆表面粗糙度

对于铝板，底漆粗糙度与基材打磨后表面粗糙度的变化基本一致。这些结果表明，底漆的粗糙度直接受金属基材打磨后粗糙度的影响。由于底漆粗糙度还受到膜厚的影响，出现一些随机变化情况（见表2~表4）。在表3中，镀锌钢板膜厚高于普碳钢和铝，这是因为镀锌钢表面有一层镀锌层，也叠加到膜厚测试中，实际的厚度要扣除镀锌层的厚度。比较三种基材，可以将镀锌层厚度估计为10μm。这里也需要强调，对于较为粗糙的表面，在一定的膜厚条件下，基材粗糙特征将会往上传递到底漆，但对于较为光滑的表面，基材粗糙度的内在演化可在底漆中消亡。

普碳钢板漆膜膜厚（μm）　　　　　　　　　　　　表2

样件	平均膜厚		
	底漆	中涂漆	面漆
0号	29.6	67.0	45.4
1号	30.8	54.0	45.8
2号	33.6	50.8	49.0
3号	32.6	50.6	49.0
4号	31.2	63.6	37.4
5号	30.8	54.2	38.4

镀锌钢板漆膜膜厚（μm）　　　　　　　　　　　　表3

样件	平均膜厚		
	底漆	中涂漆	面漆
0号	36.0	51.8	38.8
1号	36.6	42.2	36.0
2号	44.2	48.4	40.0
3号	36.6	45.6	40.4
4号	36.2	60.2	44.0
5号	47.2	49.4	47.2

铝板漆膜膜厚（μm）　　　　　　　　　　　　　　表4

样件	平均膜厚		
	底漆	中涂漆	面漆
0号	34.8	45.6	41.2
1号	30.0	35.8	38.6
2号	28.0	44.0	38.6
3号	28.4	50.8	40.4
4号	25.8	49.0	39.8
5号	28.8	41.8	47.4

图5b）所示为非金属基材底漆粗糙度变化。由于拉挤玻璃钢基材表面粗糙度很大，基材表面粗糙度特征完全传递到其底漆中，底漆粗糙度的变化与基材表面粗糙度非常相似。其他基材底漆粗糙度变化规律与它们的基材打磨后的粗糙度变化基本一致，进一步说明了粗糙度传递的规律：逐级传递、低阶特征明显。

拉挤玻璃钢的底漆粗糙度在3.5~5.5μm范围内，其他材料的底漆粗糙度在0.2~1.5μm范围内。拉挤玻璃钢样件底漆的粗糙度比基材粗糙度更大，这是因为拉挤玻璃钢为一种富纤维复合材料，纤维占比较大（体积比为 70%~80%),而且拉挤工艺特征导致其材料表面的树脂层很薄。当采用砂纸打磨时,打磨会导致树脂层脱落和纤维裸露出来,在喷涂底漆后,底漆对纤维有润湿作用,导致油漆在富纤维位置聚集产生缺陷,进而导致粗糙度增大。而对于真空袋压玻璃钢和 SMC,由于它们的树脂层较厚,打磨不会出现纤维裸露的问题,所以也不会出现底漆粗糙度高于基材粗糙度的问题。同时,DCPD 本身为一种塑料,所以也不会出现这种情况。

2.3 基材打磨对面漆粗糙度的影响

图 6a)所示为金属基材面漆粗糙度变化,除了所有样件面漆粗糙度在 0.05~0.2 μm 范围内,较基材表面粗糙度降低一个数量级。3 种样件的面漆粗糙度保持在一定范围,表明面漆粗糙度几乎不受基材打磨前后粗糙度的影响,进一步强调了基材粗糙度在漆膜中由下往上的传递是有限的,即粗糙度在漆膜中的演化是低阶的,只与直接表面有关。在涂层厚度在 100~140μm 范围内(表 1~表 3)时,基材表面粗糙度的演化趋于一致。

图 6b)所示为非金属基材面漆粗糙度变化。由于拉挤玻璃钢底漆的粗糙度很大,所以其面漆粗糙度也很大,粗糙度范围为 0.2~0.7 μm;其他基材样件的面漆粗糙度在 0.09~0.14 μm。由于拉挤玻璃钢基材粗糙度较大且喷底漆后粗糙度增大,所以出现了粗糙度的多级传递现象。同时发现,未打磨的拉挤玻璃钢面漆粗糙度远远低于打磨的拉挤玻璃钢基材,这表明拉挤玻璃钢基材如果在未打磨情况下达到附着力 0 级要求,就可以实现免打磨工艺,这样也能进一步实现少刮灰和免刮灰的目的。

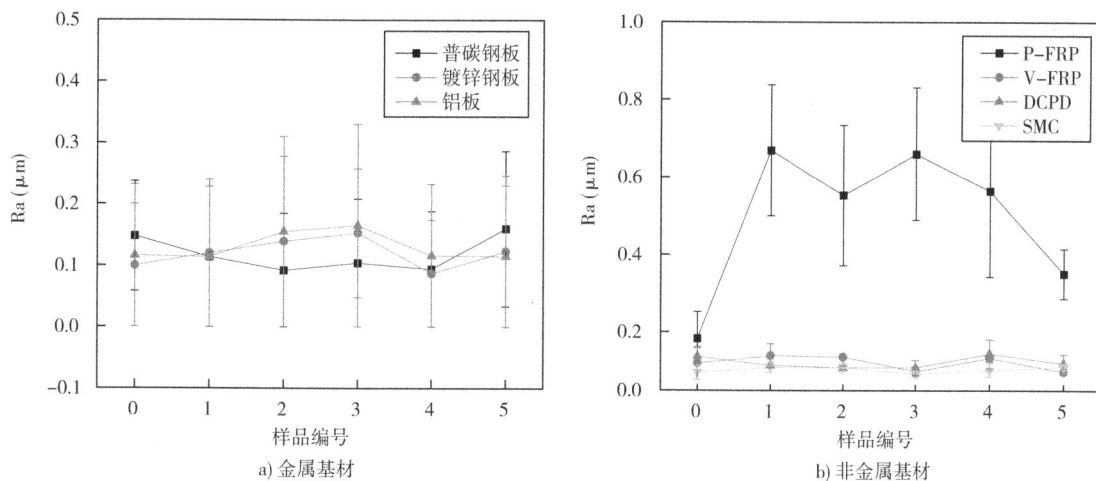

图 6 面漆表面粗糙度

2.4 基材打磨对油漆外观的影响

2.4.1 基材打磨对油漆光泽度的影响

图 7a)所示为金属基材表面面漆在不同测试角下的光泽度。可以看出,85°测试角下测试的光泽度数据跳跃性较大,而 20°和 60°测试角下的数据相对稳定,所以 20°和 60°测试角下的数据更适合评价油漆的外观光泽。这也符合行业技术标准,即高光泽表面推荐用 20°和 60°测试角下的数据来评价光泽度。不过,本研究也发现,20°测试角下的光泽数据具有更高的分辨率。因此,建议在实际生产检测过程中用 20°测试角下的光泽数据来评价油漆的光泽特性。从 20°测试角下的光泽度来看,所有样件的光泽度在 84%~86% 范围

内，可以认为基材打磨对面漆光泽度没有影响。

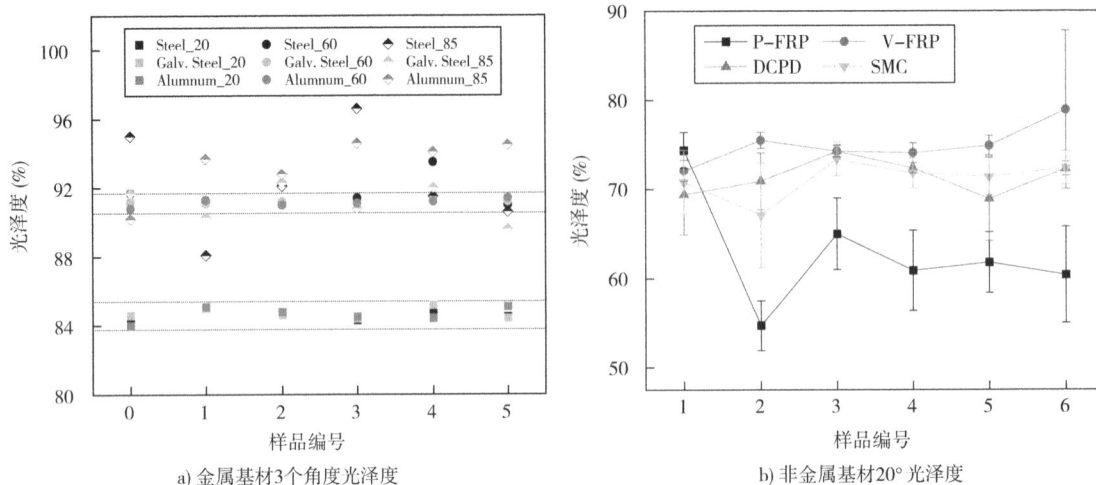

a) 金属基材3个角度光泽度
b) 非金属基材20°光泽度

图7　面漆光泽度变化

图7b)所示为非金属基材表面面漆的20°测试条件下的光泽度。由于拉挤玻璃钢基材打磨后的样件表面粗糙度较大，所以其光泽度也最低。未打磨的拉挤玻璃钢样件的光泽度与其他非金属基材的光泽度相当，说明面漆表面粗糙度对光泽度有重要的影响。同时，除拉挤玻璃钢外的其他非金属基材的光泽度范围大约为65%~80%，低于金属基材样件，这也主要是因为它们面漆粗糙度较大。但是面漆粗糙度低于某个值后，其微小差异不会引起光泽度的差异。比如，打磨的拉挤玻璃钢样件的面漆粗糙度高于其他材料，但其光泽度却高于其他材料。因此，这里可将面漆光泽度的粗糙度阈值粗略地估计为0.2μm。

面漆光泽度一般是指油漆的镜面光泽度，即油漆表面以等入射角度反射光的强度总和[11]。实际测试过程中收集镜面反射角±0.9°的反射光强度，用式(2)计算：

$$G = \frac{\sum I_S(20 \pm 0.9°)}{\sum I_R(20 \pm 0.9°)} \qquad (2)$$

式中：I_S——油漆表面收集的镜面反射光强度；

I_R——标准板（抛光黑玻璃）表面收集的镜面反射光强度。

镜面光泽度反映了油漆表面微观物理轮廓的粗糙特征，表面越粗糙，光线越容易被漫反射，油漆的光泽越低。当面漆表面粗糙度达到一定限度后，在微小偏差内，镜面反射光占主导，粗糙度对面漆的光泽度可以忽略[12]。在本试验中，金属基材表面面漆粗糙度已达到较低水平，所以表面的物理轮廓特征对光泽度无影响。

2.4.2　基材打磨对油漆橘皮的影响

图8所示为样件面漆的橘皮长/短波测试值。一般油漆的橘皮长/短波值对其表面特征极其敏感。对于3种金属样件，橘皮的长/短波值随机变化，与面漆粗糙度没有直接的关系。同时，除拉挤玻璃钢的非金属样件也出现了类似的变化，同时，除了粗糙度较大的拉挤玻璃钢外，其他基材样件面漆的长/短波值随机变化，与面漆粗糙度没有直接的关系，推测这种随机变化规律与喷涂效果和油漆的流平效果有关[13]。橘皮的面漆粗糙度阈值可以粗略估计为0.2μm。

对比金属基材样件和除拉挤玻璃钢的非金属基材样件的橘皮特征值发现，橘皮长波值变化范围基本一致，即金属基材样件的橘皮长波值为4~20，非金属基材橘皮长波值为5~18。但是，金属基材样件的橘皮短波值要远低于非金属基材样件,即金属基材样件橘皮短波值范围为5~24,而非金属基材样件橘皮短波值范围为30~40。这表明油漆橘皮短波与油漆的表面粗糙度更为敏感。综合上述结果,橘皮的影响因素更为复杂,面漆表面粗糙度并非直接影响因素。对油漆橘皮影响更重要且与表面特征相关的因素是表面波纹度,它也是油漆表面宏观特征的直接反映,与橘皮表现有较大的相关性。

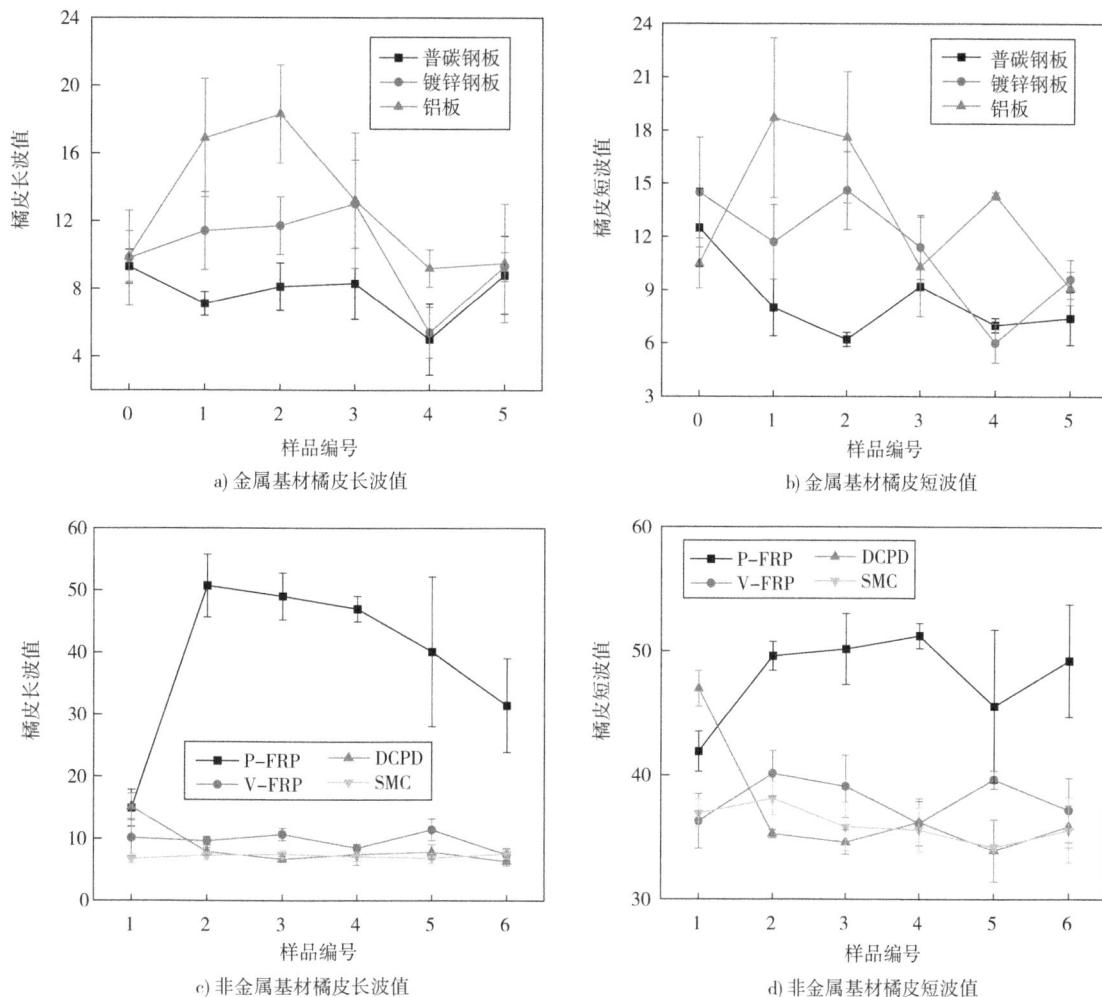

a) 金属基材橘皮长波值

b) 金属基材橘皮短波值

c) 非金属基材橘皮长波值

d) 非金属基材橘皮短波值

图8　面漆的橘皮长/短波值

一般地,将表面物理轮廓波距大于1~10mm的表面特征定义为波纹度,而将物理轮廓波距小于1 mm的表面特征定义为粗糙度[14]。由于面漆粗糙度相比橘皮特征波长值低于3个数量级,所以这里并未发现粗糙度与橘皮特征的关系。如果想分析油漆表面特征对橘皮的影响机制,需要获得面漆的表面波纹度并进行深入分析。

2.4.3　基材打磨对油漆鲜映性的影响

图9所示为样件面漆的鲜映性测试DOI值。从图9a)可发现,所有金属基材样件的面漆鲜映性DOI特征值在86%~90%较窄的范围内,表明金属基材打磨对面漆的鲜映性并没有显著影响。从图9b)可发现,拉挤玻璃钢由于面漆粗糙度较大,鲜映性DOI值较小,其他非金属基材样件的DOI值随机变化,与金属基材相似。

尽管鲜映性对油漆表面微观特征更为敏感,但当油漆面漆粗糙度低于0.2μm时,DOI值与粗糙度的无对应关系,这里可以将DOI的粗糙度阈值粗略地估计为0.2μm,即面漆粗糙度低于此值后,则认为粗糙度对鲜映性影响很小。尽管鲜映性与表面光学轮廓波长小于0.3mm的表面特征有关,即与粗糙度有密切关系,

但由于面漆表面粗糙度达到了较低水平,对面漆的鲜映性影响较小[15]。鲜映性通常用 DOI 值来表示:

$$\begin{cases} DOI(\%) = (1 - 0.5I_1/I_2) \times 100 \\ I_1 = \sum I[(20.4° \sim 20.9°) + (19.4° \sim 19.6°)] \\ I_2 = \sum I(20° \pm 0.1°) \end{cases} \qquad (3)$$

式中:I_1——在 20.4°~20.9°和 19.4°~19.6°范围内收集的反射光光强;

I_2——在 20±0.1°范围内收集的反射光光强。

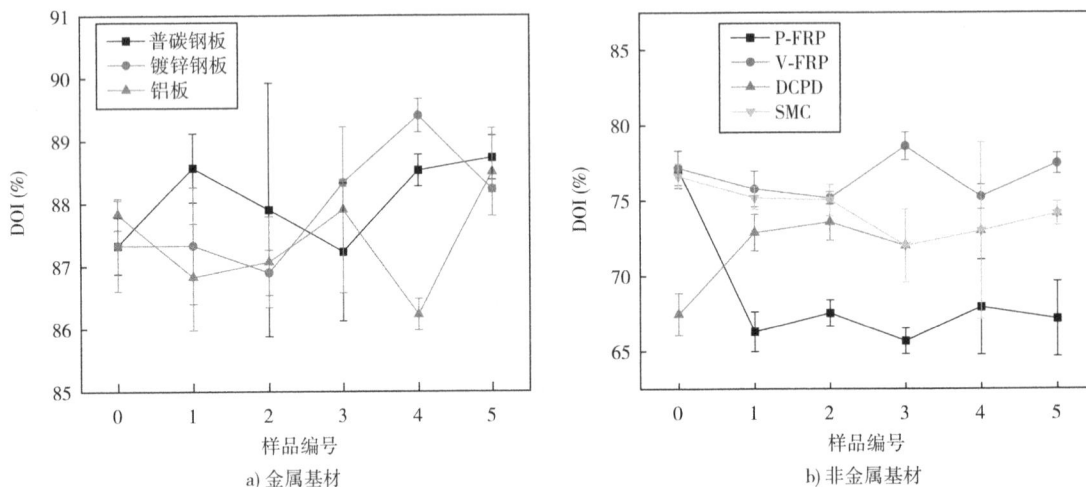

a) 金属基材　　　　　　　　　b) 非金属基材

图9　面漆的鲜映性 DOI 值

根据 DOI 表达式,可以将油漆的鲜映性理解为反射光随反射光路微小变化的变化率。这种变化率取决于油漆表面对光线的漫反射特性,所以直接与粗糙度有关。

3　结语

油漆外观是客车涂装行业始终追求的重要性能,本研究基于各层漆膜的粗糙度特征,全面阐述了提升油漆外观的有利工艺方法,为实际生产应用提供了理论支持和导向作用。

在喷漆过程中,漆膜粗糙度的内在演化是低阶的,漆膜表面的粗糙度仅与其喷涂表面的粗糙度有关系,与往下层级的表面粗糙度无关。漆膜表面粗糙度的内在演化与涂层数有关,增加涂层数可以减小表面粗糙度。

当基材粗糙度维持在较低水平(0.8~2.0μm)时,通过底漆、中涂、面漆的涂装工艺体系可以有效保证面漆的外观质量,基材材质不会对面漆质量产生影响。不过,当来料过于粗糙时,根据粗糙度传递规律,基材的粗糙度会逐级传递到面漆,而影响面漆的外观性能。

面漆粗糙度对油漆外观性能影响较为复杂,油漆的色差一般与面漆的粗糙度无直接关系,而油漆的光泽性能,包括光泽度、橘皮、鲜映性指标,均与面漆的粗糙度有很大关系。油漆的光泽指标与面漆粗糙度之间存在一个阈值(0.2 μm),当面漆粗糙度低于这个阈值时,对这些外观指标无影响。此外,客车油漆光泽数据采集时建议采用20°测试角度的光泽数据进行评价,以提高数据的分辨率。

参考文献

[1] 解萌.基于色差公式的图像评价方法研究[D].北京:北京印刷学院,2010.

[2] STOKES M.Colorimetric tolerances of digital images[D].RIT：University of Rochester,1991.

[3] 许明辉,王海燕.桔皮鲜映性仪用于面漆的外观改善[J].客车技术与研究,2008(6)：32-35.

[4] 卢琳,任玉芩,温乃盟,等.有机涂层钢板鲜映性影响因素的研究[J].表面技术,2010,39(2)：14-18.

[5] 王宗田,杨国斌,马芳武,等.某车型车身面漆色差分析[J].现代涂装,2012,15(11)：58-60.

[6] 刘仁龙.车身油漆色差控制[J].上海涂料,2009,47(3)：33-36.

[7] 廖大政,高成勇,王纳新.汽车外饰件漆膜色差的影响[J].汽车工艺与技术,2014(6)：28-31.

[8] 文程远,林京成,万初阳,等.一种色差和外观趋势综合管理方法：20231088369.2[P].2023-03-28.

[9] AKAFUAH N,POOZESH S,SALAIMEH A,et al.Evolution of the automotive body coating process-A review[J].Coatings,2016(6)：6020024.

[10] 胡旭东,张杨明,韩雪芹,等.客车外观目视效果提升要素分析与建议[J].现代涂装,2018,21(10)：36-38.

[11] 杨报军,占早华,高文化.双组分(2K)清漆喷涂机器人升级改造探究[J].电镀与涂饰,2019,38(20)：1138-1140.

[12] 吉学刚,贾连洋,刘建秀.大巴车涂装技术发展新趋势[J].汽车材料与涂装,2020(19)：208-210.

[13] 崔泳,刘士海.汽车面漆桔皮缺陷的机理分析及其控制[J].汽车工艺与材料,2010(8)：22-24.

[14] 许淑娟,杨报军,和军强.油漆外观提升之两遍清漆验证[J].汽车材料与涂装,2017(23)：122-123.

[15] 董素芳.漆面纳米镀晶工艺浅析[J].表面工厂与再制造,2018(1)：25-26.

胶黏亚克力板油漆层露白机理分析

李　鑫,许军军,柳宁宁,朱　广,宋海泉

(比亚迪汽车工业有限公司,深圳　518118)

摘　要: 本文针对亚克力板上油漆层频繁出现的露白现象,进行深入的机理分析,指出背后的关键机理,发现问题主要源自两方面:一是胶黏剂与亚克力板以及油漆间的化学兼容性问题,导致黏合界面的稳定性下降;二是温度变化引发的热膨胀系数差异,使得油漆在热应力作用下脱离。此外,未充分固化或表面处理不当,使得油漆层与基材接触不良。总之,本文通过深入剖析亚克力板油漆露白问题的机理,提供了一套综合的预防和修复策略,以提升亚克力板装饰材料的持久性能。

关键词: 亚克力板;油漆;胶黏剂

0　引言

在现代车企中,亚克力板因其透明度和耐用性深受青睐。然而,当亚克力板表面涂装油漆时,开裂问题往往会困扰使用者,特别是在特定环境下。本文将深入探讨亚克力板上油漆开裂的常见原因、影响因素以及解决策略,以避免和减少此类问题的出现[1-2]。

1　简介

1.1　亚克力板材质简介

亚克力板又叫 PMMA 或有机玻璃,源自英文 acrylic(丙烯酸塑料),形容其透明与透光度如同玻璃一般,化学名称为聚甲基丙烯酸甲酯(Polymeric Methyl Methacrylate, PMMA),由甲基丙烯酸甲酯单体(Methyl Methacrylate, MMA)聚合而成。目前,所有由透明塑料如聚苯乙烯(PS)、聚碳酸酯(PC)等或由劣质的回收 MMA 制成的板材均统称为有机玻璃。为求区分,特将高品质纯料 MMA 所制成的 PMMA 板命名为亚克力板,以便与一般的有机玻璃板进行区分。常见的亚克力产品由亚克力粒料、板材或树脂等原材料经由各种不同的加工方法,配合不同材质加以组装而成为亚克力制品,加工工艺通常可以分为浇注板、挤出板和模塑料。

图 1 为亚克力板制成的各种产品,如车灯车罩等,成型后的亚克力板具有较好的透明性、化学稳定性和耐候性,易染色、易加工、外观优美,得到广泛应用,是一种开发较早的重要可塑性高分子材料[3-4]。

1.2　油漆材质简介

亚克力材料与玻璃有相同的视觉效果,但其材质轻盈,密度约为普通玻璃的一半,强度、抗拉伸与抗冲击的能力大幅优于普通玻璃,和玻璃有相近的透光率与透明度,利用这种透明性在漆艺的创作中可以创造出更好的视觉效果,轻盈坚硬的材质又使其具有良好的耐用性[5-6]。

图1 亚克力板样品图

为了使亚克力板适应外观环境,需要在亚克力板上喷涂油漆,进行整车一体化匹配。目前,部分货车前围上装饰板总成采用亚克力板材质,并在底部进行喷黑漆处理,实现了整车颜色外观的统一。因此,要求油漆对亚克力板附着性好,硬度高,成型效果好,整体无麻点、凹陷、颗粒、凸点等问题,这使得油漆的成分和亚克力板的匹配性显得尤为重要。

油漆的主要成分包括成膜物质、次要成膜物质和辅助成膜物质。其中,成膜物质是油漆的主体,决定着漆膜的性能,大部分由有机高分子化合物组成,如天然树脂、涂料、合成树脂等混合配料经过高温反应而成。次要成膜物质包括各种颜料、体质颜料和防锈颜料。颜料为漆膜提供色彩和遮盖力,提高油漆的保护性能和装饰效果,主要由填料(如碳酸钙)、溶剂(如汽油、松香水)等组成。辅助成膜物质包括各种助剂和溶剂。各种助剂在油漆的生产过程、储存过程、使用过程以及漆膜的形成过程中起到非常重要的作用。虽然使用的量都很少,但对油漆的性能影响极大,类似于催干剂、增塑剂等物质。

将油漆喷涂在亚克力板上,利用亚克力板自身的透光性,能获得鲜亮透明的油漆层,作为装饰层,整体提亮效果显著,外观效果好,但通过胶黏剂对亚克力板进行固定容易发生油漆从亚克力板上开裂、出现露白的问题。因此,本文针对此问题进行深入的机理分析,并指出解决该类问题的主要方法以及详细处理措施。

2 亚克力板油漆层露白机理分析

2.1 亚克力板表面处理的重要性

亚克力板上的油漆层露白问题,也称为油漆剥落或起泡,通常是多种因素共同作用的结果。其中亚克力板与油漆的附着力不强,使得两者结合的稳定性差,干燥后的漆膜容易脱落,因此需要对油漆进行前处理操作:

(1)改善表面粗糙度:亚克力板表面通常光滑,直接涂装油漆容易缺乏抓附点,使得附着力较差。通过砂磨或使用纹理化处理,创建粗糙表面,让油漆与亚克力板存在更多的接触面,提高结合力。

(2)去除油脂和污渍:亚克力表面可能有残留的油脂、污渍或制造商的保护涂层,这些都会阻碍新油漆的黏附。

(3)增强化学结合:某些表面处理如底涂剂或特殊的亚克力底漆,可以提高化学键合,帮助油漆与亚克力黏附得更牢固。

（4）改善耐磨性：粗糙化处理可以增加油漆层的硬度，使得表面更耐磨，防止划痕导致油漆脱落。

总之，如果亚克力板表面处理不当，如没有正确清洁和底涂，油漆可能没有充分渗透到树脂表面，将导致其稳定性降低。

2.2 油漆与亚克力的结合问题

亚克力板与油漆结合容易遇到匹配性问题，由于亚克力的化学性质和物理特性不同于大多数传统油漆基材，容易存在以下问题：

膨胀系数差异表示物体因温度变化其体积改变，示意图如图2所示。线膨胀系数 α_l，表示温度升高 1K 时，物体的相对伸长量，因此物体在温度 T 时的长度如下式所示[7-8]：

$$lT = l_0 + \Delta l = l_0(l + \alpha_l \Delta T)$$

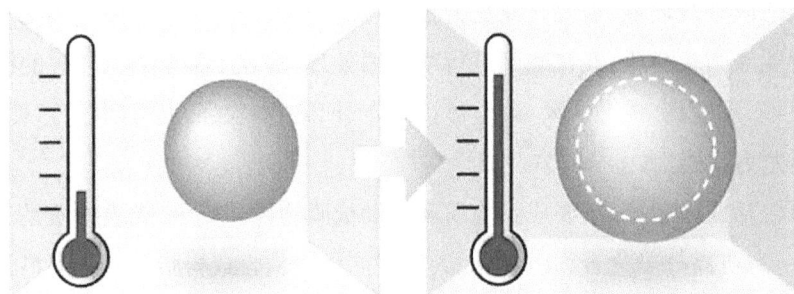

图2　物体因温度变化其体积改变的示意图

亚克力是一种热塑性材料，温度变化下其膨胀系数较小，在一定条件下材料能够软化或熔融成任意形状，在冷却之后形状不发生改变，这种状态可多次反复，材料始终具有可塑性。一般条件下，热变形温度约在 96℃（1.18MPa），热软化温度约在 104℃，但连续使用温度却可以随着工作条件的不同在 65~95℃ 之间改变，流动温度约为 160℃，热分解温度高于 270℃，有较宽的热加工温度范围。因此亚克力板的线膨胀系数通常较低，意味着其对温度变化的收缩或膨胀反应较小。相比之下，许多油漆基材，如金属、木材或某些聚合物，其线膨胀系数会更大，尤其是在温度变化较大的环境中，可能会引发膨胀和收缩导致的漆膜开裂。在温度变化的诱导下，亚克力板上的漆膜会开裂，因此需要选择与亚克力匹配的油漆，或者在涂装时控制温度变化。

图 3a）所示是不同含量的甲基丙烯酸甲酯单体（Methyl Methacrylate，MMA）的热释放速率（THR）曲线。THR 表明材料在受热过程中的热量产生的速度，通常以 W/m² 为单位。随着温度上升，PMMA 复合材料可能会经历几个阶段：初期可能较为稳定，然后在材料开始分解时，曲线陡峭，显示出热量释放的增加。不同配方的 PMMA 复合材料，可能因为含有不同比例的基材、填充物或添加剂，其曲线斜率和峰值点会有所不同。

热释放总量（HRR）曲线如图 3b）所示，HRR 是材料在整个燃烧过程中累积释放热量的总和，HRR 曲线可能会显示一个峰值，峰值前后的 HRR 可以给出材料在完全燃烧前的持续热释放能力和燃烧效率。较低的 HRR 总量表明材料在燃烧过程中产生热量的总量较小，火灾风险较低。不同材质的亚克力板释放热量的能力不同，在生产制造和使用中，因此，选择合适的亚克力板进行适配性验证尤为重要。

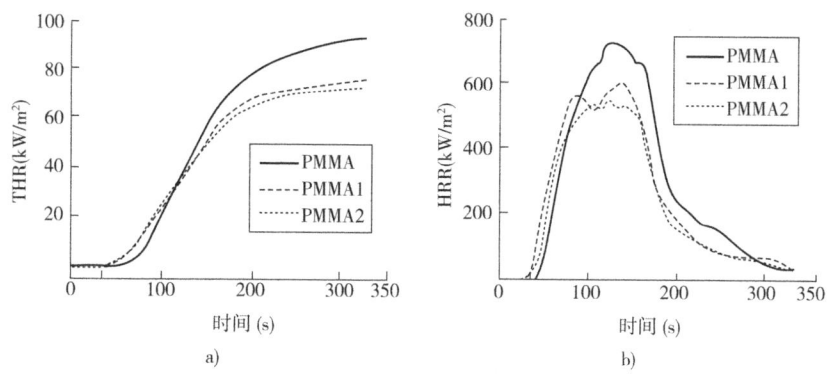

图3 材料的热释放速率曲线和热释放总量曲线

亚克力板的成分对其力学性能有影响,由于亚克力人造石主要填料为氢氧化铝、碳酸钙和石英,其中氢氧化铝占45%~60%。其中,以苯乙烯-马来酸酐共聚物(SMA)为例探究成分差异对亚克力板的力学性能产生的影响。如图4所示,MMA树脂分子结构中含有极性的酸酐基团和非极性的芳环基,酸酐基团会与树脂中的极性基团反应,增大两相间的界面结合力,提升复合材料的力学性能,但当SMA用量过高时,反而会导致树脂分散不均,力学性能下降。

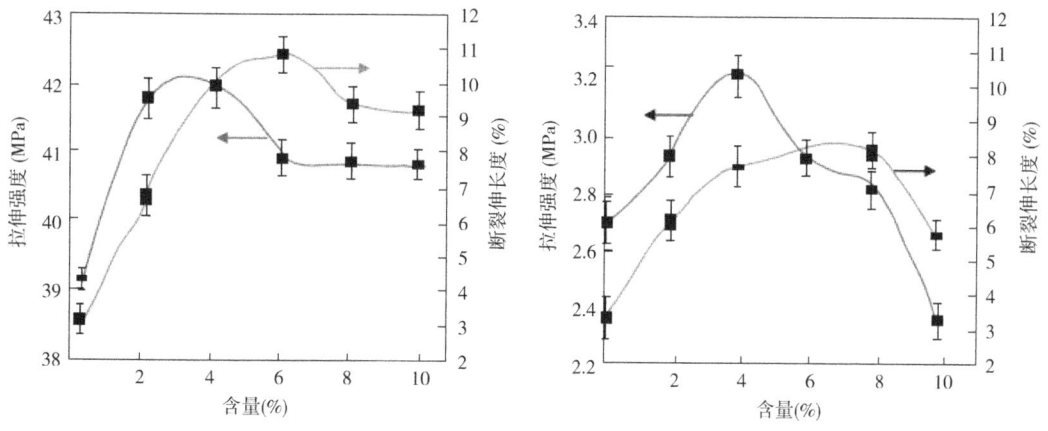

图4 成分差异对力学性能的影响

2.3 干燥条件与固化过程影响

干燥条件和固化过程确实对亚克力板表面的油漆施涂和固化有重要影响,可能导致亚克力板上油漆开裂,例如湿度、温度变化、化学侵蚀(如酸碱、溶剂)容易引起油漆层内的聚合物结构发生变化,加速推移,形成微孔,使得下面的白色底层暴露。特别是在温度变化大的环境中,亚克力板发生热胀冷缩,易与油漆的膨胀系数不同,导致漆膜产生应力。此外,长期的摩擦、刮擦或机械应力产生的物理磨损,可能导致油漆层产生微小损坏,随着时间磨损加大,易造成开裂现象。

2.4 亚克力板固定方式影响

亚克力板的固定方式对其性能、耐用性以及外观有显著影响。尤其是胶黏固定容易影响亚克力板上的油漆。因此,选择正确的亚克力专用胶(如丙烯酸类或聚氨酯胶)至关重要,因为不良的黏合剂可能会与油漆不兼容,导致油漆无法均匀附着或者出现剥离,尤其需要确定高低温差对油漆和胶黏剂的影响。但在一般情况下,随着温度上升,黏合力迅速下降。

聚氨酯胶黏剂属于常见胶黏剂,固化方式属于湿气固化,具体固化方程式如图5所示,其分子链段中主要重复单元为氨基甲酸酯基基团,氨基甲酸酯则是醇(-OH)和异氰酸酯的反应物,分子链中含有异氰酸酯基(-NCO)和/或氨基甲酸酯基团(-NHCOO-)和水分子反应生成 NH_2 和 CO_2,最后固化形成强有力黏接剂,使亚克力板完成黏接固定[7-8]。

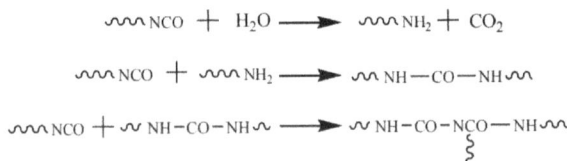

$$\sim\sim NCO + H_2O \longrightarrow \sim\sim NH_2 + CO_2$$

$$\sim\sim NCO + \sim\sim NH_2 \longrightarrow \sim\sim NH-CO-NH\sim\sim$$

$$\sim\sim NCO + \sim\sim NH-CO-NH\sim\sim \longrightarrow \sim\sim NH-CO-NCO-NH\sim\sim$$

图5　单组分聚氨酯湿气固化作用机理示意图

但同时,单组分聚氨酯胶黏剂湿气固化时,容易造成亚克力板上的油漆发生剥落的现象,这类胶黏剂通常依赖于空气中的水分来促进化学反应,如果亚克力板上的油漆层较薄或不耐水,在胶黏剂固化过程中吸收过多湿气,导致内部应力增大,进而可能引发油漆表面的剥落。同时湿固化过程中胶体收缩,如果没有足够的条件释放这些内应力,就可能对油漆层产生破坏性作用。

3　实例和问题诊断

3.1　实例问题分析

以某品牌货车前围亚克力上装饰板为例,详细讲解亚克力板上油漆开裂的主要原因。采用单组分聚氨酯胶黏剂粘接带有黑漆的亚克力板,容易使亚克力板上的黑漆发生开裂,特别是停放在日光照射的地方时,亚克力板上油漆开裂现象更加明显。查找相关资料以及结合前期做的匹配性试验验证,现从如下方面进行分析:

亚克力板上油漆和胶黏剂匹配性问题,通过做界面黏接性试验验证两者的匹配性,具体结论见表1。

亚克力板上油漆和胶黏剂匹配性验证　　　　　　　　　　　　　　表1

样品	制样数量(个)	剥离强度(MPa)
密封胶_8960H_黑色_600mL/支	5	≥90%
密封胶_8960H_黑色_600mL/支	5	≥90%
Sikaflex-256AP	5	≥90%
Sikaflex-211WR	5	≥90%

胶黏剂对亚克力板上的油漆存在良好的黏结性能。因此,单独的界面黏结性测试难以得出亚克力板上油漆露白的关键原因,并且单独对亚克力板、油漆以及胶黏剂单独测试的时候都能够满足相关的性能要求,但亚克力板上油漆与聚氨酯胶黏剂结合时容易撕裂油漆,故对两者进行成分分析见表2。

亚克力板上油漆和胶黏剂成分　　　　　　　　　　　　　　表2

材质	成分	含量(%)	用途
胶黏剂成分:Sikaflex-260 FC胶黏剂	聚氨酯	—	—
	碳酸钙	—	—
	1,3,3-三甲基-5-异氰酸基-1-异氰酸(基)甲基环己烷	0.1~0.25	预聚体

续上表

材质	成分	含量(%)	用途
胶黏剂成分:Sikaflex-260 FC胶黏剂	3-(三甲氧基硅烷基)-1-丙硫醇	0.1~0.25	改性硅烷偶联剂
	二甲苯	1~2.5	—
	二苯基甲烷-4,4'-二异氰酸酯	0.1~1	预聚体
油漆成分:SG-91140固含量50% 10份	丙烯酸树脂	28	胶黏剂
	聚氨树脂	5	胶黏剂
	醋酸丁酸纤维素	1	胶黏剂
	高色素炭黑	4	胶黏剂
	纳米硫酸钡	10	颜料
	单分散二氧化硅微球	1.7	颜料
	流平剂	0.3	其他
	乙酸丁酯	28	溶剂
	甲基异丁基酮	15	溶剂
	双丙酮醇	7	溶剂

胶类的主要成分是聚氨酯预聚体[如1,3,3-三甲基-5-异氰酸基-1-异氰酸(基)甲基环己烷]和异氰酸酯基(如二苯基甲烷-4,4'-二异氰酸酯),在适当条件下可以与多元醇反应,形成聚氨酯树脂。

油漆的主要成分是丙烯酸树脂,有一些确实具有潜在反应性:聚氨树脂和丙烯酸树脂两者都是树脂,可能会发生反应或相容性问题,尤其是在处理和固化过程中。

(1)两种树脂的固化剂可能不兼容,导致固化反应不完全,或者可能引发异常的化学反应,产生气泡、开裂或性能下降。

(2)交联问题:如果树脂成分之间有交互,可能会形成交错网络,影响最终产品的性能,如硬度、透明度或耐化学性。

(3)延迟反应:如果聚氨酯固化剂接触到丙烯酸树脂,可能会有时间延迟或者不均匀固化,因为它们的反应速率可能不同。

为了确保兼容性,通常需要使用专门设计的混合配方,或者在应用时遵循制造商的指导,使用各自的固化剂和配方体系。在实际操作中,可能还需要添加界面剂来改善它们的相容性和黏接性能。正确的混合顺序、固化条件和隔离是关键,以确保最终产品的质量和预期性能。

亚克力板上的油漆脱落可能是因为胶黏剂与油漆之间的线膨胀系数(CTE)存在差异。当两种材料在不同的温度变化下膨胀和收缩时,如果CTE值相差较大,可能会产生应力。相对于油漆材质(表3),亚克力板(一种聚甲基丙烯酸甲酯)通常具有较高的CTE值,尤其是在长期暴露于温度波动的环境中时。当温度上升时,亚克力板膨胀,而覆盖在其上的油漆(CTE值较低)膨胀较小,就会导致板面与油漆界面之间产生张力,如果张力积累过大,就可能出现开裂[9-10]。油漆在固化后,尽管其CTE值较低,但如果与亚克力板的原始膨胀值差异过大,特别是在未充分干燥或固化完全,温度发生变化时,油漆的微小收缩可能无法与亚克力板的膨胀同步,从而产生裂纹。

不同材质的线膨胀系数   表3

材质	平均线膨胀系数	
Sikaflex-260 FC	厚度方向	184.2μm（℃）
	X方向	184.2μm（℃）
	Y方向	182.9μm（℃）
亚克力板	6.5~7.0 μm/℃	
油漆 SG-91140	5~8×10^{-2}μm/℃	

3.2 改善方案

为了改善这一现象，应优化胶黏剂，选择其他类型的胶黏剂，比如丙烯酸酯、聚氨酯、热熔压敏胶（如乙烯-醋酸乙烯共聚物、EVA）或者聚丙烯烯酸酯等。同时，为确保亚克力板的化学兼容性，在设计和施工中考虑到材料的热膨胀特性，可能时使用接缝填充或预留膨胀空间。此外，使用稳定性增强的底漆和耐温油漆，以及通过定期维护检查等方式来避免或减少亚克力板上油漆开裂的问题。

4 结语

本文针对胶黏亚克力板油漆层露白问题进行机理分析，揭示了多因素作用的结果。首要问题是界面黏合不稳定，胶黏剂和油漆的膨胀系数易导致热应力破坏。其次，油漆层和基材的兼容性、固化过程和表面处理的细节也至关重要。因此，选择合适的胶黏剂、增强底涂处理以及考虑热稳定性的设计方法，有助于防止和修复此类问题，具有重要意义。未来，持续的技术改进和性能优化将是提高亚克力板装饰持久性的重要方向。

参考文献

[1] 李康伟.利用石材加工废料制备人造石研究[D].广州：华南理工大学，2011.

[2] 宋功品.聚甲基丙烯酸甲酯实体面材的生产及应用[J].石材，2008（10）：30-32.

[3] 龚志平.亚克力工业回收安全生产浅析[J].江西化工，2016（6）：21-23.

[4] 李勇，晏辉，马奇.新型人造合成石应用扩展漫谈[J].石材，2017（12）：24-29.

[5] 张家鹤，石建文，邹智勇，等.耐热PVC/SMA制备与性能研究[J].塑料科技，2019，47（8）：18-22.

[6] 汤隆冬，黄永忠，蒋建强，等.苯乙烯-马来酸酐共聚物对尼龙6/玻璃纤维复合材料耐磨改性研究[J].塑料工业，2017，45（4）：48-51.

[7] WU D C，HONG C Y，PAN C Y，et al.Study on controlled radical alternating copolymerization of styrene with maleic anhydride under UV irradiation[J].Polymer International，2003，52（1）：98-103.

[8] CANTO L B，MANTOVANI G L，COVAS J A，et al.Phase morphology development during processing of compatibilized and uncompatibilized PBT/ABS blends[J].Joural of Applied Polymer Science，2007，104（1）：102-110.

[9] 王艳飞，郭尧，张艳维，等.钛酸酯偶联剂表面改性纳米氢氧化铝阻燃剂的工艺[J].表面技术，2017，46（4）217-221.

[10] KANGO S，KALIA S，CELLI A，et al.Surface modification of inorganic nanoparticles for development of organic-inorganic nano-composites—A review[J].Progress in Polymer Science，2013，38（8）：1232-1261.